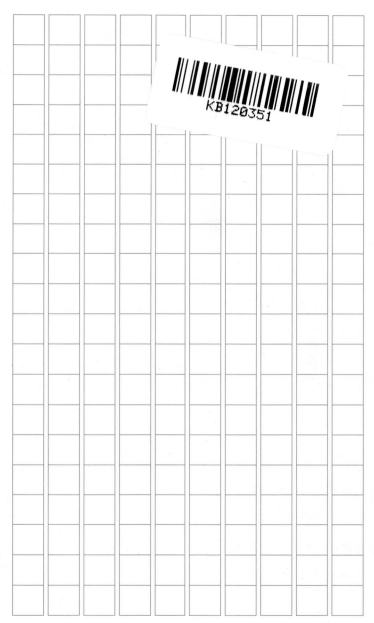

허송세월

나남
nanam

허송세월

2024년 6월 20일 초판 발행   2024년 6월 25일 초판 2쇄
2024년 6월 30일 초판 3쇄   2024년 7월 1일 초판 4쇄
2024년 7월 5일 초판 5쇄   2024년 7월 10일 초판 6쇄
2024년 7월 15일 초판 7쇄   2024년 7월 17일 초판 8쇄
2024년 7월 20일 초판 9쇄   2024년 7월 25일 초판 10쇄
2024년 8월 5일 초판 11쇄

지은이   김훈
발행자   趙相浩
발행처   ㈜나남
주소   10881 경기도 파주시 회동길 193
전화   (031) 955-4601 (代)
FAX   (031) 955-4555
등록   제1-71호(1979.5.12)
홈페이지   http://www.nanam.net
전자우편   post@nanam.net

ISBN   978-89-300-4168-3
           978-89-300-8655-4 (세트)

허송세월

김훈 산문

나남
nanam

생
활
은

ㄱ
ㅜ
ㄴ

철모 똥바가지.
ⓒ 국립민속박물관

늙기의 즐거움

핸드폰에 부고訃告가 찍히면 죽음은 배달상품처럼 눈앞에 와 있다. 액정화면 속에서 죽음은 몇 줄의 정보로 변해 있다. 무한공간을 날아온 이 정보는 발신과 수신 사이에 시차가 없다. 액정화면 속에서 죽음은 사물화되어 있고 사물화된 만큼 허구로 느껴지지만 죽음은 확실히 배달되어 있고, 조위금을 기다린다는 은행계좌도 찍혀 있다. 지금까지 살아온 시간의 관성적 질감은 희미한데, 죽은 뒤의 시간의 낯섦은 경험되지 않았어도 뚜렷하다. 이 낯선 시간이 평안하기를 바라지만, 평안이나 불안 같은 심정적 세계를 일체 떠난 적막이라면 더욱 좋을 터이다.

생각이 거기에 미치면 부고는 그다지 두렵지 않다. 내가 살아서 읽은 책 몇 권이 나의 마음과 함께 무無로 돌아가고, 내가 쓴 글 몇 줄이 세월에 풍화되어 먼지로 흩어지고, 살았을 때 나를 들뜨게 했던 어수선한 것들이 애초부터 없었던 것처럼 적막해지는 사태가 좋거나 나쁜 일이 아니고 다만 고요하기를 나는 바란다. 이승에서의 신산한 삶을 위로할 만한 지복이나 구원이나 주막이 거기에 없어도 나는 괜찮다.

부고를 받을 때마다 죽음은 이행해야만 할 일상의 과업처럼 느껴진다. 마감을 지켜야 하는 원고 쓰기나 친구의 자식들 결혼식이나 며칠 먼저 죽은 친구의 빈소에 흰 돈봉투 들고 가서 얼굴을 내밀어야 하는 일처럼 죽음을 루틴으로 여기는 태도는 종교적으로는 경건하지 못하지만, 깨닫지 못한 중생의 실무이행으로서 정당하다. 애착 가던 것들과 삶을 구성하고 있던 치열하고 졸렬한 조건들이 서서히 물러가는 풍경은 쓸쓸해도 견딜 만하다. 이것은 속수무책이다.

내가 사는 마을은 경기도 고양시 일산이다. 내 집 뒤의 정발산 숲은 사람이 공들여 가꾼 숲이 아니고 자연림이다. 상록수와 낙엽수, 활엽수와 침엽수들이 계통이나 군집을 이루지 않고 여기저기 박혀서 헝클어져 있다.

나무들은 꽃 피고 잎 지는 때가 제가끔이어서 숲의 빛과 냄새는 수시로 바뀐다. 바람이 불면 여러 나무들이 흔들리면서 숲 전체가 수런거리는데, 이 소리는 인간의 악기로는 흉내 낼 수 없다.

정발산의 높이는 해발 88m다. 88m는 해발^{海拔}이라고 하기에는 쑥스럽지만, 정발산 꼭대기에는 '해발 88m'라고 적힌 팻말이

서 있다. 정발산은 한자로 '鼎鉢山'이라고 쓴다. '정鼎'은 중국의 고대국가들이 하늘에 제사를 드릴 때 쓰던 솥이고, '발鉢'은 운수행각雲水行脚하는 승려가 허리춤에 차고 다니는 밥그릇(바리때)이다. 이 야트막한 뒷동산이 어째서 이처럼 신화적인 이름을 갖게 되었는지, 여러 서물書物을 뒤져 보았으나 기록을 찾지 못했다.

'고향'이라는 단어를 좋아하지 않지만, 나는 서울 도심에서 태어나고 자랐다. 청소년 시절에는 인왕산, 북한산, 북악산, 도봉산, 관악산, 낙산에서 놀았다.

중학교 3학년 때, 인왕산 치마바위에서 암벽등반의 기초를 배웠는데, 이 바위가 바로 조선 후기 화가 정선鄭敾의 유명한 그림 '인왕제색도仁王霽色圖'에 나오는 그 바위다. 여름에 장대비가 쏟아지거나, 겨울에 폭설이 내리면 나는 집 안에서 책을 읽다가도 장비를 챙겨서 산으로 들어갔다. 산과 숲의 매혹에는 중독성이 있었다. 산에는 내가 특별히 편애하는 나무와 바위가 있었다. 산에서 나는 언어와 개념으로부터 풀려나서 자유로웠고 몸으로 살아 있다는 느낌으로 자족했다. 나는 이 자유의 느낌에 의지해서 속세를 헤쳐 나갈 수 있었다.

나는 이제 높은 산에는 오르지 못한다. 북한산 언저리에서 백운대, 인수봉, 만경대, 문수봉 같은 높은 봉우리들을 올려다보면서 둘레길을 걷다가 돌아온다. 산꼭대기에서는 세상이 내려다보이고 둘레길에서는 산봉우리가 올려다보인다. 올려다보거나 내려다보거나 시선의 방향은 반대지만 어느 쪽에도 착시현상은 있을 것이다. 내려다볼 때는 땅이 넓어 보이고 올려다볼 때는 하늘이 넓어 보인다. 내려다볼 때는 먼 것이 가까워 보이고 올려다볼 때는 가까운 것이 멀어 보인다. 내려다볼 때는 눈 아래로 많은 봉우리들이 나를 향해 밀려오는 듯싶지만, 올려다볼 때 봉우리들은 첩첩 능선의 뒤쪽으로 사라져 간다.

젊었을 때, 산꼭대기에 올라가서 세상을 내려다볼 때 나는 세상 속으로 내려가고 싶었고, 산 밑에서 산봉우리를 올려다볼 때는 높은 곳으로 올라가고 싶었다. 지금은 이쪽저쪽에 마음을 뺏기지 않고 둘레길을 조금 걷다가 마을버스 타고 마을로 돌아온다.

동양의 산수화는 먼 산과 가까운 산, 높은 봉우리와 낮은 마을을 동일한 화폭에 배치한다. 이런 구도는 서양인의 원근법에는 맞지 않지만, 세상을 바라보는 시선의 여러 각도들이 서로 겹치고 스미면서 육안肉眼에는 보이지 않는 풍경을 화폭에 들여앉힌다. 대체로 이런 화폭 속에서는 우뚝한 산은 화폭의 맨 위나 맨 가장자리에 자리 잡고, 산 아래로 무진無盡한 강산江山이 펼쳐지는데, 논과 밭, 초가집, 정자로 표현되는 인간의 마을은 화면의 아래쪽에 숨기듯이 배치되어 있다.

동양 산수화 속에서 사람은 매우 작게 그려져 있다. 그 사람은 풍경의 표면으로 얼굴을 내밀기를 저어하는 듯하다. 그 사람은 풍경의 핵심부가 아니고 풍경의 주인 노릇을 하지 않지만, 이 화폭은 애초부터 핵심부를 고정해 놓고 있지 않다.

화폭 속의 사람은 심부름하는 아이를 데리고 다니는 선비이거나 지게를 지고 소를 몰아가는 농부이다. 화폭 속의 사람은 등 굽은 노인이고, 동행 없이 혼자서 가고 있다. 대체로 동양 산수화 속의 사람은 세상을 향해서 밖으로 나가지 않고 논두렁길, 밭두렁길을 걸어서 집으로 돌아가는데, 그 너머로 넓은 강산이 펼쳐져 있다.

이 무한강산은 공간으로서 고정되지 않고 시간 속에서 시간과 더불어 흘러가는 강산이다. 겹쳐지는 시선들이 이 운동성을 표현해 낸다. 그래서 동양 산수화 속의 산은 멀리서 흔들려 보인다.

오래 쓰던 등산장비를 후배들에게 모두 나누어 주고 나니까 날이 저문 것을 알겠다. 산에 올라가기보다는 산수화를 들여다보는 편이 더 한갓지고, 아끼던 장비도 애착이 가지 않는다. 장비를 받아가는 후배도 나의 늙은이 행세가 민망했던지 고맙다는 말도 제대로 못하고 우물쭈물했다.

"선배, 물건이 아직도 멀쩡한데, 좀 더 쓰시지요."

"멀쩡하니까 주는 거다. 물건이 문제가 아니야."

"벌써 산을 끊으려는 것입니까?"

"끊는 게 아니야. 저절로 그렇게 되는군."

"저절로요?"

"그래, 저절로. 끊기 전에 저절로 물러서게 되니 좋은 일이지. 너도 며칠 지나면 나처럼 되는 거야."

"며칠요?"

"그래 며칠이지."

나는 장비를 받으러 온 후배와 이처럼 식은 방귀 같은 대화를 나누었는데, 또랑또랑한 소리보다 헛소리가 더 평화로울 때가 많다.

장비를 받은 후배는 기어코 나를 와인 바로 끌고 갔다. 나는 와인 두 잔 이상을 마시면 힘들어진다. 이날은 세 잔을 마시고 취했다. 내 취기 속에서 북한산의 봉우리들은 시간과 더불어 흔들리면서 흘러가고 있었다. 그 시간 속에 내가 있거나 없거나, 나와는 관계가 없는 일이다. 거기에 내가 없어도 나는 괜찮다. 이날 나는 모처럼 취했다.

나는 50년 넘게 술을 마셔 왔지만, 와인은 별로 좋아하지 않는다. 프랑스 사람들은 와인을 마시면서 술맛을 놓고 '무겁다, 가볍다, 어리다, 늙었다, 젊다, 들떴다, 가라앉았다, 뒤뚱거린다, 흔들린다, 앞으로 쏠린다, 뒤로 쏠린다…'라며 수다를 떤다고 하는데, 나의 미각은 이처럼 섬세하게 진화되어 있지는 않다.

나는 와인을 마시면 몸과 마음이 혼곤해진다. 와인에는 현실과 부딪치는 술맛의 저항감이 없다. 와인의 취기는 계통이 없다.

와인의 취기는 전방위에서 스멀거리면서 피어나서 스미듯이 다가와 내 마음을 차지한다.

와인은 현실을 서서히 지우면서 다가온다. 와인의 취기는 비논리적이고 두루뭉실하다. 이 취기는 마음속에 몽롱한 미로를 끝없이 펼쳐 놓는데, 그 미로를 따라가면서 마시다 보면 출구를 찾지 못한다. 와인의 맛은 로맨틱하고, 그 취기의 근본은 목가적이다.

연애하는 젊은이들은 주로 와인을 마시는데, 와인에 취하면 헛사랑을 고백하게 되기가 십상이다. 와인 바에서 와인을 마시는 젊은 연인들을 보면 나는 기특하고 대견해서 술값을 대신 내주고 싶기도 하지만 와인의 취기에 실리는 그들의 사랑이 위태로워 보이기도 하다.

와인은 첫 잔에 입술을 댈 때, 그 몽롱한 입구로 사람을 끌어당기지만 출구를 찾기가 어렵다. 와인이 마음속에 펼쳐 놓는 미로를 따라서 멀리 갔다가, 그 미로를 다시 거꾸로 거슬러 나오면서 깰 때는 술 깨는 시간조차도 몽롱하고 흐리멍텅하다. 와인의 입구는 로맨틱하지만 출구는 멀고 힘든데, 들어갈 때는 나갈 걱정을 하지 않는다.

막걸리는 생활의 술이다. 막걸리는 술과 밥의 중간쯤 되는 자리에 있다. 막걸리는 술을 밥 쪽으로 끌어당긴다. 젊어서 육군에

복무할 때 모내기철이면 대민지원을 나가서 농부의 일을 거들어 주었다. 그때 농부들과 함께 막걸리를 곁들여서 들밥을 먹었다. 막걸리는 밥을 술처럼 먹게 하고 술을 밥처럼 먹게 한다. 농부들은 막걸리를 숭늉처럼 마셨다.

막걸리를 마실 때는 기름진 안주는 필요 없고 풋고추를 된장에 찍어 먹으면 족하다. 막걸리의 텁텁함과 풋고추의 산뜻함이 입안에서 조화를 이룬다. 사람은 밥만 먹고는 살 수가 없고 술만 마시고도 살 수가 없는데, 막걸리는 그 사이에서 어중간하다. 농부들 틈에 끼어서 풋고추를 안주로 막걸리를 마실 때 나는 오래된 농경사회의 평화를 느꼈다.

비논리적이라는 점에서 막걸리와 와인은 같은 계층이지만, 막걸리는 생활적이고 와인은 몽환적이다. 인간에게는 그 양쪽이 모두 필요하다. 나는 막걸리를 즐겨 마시지는 않는다. 나는 막걸리와 밥이 겹치는 대목의 정서를 좋아하지 않는다. 막걸리는 텁텁하다.

소주. 아아! 소주. 한국의 근대사에서 소주가 정신의 역사와 대중정서에 미친 영향을 사회과학적으로 설명한다는 것은 불가능하다. 그 가공할 소비량에도 불구하고 소주는 아무런 아우라를 갖지 않는다. 소주는 대중의 술이며 현실의 술로서 한 시대의 정서를 감당해 왔지만 풍미가 없고 색감이 없고 오직 찌르는 취기만 있다. 소주는 아귀다툼하고 희로애락하고 생로병사하는 이 아수라阿修羅의 술이다. 소주는 인간의 기쁨과 슬픔, 소망과 좌절을 멀리 밀쳐 내고 또 가까이 끌어당겨서 해소하고 증폭시키면서 모두 두통으로 바꾸어 놓는다. 소주는 생활의 배설구였고 종말처리장이었는데, 나 역시 거기에 정서를 의탁해서 힘든 날들을 견디어 왔다.

회사 동료들과 다투고 나서 화해하자고 마시는 술은 대개가 소주였는데, 화해의 술자리에서 또 싸웠고, 헤어져서 각자 마셨다. 퇴근 후에 동료들이 모여서 회사 사장, 국장, 부장을 욕하고, 야당을 욕하고 여당을 욕하고 정부를 욕하면서 소주를 마셨는데, 이런 날은 아무 득이 될 것도 없이 헛되이 폭음했고, 그다음 날 아침에 오장이 녹아내리도록 뉘우쳤다. 이런 아침에 머리는 쪼개지고 창자는 뒤틀리고 마음은 자기혐오로 무너졌다. 소주는 삶을 기어서 통과하는 중생의 술이다. 나는 소주를 많이 마시기는 했지만, 소주의 쓰라린 세속성을 소화해 내기는 어려웠다.

밥이 뜸 들면서 솥이 조금씩 김을 뿜어내면 쌀의 향기가 집 안에 퍼진다. 나는 이 향기를 맡으면, 사케가 익어 가는 일본의 먼 마을들이 생각난다. 가을에 누렇게 익은 벼들이 바람에 흔들리면서 쌀의 향기가 밀려올 때도 내 마음속에 사케 익어 가는 술도가都家가 떠오른다. 논에서 익어 가는 쌀의 냄새와 솥 속에서 익어 가는 쌀의 냄새는 바탕은 같지만 갈래가 다르다. 논의 냄새는 거대하고 종합적이다. 가을의 논에서는 벼라는 품종 전체가 갖는 시원의 냄새가 파도처럼 밀려온다.

솥 속에서 이 근원적 냄새는 그 바탕을 유지하면서 순화되고 인문화된다. 솥 속에 쌀과 물을 알맞은 비율로 넣고 불을 때서 밥을 만들어 내는 조리법은 문명사의 위대한 전진이다. 솥뚜껑은 두껍고 또 무거워서 솥 안에 김을 가두어 놓는데, 김은 쌀의 바탕을 훼손하지 않으면서도 그 형질을 인간의 몸과 마음에 맞도록 변형시킨다. 솥은 물질을 변화시키려는 인류의 오랜 소망에 봉사한다. 김이 새면 쌀알이 물렁해지기는 해도 밥이 익지는 않는다. 이것은 선밥이다. 잘 익은 밥의 향기는 자극이 없고 둥글다. 그 향기는 인간을 유혹하지 않고 감싼다.

사케의 맛은 쌀밥의 범위를 넘어서지 않는다. 사케가 사람의 마음에 작동하는 방식은 논에서 익어 가는 쌀이 아니라 밥솥에서 조금씩 새어나오는 김의 방식이다. 사케의 맛은 쌀의 엑기스를 추출해 내고, 사케의 취기에는 도작농토稻作農土의 질감이 들어 있다. 사케는 깊이 스며서 넓게 퍼지고 익어 가는 밥의 안온함으로 몸을 덥혀 준다. 사케를 마실 때 나는 술이 나를 안아 주는 느낌을 받는다.

몇 해 전, 눈이 많이 오는 겨울에 일본 홋카이도에서 사케를 마셨다. 눈이 키보다 높이 쌓였고 산간마을들은 눈 밑으로 굴을 뚫어서 왕래하고 있었다. 눈굴 속에서 화살표 안내판을 따라 갔더니 작은 술집이 있었다. 입구까지 눈이 쌓여서 겨우 문을 밀고 들어갔다.

거기서 사케를 마셨다. 주모는 허리가 굽은 늙은 여성이었는데, 화장이 너무 짙어서 허무해 보였다. 큰 개를 기르고 있었는데, 개도 늙어서 눈 뜨기를 힘들어했다. 뜨거운 사케의 부드러움이 몸의 바닥에서부터 스며들어 오니까 늙은 주모의 빨간 립스틱이 주는 허무감도 견딜 만했다. 사케는 겨울의 술이고, 나이든 사람의 술이다.

내가 즐겨 마신 술은 위스키다. 위스키의 취기는 논리적이고 명석하다. 위스키를 몇 방울 목구멍으로 넘기면 술은 면도날로 목구멍을 찢듯이 곧장 내려간다. 그 느낌은 전류와 같다. 위스키를 넘기면, 호수에 돌을 던지듯이 그 전류의 잔잔한 여파들이 몸속으로 퍼진다. 몸은 이 전류에 저항하면서도 이를 받아들인다. 저항과 수용을 거듭하면 저항의 힘은 적어지고 수용의 폭은 넓어져서 취기가 쌓인다. 위스키의 취기는 이리저리 흩어져서 쏘다니지 않고 한 개의 정점으로 수렴된다.

온 세상 사람들이 너도나도 위스키를 마신다 해도 위스키는 공동체의 술이라기보다는 개인의 술이다. 위스키는 단독자를 정서의 정점으로 이끌고 간다. 그래서 위스키를 좋아하면 혼술을 자주 마시게 되고 알코올중독자가 되기 쉽다.

이 술 저 술에 대해서 이처럼 수다를 떨고 있지만, 지나간 술은 술로서 작동하지 못한다. 지나간 술은 화폭 속의 산과 같다. 몸으로 확인할 수는 없지만 들여다볼 수는 있다. 나는 이제 술을 마시지 못한다.

나는 3년 전부터 심혈관 계통의 병으로 치료를 받고 있다. 젊은 의사는 술을 '한 방울'도 먹으면 안 된다고 나를 겁주었다. 술을 먹으면 '죽는다'라고 극언을 할 때도 있었다. 나는 '한 방울'에 짜증이 나서 의사에게 물었다. "한 방울도 안 되나요?"

"방울 수가 중요한 게 아니라, 생각을 끊으라는 말입니다. 반 방울도 안 됩니다."

나는 더욱 약이 올랐고, 병이 들어서 의사에게 몸을 맡기게 된 신세의 설움이 복받쳤다. 그래서 또 물었다.

"선생님은 술을 안 드십니까?"

"저요? 저는 술을 입에 대지 않습니다."

의사의 말투는 자랑처럼 들렸다.

"훌륭하십니다. 저는 한 50년 마셨습니다"라고 나는 의사를 칭찬해 주었다. 의사도 지지 않았다.

"참, 대단하시군요."

의사는 지난 2주 동안에 술을 먹었느냐고 나를 추궁했다. 의

사한테 거짓말을 할 수는 없었다.

"뭐, 그저, 조금….

"무슨 술입니까?"

"와인입니다. 독주는 안 먹었어요."

"얼마나 마셨습니까?"

"조금 마셨습니다."

"조금이라면 얼마인가요?"

"극소량입니다."

"그게 얼마입니까?"

"극소량이라면, 미량이지요."

"미량이 얼마인가요?"

"와인 두어 잔입니다. 잔을 가득 채우지는 않았어요. 그냥, 미량이지요. 요만큼."

"안 됩니다. 이러시면 치료가 어려워지고, 지금까지 치료받은 것이 헛일이 될 수 있습니다."

건강을 회복해서 술을 마실 수 있는 '정상인'으로 거듭나는 것이 내가 치료를 받는 '목적'이라고 의사에게 말해 주고 싶었지만 나는 그 말을 참았다.

이런 지경이 되어서까지도 술을 마셔야 하는지, 내 자신이 한심했다. 의학적 근거는 없지만, 동창 아무개는 술병이 도져서 죽었다는 뒷말도 들렸다.

요즘엔 거의 술을 마시지 않는데, 가끔씩 술 마시던 날들의 어수선한 열정과 들뜸이 그립다. 엉망으로 취한 다음 날 아침의 절망감이 혐오스럽기보다는 안쓰럽다. 저녁에 동네 술집에 모여서 술 마시는 젊은이들의 웃음소리를 들으면, 나는 이 고해苦海의 아름다움을 알게 된다.

술은 멀어져 갔지만, 나는 아직 술을 끊은 것이 아니다. 나는 희망의 힘에 의지해서 살지 않고 이런 미완성들과 함께 살아가고 있다.

나는 스무 살 무렵부터 예순다섯 살까지 45년간 담배를 피웠다. 하루에 한 갑씩, 어떤 날은 두 갑씩 기를 쓰고 피워 댔다. 지금은 담배를 끊은 지 10년이 되어 오는데, 꿈속에서는 가끔 피운다. 잠들기 전에 오늘 꿈속에서 한 대 피웠으면 좋겠다고 생각하는 날도 있다. 담배는 참으로 무서운 습관이다.

고등학교 때 장난삼아 배운 담배를 군대에 가서 본격적으로 피우기 시작했다. 그때 군대에서는 담배를 피우는 사람이나 피우지 않는 사람이나 구별 없이 사흘에 한 갑씩 나누어 주었다. '화랑'이라는 담배였는데, 맛이 쓰고 거칠어서 병사들은 '독가스'라고 불렀다.

보급이 제대로 되지 않아서 담배가 떨어지면 병사들은 고참

순으로 일렬로 서서 돌림담배를 피웠다. 담배 한 대를 최고참이 먼저 한 모금 빨고 아래로 내려주었다. 꽁초가 한 개만 있을 때는 고참이 한 모금 빨아서 그 연기를 후임병들의 입속으로 불어 넣어 주었다. 신병들은 고참 옆에서 입을 벌리고 연기를 받아먹었다. 이런 짓거리로 군생활의 고달픔을 달래면서 낄낄 웃었는데, 그때부터 담배는 내 몸에 깊이 또아리를 틀고 들어앉았다.

제대하고 나서 글을 쓰는 일로 밥을 벌어먹게 되자 나는 담배에 더욱 빠져들게 되었다. 나의 동료 중에는 담배를 피워야 글이 잘 써진다는 미신을 신봉하는 자들이 많았는데, 나는 그중의 하나였다. 이미 담배에 중독된 사람이 담배를 잠시라도 안 피우면 정신이 멍청해져서 가나다라를 제대로 쓸 수 없게 된다는 것은 경험으로 보아서 맞는 말이지만, 담배를 피우면 글이 술술 풀린다는 말은 말짱 거짓말이었다. 그걸 알면서도 그 거짓말에 기대어서 마음 편히 담배를 피워 댔다.

50대 중반에 나는 담배를 끊을 수 있는 좋은 기회를 만났지만, 끊지는 못했다.

그때 나는 호남지역의 깊은 산속 절 마당에서 담배를 피우다가 노스님에게 걸려서 크게 혼났다. 그때나 지금이나 사찰 경내는 금연구역이다. 절 마당을 쓸고 있던 노스님은 멀리서 담배를 피우고 있던 나를 손짓해서 불렀다. 나는 연기를 뿜어내면서 다

가갔다. 노스님은 몸이 작았고 오종종한 얼굴에 주름이 가득했
지만 범접하기 어려운 위엄이 있었다. 노스님은 나를 위아래로
훑어보더니 말했다.

"담배 피우는구나."

"그렇습니다."

"끊어라. 딴 데 가서 피우란 말이 아니다."

나는 스님의 고압적인 어투에 반감이 솟아올랐다.

"스님께서는 담배를 피워 보셨습니까?"

"아니다."

"그럼 잘 모르시겠군요. 이게 끊어지는 것이 아닙니다. 사람
들한테 물어보세요."

스님이 날카로운 눈매로 나를 노려보았다.

"말을 잘하는구나. 이 사람아, 그걸 왜 못 끊어. 자네가 안 피
우면 되는 거야. 피우면 못 끊는 거고."

나는 벼락이 뒤통수를 치는 듯한 충격을 받았다. 그렇구나. 안
피우면 되는 거구나…. 나는 응답할 말을 찾지 못해서 쩔쩔맸다.
스님은 또 말했다.

"쉽구나. 쉽다, 쉬워. 그렇게 쉬운 걸 못 하는구나. 쉬워서 못
하느냐."

나는 무참해서 물러났다. 돌아가는 내 등에 대고 스님이 또 말
했다.

"산은 금세 어두워진다. 조심해서 내려가라. 담배 피우러 절에 오지 마. 가서 끊어."

네가 안 피우면 끊는 거다, 라는 이 단순한 말 한 마디에 나는 창피했다. 더 이상 들이댈 말이 없었다. 노스님은 고도로 응축된 단순성으로 인간의 아둔함을 까부수는 능력을 지니고 있었다.

그날 이후로 노스님의 그 한 마디는 무서운 위엄으로 나를 지배했다. 나는 담배를 끊으려고 별의별 것을 다 했다. 금연에 도움이 된다는 패치를 얼굴에 온통 붙이고 껌을 씹고 사탕을 먹고 회식자리를 멀리하면서 두 달을 지냈다. 금단증세가 나타나면 달리기를 하고 체조를 했다. 견딜 수 없을 때는 공원에 혼자 나가서 셔츠를 찢으면서 괴로워했다. 그러는 동안에도 틈틈이 담배를 피웠다.

피울 때마다 뉘우치고 또 피우다가, 서너 달쯤 후에는 담배 끊기를 미루고 정식으로 피우기 시작했다. 나는 내 마음속에서 울리는 노스님의 목소리를 향해서, 내년에, 또 내년에, 하면서 빌었다. 금연을 단념하고 정식으로 다시 피우니까 담배는 맛이 더 좋았다.

노스님한테 혼나고 나서도 나는 7년쯤 더 담배를 피웠다. 스님의 말씀은 천만 번 지당하지만, 이 단순성의 진실을 뻔히 알면서도 실천하기가 어려워서 괴로워하는 속세 중생의 고통을 산속

의 스님은 이해하지 못할 거라고 스스로에게 우겼다. 그러면서
도 내가 담배를 끊고 찾아뵙게 될 때까지 노스님이 세상에 머물
러 계시기를 빌었다.

  그렇게 뉘우침과 각오가 엎치락뒤치락하는 중생고衆生苦의 세
월을 담배를 피우면서 보내다가, 어느 날 나는 아무런 처방이나
노력도 없이 문득 담배를 끊게 되었다.

  나는 '신비'라는 단어를 싫어해서 좀처럼 사용하지 않지만 나
의 금연에는 신비적 요소가 있다.

  10년쯤 전에 먹고사는 일로 남과 다투고 나서 속상해서 소주
마시면서 담배를 한 갑 피웠다. 그날 밤 내 꿈속에서 노스님이 돌
아가셨다. 다비식에 갔더니, 나 혼자뿐이었다. 노스님의 상좌上佐
가 "스님 불 들어갑니다!"라고 외치면서 장작에 불을 댕겼다. 불
꽃 속에서 사그라지는 노스님의 육신은 나를 향해서 "그걸 왜 못
끊어. 자네가 안 피우면 되는 거야. 쉽구나. 쉽다"라고 말했다.

  꿈에서 깨어나서 나는 다시 금연을 결심했다. 나는 노스님의
말씀을 추호도 의심하지 않았다. '내가 안 피우면 된다'는 이 단
순한 문장의 주어 '나'가 나를 확실히 지탱해 주었다. 단순성 안
에는 강력한 힘이 내장되어 있다.

  신기하게도 나는 나 자신이 그동안 담배를 한 대도 피워 보지
않은 사람처럼 느껴졌다. 나는 그 후로는 담배를 피우지 않았다.

금단증세가 있었지만, 심하지는 않았다. 길에서 담배 피우는 사람을 만나면 나도 모르게 뒤를 따라가며 흩어지는 연기를 들이마시기도 했지만 이런 추접스런 꼴은 내가 겪은 금단증세 중에서 경미한 사례에 속한다.

담배가 나로부터 멀어지고 나니까 이처럼 쉬운 것이 어째서 그렇게 어려웠던 것인가를 나는 지금도 알 수 없다. 노스님은 담배를 피우지 않았다고 하니까, 쉬움을 알지만 어려움은 모르실 것이다. 스님이 아는 것은 '쉬움'의 단순성이다. 이 단순성을 터득하고, 그것을 단순한 언어로 표현하려면 맑고 힘센 마음의 자리에 도달해 있어야 할 것이라고 생각하고 있다. 노스님은 쉬움으로 어려움을 격파하는 힘이 있었다. 노스님의 말씀을 참으로 두려워했기 때문에 담배를 멀리할 수 있었다. 나의 금연 노력은 모두 실패했고, 두려움만이 성공했다. 그 두려움은 스님이 내게준 것이라 하더라도 나의 마음이 그 두려움을 두렵게 받아들였으므로 내 금연에는 나 자신의 힘도 어느 정도는 포함되었다고 자위하고 있다.

이 긴 말을 줄여서 노스님처럼 짧게 말하자면, 내가 안 피우니까 저절로 끊어진 것이다. 그러나 지금도 가끔씩 꿈속에서 담배를 피운다. 중생의 어리석음은 한이 없는데, 나는 이 어리석음과 더불어 편안해지려 한다.

차례

앞에 늙기의 즐거움 7

1부
새를
기다리며

일산 호수공원의 설날 31

말년 34

허송세월 43

재의 가벼움 49

보내기와 가기 55

새 1 - 새가 왔다 63

새 2 - 새가 갔다 69

다녀온 이야기 75

꽃과 과일 83

눈에 힘 빼라 89

시간과 강물 91

태풍전망대에서 96

적대하는 언어들 104

'세월호'는 지금도 기울어져 있다 111

2부 | 여름 편지 127

글과 밥 | 걷기예찬 130

조사 '에'를 읽는다 134

형용사와 부사를 생각함 142

노래는 산하에 스미는구나 149

난세의 책 읽기 153

먹기의 괴로움 159

혼밥, 혼술 166

주먹도끼 172

박물관의 똥바가지 177

구멍 187

수제비와 비빔밥 195

몸들의 평등 201

키스를 논함 205

새 날개 치는 소리를 들으며 211

고속도로에 내리는 빛-겨울의 따스함 215

3부
푸르른
날들

청춘예찬 221

안중근의 침묵 239

아이들아, 돋는 해와 지는 해를 보아라 1 246

아이들아, 돋는 해와 지는 해를 보아라 2 253

박경리, 신경림, 백낙청 그리고 강운구

　－강운구 사진전 〈사람의 그때〉를 보면서 257

주교님의 웃음소리 267

아날로그는 영원하다 273

여덟 명의 아이들을 생각함 280

말하기의 어려움, 듣기의 괴로움 288

개별적 고통을 생각하며 300

호수공원의 봄 1 307

호수공원의 봄 2 313

인생의 냄새 319

뒤에 새와 철모 329

1부

새를 기다리며

일산 호수공원의 설날

코로나 때문에 갈 곳이 없으니까 호수공원에 나오는 사람들이 늘었다. 추운 날에도 패딩 입고 마스크 끼고 나온다. 늙은 사내가 늙은 아내를 휠체어에 태우고 나온다. '사회적 거리두기'로 걷는다.

가을이 깊어져서 나뭇잎이 떨어지니까 높은 나무 꼭대기에 매달린 까치집이 잘 보인다. 차가운 하늘을 배경으로 까치집은 영롱하다. 지난여름 태풍 때, 사람이 지은 집들은 무너졌는데 까치집은 떨어지지 않았다. 까치집은 허술해 보이지만 단단하다. 까치의 건축기술은 놀랍다.

까치는 부부가 함께 나뭇가지를 물어 와서 집을 짓는다. 위아래로 두 칸을 복층으로 짓는다. 까치집에는 지붕이 없어서 까치는 집 안에서 눈비를 맞는다. 까치는 살던 집을 버리고 옆 나무로 옮겨가서 새 집을 짓기도 하는데, 먼저 살던 집에는 다른 새

31

들이나 청설모가 들어와서 산다. 까치는 집 욕심이 많지만 다주택자는 아니다. 까치들은 높은 나무 꼭대기에 앉아 있다가 지나가는 사람들을 향해 말을 건다.

고구려 고분벽화 속의 까치는 사람의 집 처마 끝에 앉아 있다. '생활은 영원하다'고 이 까치는 말하고 있다. 그 집 부엌에서는 여인들이 아궁이에 장작불을 때서 국을 끓인다. 까치는 사람 사는 일에 궁금한 것이 많아서 집 안을 들여다보는 모양인데, 이 버릇은 고구려 까치나 일산 호수공원 까치나 다 똑같다. 그러니, 지금 호수공원에서 짖는 까치는 고구려 까치의 후손들이다.

이 겨울에 호수공원 물속에서 노는 청둥오리와 물닭은 러시아의 아무르강이나 바이칼호수에서 온 겨울 철새들이다. 까치는 집을 짓지만, 철새들은 집을 짓지 않고 물가의 마른 풀 속에 들어가서 잔다. 철새들은 무주택자지만, 온 천지가 집이라서 집 걱정이 없다. 먼 동네에 와서도 철새들은 낯설어하지 않는다.

작은 동물원 앞에는 어린이들이 모여 있다. 어린이들은 토끼나 미어캣, 두루미를 보면서 끝없이 말을 건다.

"이리 와, 밥 먹었니?"

"너 몇 살이야?"

"니네 엄마 누구야?"

호수 속의 잉어를 보면서도 아이들은 말한다.

"너 수영 잘하는구나."

"아, 생선구이 먹고 싶다."

"안 춥냐?"

토끼들은 밥그릇 주위에 동그랗게 모여서 밥을 먹는다. 토끼들은 이마를 마주 대고 오물오물 먹는다. 토끼들은 먹이를 다투지 않는다. 토끼들이 모여서 밥 먹는 모습은 초식하는 약자들의 평화를 느끼게 한다. 나는 동그랗게 모여서 밥을 먹는 토끼들의 식사가 슬프다.

"많이 먹어라, 많이 먹어"라고 아이들은 말한다. 아이들은 오물거리는 토끼의 입을 흉내 내고, 두 발로 서는 미어캣의 자세를 흉내 낸다.

지적장애가 있는 아들을 몇 년째 데리고 나와서 산책시키는 젊은 어머니는 "아들의 정신이 점점 건강해져서 새와 꽃과 물고기를 보면 좋아서 웃고 소리친다"라고 말하면서 웃었다. 젊은 어머니의 웃음은 맑고 행복했다.

코로나의 재난 속에서도 호수공원의 새해 첫날은 별일이 없었고 모든 일상이 다 갖추어져서 평화로웠다. 새와 물고기와 어린이들이 잘 어우러져 있었다. 까치가 말을 걸고 어린이들이 지절거리고 개들이 좋아서 뛰고 장애아의 어머니가 행복하게 웃었다. 깊은 겨울이지만, 수양버들의 가지 속에 봄은 이미 와 있었다.

말 년

나는 이제 여든에 가까워졌다. 늙은이들이 너무 많아져서 젊은
이들이 제 한 몸 먹고살기도 힘든데 늙은이 뒤치다꺼리할 일을
걱정하고 있다 하니, 지하철 경로석에 앉기도 민망하다. 젊은이
들의 걱정을 나 또한 힘들어하고 있다.

몸이 아파서 병원에 가면, 소독약 냄새 풍기는 젊은 의사는 나
를 '어르신'이라고 부르고 더 젊은 간호사는 날 보고 '아버님'이
란다. 나뿐 아니라 늙은이를 보면 닥치는 대로 '아버님'이다.

신체 장기와 부위마다 골병이 들어서, 장기별·부위별 진료과
와 검사실 앞 복도에서 순서를 기다리는 머리 허연 늙은이들이
배꼽을 내놓고 춤추는 걸그룹을 TV로 보고 있다. 복도에 대기자
가 많으면 김 아버님, 박 아버님이라고 불러댄다. 이런 호칭을 들
으면 모욕을 느끼지만, 아프니까 별수 없이 병원에 간다. 내가 젊
은 간호사를 "딸아" 하고 부르면 나를 미친 늙은이로 볼 것이다.

34

여기저기서 또래들이 죽었다는 소식이 온다. 오래 누워서 앓던 사람들은 천천히 죽고, 보약 먹고 골프 치던 사람들은 갑자기 죽는다. 남의 집에 저녁 마실 온 듯이 문상 왔던 사람들이 몇 달 후에 영정 속에 들어가서 절을 받고 있다. 내가 미워했던 자들도 죽고 나를 미워했던 자들도 죽어서, 사람은 죽고 없는데 미움의 허깨비가 살아서 돌아다니니 헛되고 헛되다.

죽은 지 이삼 년 지나서야 죽었다는 소식이 오는 경우도 있다. 소식이 없는 동안 나는 그가 살아 있는 줄 알았는데, 이 말은 그가 죽었다는 걸 몰랐다는 말이다. 그동안 그는 죽은 것인가 안 죽은 것인가. 내가 그의 죽음을 모르는 동안에 그는 내 의식 속에서 살아 있었던 것인데, 이런 시간은 삶에 속하지 않을 것이다. 죽은 자에게도 시간의 흐름이 있는지, 그 시간의 질감과 작용은 어떤 것인지 살아 있는 자들은 알지 못한다. 산 자의 시간과 죽은 자의 시간은 서로 넘나들지 못한다. 이 경계에 관하여 산 자는 말할 수 없고 죽은 자는 산 자에게 말해 주지 않는다.

허리가 아파서 병원에 가니까 의사가 나에게 앉아 있을 때가 더 아프냐, 서 있을 때가 더 아프냐고 물었다. 나는 앉으면 앉아 있을 때가 더 아프고, 일어서면 서 있을 때가 더 아프다고 말했다. 의사는 웃으면서 대답하지 않았다.

의사는 아픔의 정도를 측정하는 장치Pain Rating Scale를 들이밀었다. 고통의 정도를 1에서 10까지 눈금으로 표시해 놓고 조금 아픈지, 조금 더 아픈지, 훨씬 더 아픈지, 아주 많이 아픈지, 심각하게 아픈지를 저울 눈금으로 찍어서 말하라는 것이었다.

나는 말하지 못했다. 나는 내 고통이 어느 눈금에 해당하는지 계량할 수가 없었다. 눈금을 들여다보니까 지나간 고통이 다시 살아나고, 닥쳐올 고통이 미리 와서 눈금을 움직이고 있는 것 같았다. 고통은 시간 속으로 광역화되었다. 나는 다만 현재의 고통만을 경험할 수 있었지만, 미래의 고통이 미리 와서 기다리고 있었다. 고통은 경험될 뿐 말하여질 수는 없었고 눈금으로 표시할 수도 없었다. 고통을 시간과 분리해서 객관화할 수가 없었다.

환자의 고통을 계량화하려는 의사의 의도를 이해할 수는 있었지만 고통의 정도를 소고기 무게 달 듯 저울에 올려놓고 얼마라고 말할 수는 없었고, 그 고통이 저울 눈금으로 몇 그램이건 간에, 고통을 단위와 개념에 의존해서 소통하려는 중생의 몽매함을 의사와 환자가 공유한 것이 그날 진료의 소득이었다. 개념화된 고통은 전달되거나 공유될 수 없었고 고통은 오직 연민의 힘에 의해서 개별적 인간의 경계를 넘어갈 뿐이었는데, 연민은 눈금으로는 측정되지 않았다. 연민이 이날 진료의 소득이었다.

오래 앉아서 일하지 말고, 술 마시지 말라고 의사는 말했다. 나는 본래 오래 앉아서 일하는 걸 좋아하지 않는다. 술 마신 지 오래되면 맨송맨송하다.

의사가 말하기를 늙은이들의 몸에는 보통 대여섯 가지의 만성질환이 자리 잡고 있는데, 여러 병증 사이에 경계가 무너지고 뒤섞여서 무슨 병인지 진단하기가 어렵다고 했다. 병증들이 섞여서 두루뭉수리가 되었다는 말이다. 병증을 분리해서 개념화할 수 없기 때문에 병을 다루기 어렵다는 의사의 고충을 나는 이해할 수 있었지만, 병이란 본래 개념이나 언어를 이탈하는 증세이므로 병조차도 늙어야 제대로 깊어지는 것인가 싶었다.

의사가 또 말하기를, 늙은이의 병증은 자연적 노화현상과 구분되지 않아서 치료가 어렵다고 했다. 늙은이의 병은 본래 스스로 그러한 것이어서 딱히 병이라고 할 것도 없고 병이 아니라고 할 것도 없다는 말이었는데, 듣기에 편안했다. 늙음은 병듦을 포함하는 종합적 생명현상이다.

생, 로, 병, 사가 본래 각각 독립된 범주가 아니라 한 덩어리로 뒤엉켜 동시에 굴러가면서 삶의 기본 풍경을 이루는 것이라고 나는 늘 느끼고 있었는데, 노환老患에 대한 의사의 의학적 소견도 삶에 대한 나의 느낌과 크게 다르지 않았다.

나이를 먹으니까 삶과 죽음의 경계가 흐려져서 시간에 백내장이 낀 것처럼 사는 것도 뿌옇고 죽는 것도 뿌옇다.

슬플 때는 웃음이 나오고 기쁠 때는 눈물이 나오는데, 웃음이나 눈물이나 물량이 너무 적어서 나오는 시늉만 한다. 안구건조증

이 오면 눈이 쓰라리고 눈물이 흐르는데, 눈물이 흘러도 안구는 건조하다. 병원에 가면 눈물 흐르는 눈에 또 인공눈물을 넣으라고 한다. 눈물에 약물이 합쳐져서 눈물은 넘치는데, 젖은 눈이 메마르다. 어째서 이런지는 나도 모르고 의사도 모른다.

밥을 먹을 때는 입안이 메말라서 밥알이 목에 걸리는데, 잠을 자거나 하품을 할 때는 침이 흘러서 입 밖으로 나온다.

술 마시고 나면 술이 지겨워서 빨리 깨고 싶고, 술 깨면 세상이 너무 환해서 마시고 싶으니, 술이란 무엇인지 술을 마셔도 알 수 없고 안 마셔도 알 수 없는데, 사람들아 어쩌자고 자꾸 마시는가.

말을 하려다가도 말이 뜻을 저버릴 것 같아서 미덥지 못하고, 이 귀머거리들의 세상이 알아듣지 못할 것 같아서 머뭇거리는 사이에 말들은 흩어져서 할 말이 없어진다. 글을 쓰다가도 이런 쓰나 마나 한 걸 뭐 하러 쓰는가 싶어서 그만둔다.

늙으니까 혼자서 웃을 수밖에 없고 혼자서 울 수밖에 없는 일들이 많은데, 웃음과 울음의 경계도 무너져서 뿌옇다. 웃음이나 울음이나 별 차이 없는데, 크게 나오지는 않고 바람만 픽 나온다.

기쁨, 슬픔, 외로움, 그리움, 사랑, 행복 같은 마음의 침전물이 아예 없어진 것은 아니로되, 이 물컹거리고 들척지근한 단어들을 차마 연필로 포획할 수가 없어서 글로 옮겨 남들에게 들이밀지 못한다.

단어들도 멀어져 간다. 믿고 쓰던 단어에서 실체가 빠져나가서 단어들은 쭉정이가 되어 바람에 불려 간다. 단어의 껍데기들이 눈보라처럼 바람에 쓸려 가는 풍경은 뿌옇다. 부릴 수 있는 단어는 점점 적어져서 이제는 한 줌뿐인데, 나는 이 가난을 슬퍼하지 않는다. 가난하게 살면 되는 것이다.

주어와 술어를 논리적으로 말쑥하게 연결해 놓았다고 해서 문장이 성립되지는 않는다. 주어와 술어 사이의 거리는 불화로 긴장되어 있다. 이 아득한 거리가 보이면, 늙은 것이다. 이 사이를 삶의 전압으로 채워 넣지 않고 말을 징검다리 삼아 다른 말로 건너가려다가는 허당에 빠진다. 이 허당은 깊어서 한번 빠지면 헤어나지 못한다. 허당에 자주 빠지는 자는 허당의 깊이를 모른다. 말은 고해를 건너가는 징검다리가 아니다. 주어와 술어 사이가 휑하니 비면 문장은 들떠서 촐싹거리다가 징검다리와 함께 무너진다. 쭉정이들은 마땅히 제 갈 길을 가는 것이므로, 이 무너짐은 애석하지 않다. 말들아 잘 가라.

나와 외계外界 사이의 경계가 허물어져서 거기에 썰물의 서해 같은 갯벌이 드러난다. 물도 아니고 뭍도 아닌 것이 다만 비어서 저녁노을을 받고 있다. 나는 흐려지고 희미해지고 흐리멍덩해진다. 나는 설명되거나 표현되지 않는다. 나는 시간과 공간 속으로 녹고 삭는다.

나와 세상 사이에 본래 칸막이가 있었던 것은 아닌데, 내 손으로 칸막이를 세워 놓고 말의 감옥 안에 스스로 갇혀서 그 안에서 말을 섬기면서 살아왔으니 불쌍하다. 나여, 무엇을 알고 무엇을 모르는가. 개념에 해당하는 실체가 실재하는지 아닌지 확실치 않은 저녁들은 뿌옇다.

가끔씩 뿌연 안개가 찢어지는 틈새로 세상의 발가벗은 풍경이 처음 보는 듯이 보이는데, 늘 보던 것이다.

내가 사는 동네는 서부전선에서 가까워서 주말이면 외박 나온 병사들이 하룻밤을 놀다 간다. 외박 기간이 끝나 가는 저녁이면 버스정류장에 귀대하는 젊은 병사들과 젊은 애인들이 줄을 짓는다. 젊은 애인들은 끌어안고 키스한다. 귀대 시간이 촉박할수록 키스는 간절해진다. 키가 작은 여자는 발뒤꿈치를 들어 병사의 목을 두 팔로 감고 매달려서 키스한다. 애인들은 입술을 대는 각도를 바꾸어 가며 키스하고 또 한다.

각도가 바뀌면 키스의 맛이 달라지는 모양인데, 키스의 모든 각도는 지금까지 없었던 새로운 각도다. 이 동네 버스정류장에서 모든 키스는 첫 키스다. 주말이면 나는 버스정류장 앞 술집에 앉아서 이 귀대 키스의 대열을 관찰하는데, 이때 나의 정신은 뿌옇지 않다. 삶이 저토록 빛나므로, 나의 마음은 명석하다.

이 동네 먹자골목에는 저녁마다 하루의 노동을 마친 젊은이들이 몰려온다. 식당의 밥값은 1인분에 5천~6천 원 정도인데, 반찬 가짓수는 많지 않지만 양이 많고 무한리필이다. 젊은이들은 공깃밥을 추가로 시켜서 큰 양푼에 나물을 모두 털어 넣고 쓱쓱 비벼서 다 먹고 더 먹는다. 남녀가 한 테이블에 둘러앉아서 먹고 마시고 떠들고 화내고 웃는다. 젊은 여자들은 웃고 떠들다가도 거울을 꺼내서 화장을 고친다.

젊은이들은 회사를 욕하고 부장을 욕하고 정치권력을 욕하고 용 나온다는 개천을 욕하고 애 낳으라고 몰아대는 꼰대들을 욕한다. 바닥에 침을 뱉고 신발 바닥으로 뭉개고 나서 욕을 계속한다. 소주잔을 부딪치고 손바닥을 부딪친다. 젊은이들은 세상을 욕하다가도 무슨 좋은 일이 있는지 함께 웃어댄다. 웃음소리는 크고 맑아서 식당 안에 가득 찬다. 시냇물이 빠르게 흘러가는 소리다. 나처럼 혼자 먹으러 온 사람은 벽 앞으로 설치된 1인용 자리에 앉아야 한다. 젊은이들의 웃음소리를 들으며 혼밥으로 저녁을 먹을 때, 삶의 기쁨과 슬픔은 영롱하다.

2019년 11월 14일, 전국에서 53만 명 이상의 수험생들이 대입수능시험을 치렀다. 이날 아침, 나는 이 동네 고등학교에 차려진 고사장에 갔다. 나는 해마다 수능시험 날이면 아이들 구경하러 학교 앞에 간다. 재학생, 재수생들이 부모, 친지의 격려를 받으며 교문 안으로 들어갔다. 수험생들은 엄마를 끌어안고 "엄마, 사랑해"라고 말했고 엄마들은 시험 잘 보라며 등을 두들겨 주었다. 수능시험은 전국의 수험생을 성적순으로 세워서, 아랫도리를 잘라 내는 제도이다. 엄마들의 소망처럼 다들 시험을 잘 보면 입시제도는 큰 혼란에 빠질 테지만, 시험 잘 보라는 말 외에 무슨 말을 하겠는가.

고등학교 2학년 아이들이 교문 앞에 몰려와서 시험 치르는 선배들을 응원했다. 고2 학생들은 교가를 부르면서 냄비와 프라이팬을 두들겨서 신명을 올렸고, 고3 선배들을 끌어안고 볼을 비볐고, 초콜릿을 고3 선배의 입안으로 밀어 넣었다. 작년에는 핸드폰으로 댄스뮤직을 틀어 놓고 춤추는 아이들도 있었다. 작년에 춤추던 고2 아이들이 올해는 시험장으로 들어가고, 올해 냄비 두들기던 고2 아이들은 내년에 시험장으로 들어간다. 지옥문 앞에서도 아이들은 살판이 난 듯 펄펄 뛰었고 깔깔 웃었고 파이팅을 외쳤다.

나는 너무 가까이 가기가 쑥스러워서 길 건너 쪽에서 이 가엾은 아이들, 이 신나는 아이들을 구경했다. 늘 보던 것들이 처음 보는 듯 문득 보이는 이 보임은 너무나 늦고 반갑다.

이날 시험은 아침 8시 40분에 시작되어서 저녁 5시 40분에 끝났다. The longest day in history!• 길고 잔혹한 하루였다.

시험이 끝나서 다들 돌아가고, 해가 저무는 운동장 한구석에서 시험을 치른 여자아이 한 명이 무릎을 끌어안고 울고 있었다.

•   폴 앵카Paul Anka의 노래 'The longest day'의 마지막 소절.

허송세월

나는 오후에 두어 시간쯤 햇볕을 쪼이면서 늘그막의 세월을 보낸다. 해는 내 노년의 상대다. 젊었을 때 나는 몸에 햇볕이 닿아도 이것이 무슨 일인지 알지 못했고, 나와 해 사이의 공간을 들여다보지 못했다. 지나간 시간의 햇볕은 돌이킬 수 없고 내일의 햇볕은 당길 수 없으니 지금의 햇볕을 쪼일 수밖에 없는데, 햇볕에는 지나감도 없고 다가옴도 없어서 햇볕은 늘 지금 내가 있는 자리에 온다. 햇볕은 신생新生하는 현재의 빛이고 지금 이 자리의 볕이다. 혀가 빠지게 일했던 세월도 돌이켜보면 헛되어 보이는데, 햇볕을 쪼이면서 허송세월할 때 내 몸과 마음은 빛과 볕으로 가득 찬다. 나는 허송세월로 바쁘다.

나는 내가 사는 마을의 길 건너, 일산 호수공원 벤치에 앉아서 햇볕을 쪼인다. 햇볕을 쪼일 때, 나와 해는 직접 마주 대해서 대등한 자연물自然物이 된다. 나와 해 사이에 걸리적거리는 것이 없어서 해에서 폭발하는 빛과 볕이 바로 내 몸에 닿는다. 나와 해 사이에는 사이가 없다. 그때 내 몸의 모든 세포가 깨어나고 숨구멍이 열린다. 빛과 볕이 내 창자와 실핏줄의 먼 구석에까지 닿아서 음습한 오지가 환해지고 공해에 찌든 간과 허파가 기지 개를 켠다.

햇볕을 쪼일 때, 나는 햇볕을 만지고 마시고 햇볕에 내 몸을 부빈다. 햇볕을 쪼일 때, 내 몸의 관능은 우주 공간으로 확장되어서 나는 옷을 모두 벗고 발가숭이가 되고 싶은 충동을 느낀다.

햇볕을 쪼일 때, 나는 내 생명이 천왕성, 명왕성 같은 먼 별들과도 존재를 마주 대하고 있음을 안다. 햇볕을 쪼일 때, 나와 해 사이의 직접성을 훼손하는 장애물은 없고, 내 그림자가 그 직접성의 증거로 내 밑에 깔린다.

햇볕은 내가 유산으로 물려받았거나 내 스스로 설치한 차단막을 일시에 제거해서 몸과 해가 맞닿는 신천지를 열어젖힌다. 이 직접성은 자명自明해서 언설이나 실험으로 증명할 필요가 없다.

이 난데없는 밝음에 놀라면서도 나는 나와 해 사이를 가로막은 차단막을 생각한다. 나는 여전히 갇혀 있거나 갇혀서 담장 틈새로 내다보고 있다.

햇볕을 쪼이면서 생각해 보니 내 앞의 담장은 개념, 기호, 상징, 이미지, 자의식 같은 것들이다. 나는 이 언어적 장치와 그 파생물에 의해 시야가 가려지면서도 이 차단막에 의지해서 세상을 이해하려 했는데, 이 가려짐은 삶의 전 범위를 포위하고 있어서 부자유가 오히려 아늑하고 친숙했다.

시간時間은 시각과 시각 사이의 흐름이며 시각時刻은 시간의 흐름 위에서의 한 점이다, 공간은 전후·좌우·상하로 끝없이 펼쳐진 빈 자리이다, 라고 사전에 적혀 있다. 9는 6에 3을 더한 것이고 8은 9에서 1을 뺀 것이라고 사전에 적혀 있다.

나는 이러한 언어작용으로는 대상을 인식할 수 없어서 답답했고, 장님처럼 세상을 더듬었다. 나는 지금 사전을 만든 사람들을 탓하려는 것이 아니고 언어의 세계에서 끝없이 반복되는 동어반복의 저주를 말하려 한다.

개념을 개념으로 설명한다면, 마주 보는 거울 두 개의 저편으로 언어의 허상은 무한대로 전개된다. 거울 뒷면에 구멍을 뚫고 들여다보면 이 헛것이 무한 증식되는 장관을 볼 수 있다. 없는 것들이 있는 것의 외양을 하고 없는 공간 속으로 전개되면서, 없는 소실점 너머로 사라진다. 이 헛세계에서 시간도 아니고 공간도 아니고 언어도 아닌 것들이, 동서남북 어디에도 없는 것들이 나타나고 펼쳐지고 이어진다.

'7은 4에 3을 더한 것이다'라는 말은 '7은 7이다'라고 말한 것과 같은데, 7을 4 더하기 3의 결과가 아니라 7 그 자체로서 말하려 해도 '7은 7이다'라고 말할 수밖에 없다. 'A는 A다'라고 말하면 맞는 말이지만 하나 마나 한 말이고 아무 말도 하지 않는 것과 같지만, 말의 껍데기는 남는다.

나는 개념이나 기호를 사용하기를 저어한다. 나는 사과 7개를 보면 4 더하기 3의 결과를 떠올리지 않아도 7을 체험할 수 있지만 설명할 수는 없다. 설명할 필요가 없는 것을 설명하려 드는 나 자신을 나는 힘들어한다. 나는 갇혀 있다.

햇볕이 좋은 가을날에는 연못 속의 거북들이 바위에 올라와서 볕을 쪼인다. 거북들은 좌선하는 승려처럼 고요히 앉아서 작은 눈을 끔적이면서 나를 바라보고 있다. 거북과 나는 햇볕 속에서 마주친다. 거북의 얼굴에는 눈, 코, 입, 귀, 이마가 모여서 표정을 이루고 있다. 이 표정은 개별적 생물체의 표정이고, 그 종種의 공통된 생김새이다. 얼굴에 이, 목, 구, 비가 모여서 표정의 개별성과 군집성을 동시에 이루는 구도는 거북과 내가 똑같다. 거북은 파충류이고 나는 포유류인데, 공원 연못가에서 마주 보며 햇볕을 쪼일 때 진화의 수억만 년 시간과 공간은 햇볕에 증발되어 버리고 거북과 나는 직접 마주친다. 거북의 눈에 내가 어떻게 비칠는지 알 수 없지만, 되도록 사귈 만한 존재로 비치기를 바란다. 나의 얼굴과 거북의 얼굴, 산책하는 개들의 얼굴과 막 도착한 철새들의 얼굴도 모두 구조가 같아서 나는 이 동물들과 내가 유전적 친연親緣관계가 있으리라고 생각한다.

햇볕 속에서, 나의 생각은 과학적일 수가 없지만 논리와 개념이 제거된 시공을 거슬러 올라가 시원始原으로 향한다. 이 시원은 여기서 멀지 않다. 날이 저물면 거북들은 물속으로 들어간다.

일산 호수공원의 저녁하늘은 강화, 김포 쪽 하늘부터 붉어진다. 갈 곳도 없고 올 사람도 없는 저녁에 나는 망원경으로 노을의 안쪽을 들여다본다. 노을은 내 몸과 마음속에 가득 찬다. 노을 속에서 수많은 색들이 태어나고 스미고 번진다. 구름의 가장자리에서 태어난 신생의 색들이 위쪽으로 퍼져 가면, 태어난 지 오랜 색들은 어둠을 맞아들이면서 위쪽으로 물러선다. 색들은 시간과 더불어 짙어지면서 어둠 속으로 스미는데, 노을이 어둠과 합쳐지는 자리에는 솔기가 없다.

빛이 사라지면 색은 보이지 않는다. 빛이 사라진 자리에 색은 그대로 남아 있는 것인지, 아니면 색은 빛을 따라서 사라졌다가 빛이 돌아오면 다시 깨어나는 것인지 나는 쉽게 대답하지 못한다. 내가 쉽게 대답하지 못하는 까닭은, 내가 눈眼으로 사물을 볼 수밖에 없고 이미 본 것에 의지해서 보는 중생이기 때문이라는 것을 안다.

빛을 프리즘으로 분산하면 보라에서 빨강에 이르는 스펙트럼 안에서 헤아릴 수 없이 많은 색들이 나타나지만, 빛은 이 무한한 색들을 다 끌어안고 아무런 색도 아니다. 색은 '보라' 혹은 '빨강'이라는 양극단 사이에 존재하는 것이 아니다. '스펙트럼'이라는 개념은 과학에 미달한다. 색은 언어적 개념으로 표현할 수 없고, 화가의 물감으로 고정시킬 수 없다. 색은 흐름과 전개와 소멸로 이어지는 이동태移動態로서 활동한다. 빛은 활동하는 색의 기초 환경이고 에너지이다. 어둠에 합쳐지는 강화 쪽 노을을 보면서 나는 빛과 어둠과 시간의 바탕은 같은 것이며 헤아릴 수 없이 많은 색들이 그 사이를 흘러가고 있음을 본다.

시간을 시각과 시각 사이의 흐름이라고 억지로 말하는 말을 들을 때 나는 말로부터 소외되지만, 허송세월하는 저녁에 노을을 들여다보면 나는 시간의 질감을 내 살아 있는 육신의 관능으로 느낄 수 있고, 한 개의 미립자처럼 또는 한 줄기 파장처럼 시간의 흐름 위에 떠서 흘러가는 내 생명을 느낄 수 있다.

깊이 내려앉은 해가 빛과 색을 모두 거두어들이고 젊은 어머니들이 노는 아이들을 핸드폰으로 불러들이면 나는 집으로 돌아간다. 또 하루가 노을 속으로 사위어 간다.

재의 가벼움

오랫동안 소식이 없던 벗들한테서 소식이 오는데, 죽었다는 소식이다. 살아 있다는 소식은 오지 않으니까, 소식이 없으면 살아 있는 것이다. 지난달에도 형뻘 되는 벗이 죽어서 장사를 치르느라고 화장장에 갔었다.

화장장 정문에서부터 영구차와 버스들이 밀려 있었다.

관이 전기 화로 속으로 내려가면 고인의 이름 밑에 '소각 중'이라는 문자등이 켜지고, 40분쯤 지나니까 '소각 완료', 또 10분쯤 지나니까 '냉각 중'이라는 글자에 불이 켜졌다. 10년쯤 전에는 소각에서 냉각까지 100분 정도 걸렸는데, 이제는 50분으로 줄었다고 화장장 홍보전단에 적혀 있었다. 기술이 크게 진보했고, 죽음을 관리하는 의전 절차도 세련되어졌다.

'냉각 완료'되면 흰 뼛가루가 줄줄이 컨베이어벨트에 실려서 나오는데, 성인 한 사람분이 한 되 반 정도였다. 직원이 뼛가루를 봉투에 담아서 유족들에게 하나씩 나누어 주었다. 유족들은 미리 준비한 항아리에 뼛가루를 담아서 목에 걸고 돌아갔다. 원통하게 비명횡사한 경우가 아니면 요즘에는 유족들도 별로 울지 않는다. 부모를 따라서 화장장에 온 청소년들은 대기실에 모여서 아이스크림을 먹고 스마트폰으로 게임을 하고 있었다. 제 입으로 "우리는 호상好喪입니다"라며 문상객을 맞는 상주도 있었다.

그날 세 살 난 아이가 소각되었다. 종이로 만든 작은 관이 내려갈 때, 젊은 엄마는 돌아서서 울었다. 아기의 뼛가루는 서너 홉쯤 되었을 터이다.

뼛가루는 흰 분말에 흐린 기운이 스며서 안개 색깔이었다. 입자가 고와서 먼지처럼 보였다. 아무런 질량감도 느껴지지 않았다. 두개골과 정강이뼈에는 타다 만 형태가 남아 있었다. 물체의 먼 흔적이나 그림자였다. 명사라기보다는 '흐린'이라는 형용사에 가까웠다. 뼛가루의 침묵은 완강했고, 범접할 수 없는 적막 속에서 세상과 작별하고 있었다. 금방 있던 사람이 금방 없어졌는데, 뼛가루는 남은 사람들의 슬픔이나 애도와는 사소한 관련도 없었고, 이 언어도단은 인간 생명의 종말로서 합당하고 편안해 보였다.

죽으면 말길이 끊어져서 죽은 자는 산 자에게 죽음의 내용을 전할 수 없고, 죽은 자는 죽었기 때문에 죽음을 인지할 수 없다. 인간은 그저 죽을 뿐, 죽음을 경험할 수는 없다.

화장장에 다녀온 날 이후로 저녁마다 삶의 무거움과 죽음의 가벼움을 생각했다. 죽음이 저토록 가벼우므로 나는 이 가벼움으로 남은 삶의 하중荷重을 버티어 낼 수 있다. 뼛가루 한 되 반은 인간 육체의 마지막 잔해로서 많지도 적지도 않고, 적당해 보였다. 죽음은 날이 저물고, 비가 오고, 바람이 부는 것과 같은 자연현상으로 애도할 만한 사태가 아니었다.

　뼛가루를 들여다보니까, 일상생활 하듯이, 세수하고 면도하듯이, 그렇게 가볍게 죽어야겠구나, 라는 생각이 들었다.

　돈 들이지 말고 죽자, 건강보험 재정 축내지 말고 죽자, 주변 사람을 힘들게 하지 말고 가자, 질척거리지 말고 가자, 지저분한 것들을 남기지 말고 가자, 빌려 온 것 있으면 다 갚고 가자, 남은 것 있으면 다 주고 가자, 입던 옷 깨끗이 빨아 입고 가자, 관과 수의壽衣는 중저가가 좋겠지, 가면서 사람 불러 모으지 말자, 빈소에서는 고스톱을 금한다고 미리 말해 두자….

　가볍게 죽기 위해서는 미리 정리해 놓을 일이 있다. 내 작업실의 서랍과 수납장, 책장을 들여다보았더니 지금까지 지니고 있었던 것의 거의 전부(!)가 쓰레기였다. 이 쓰레기더미 속에서 한 생애가 지나갔다. 똥을 백자 항아리에 담아서 냉장고에 넣어 둔 꼴이었다.

　나는 매일 조금씩, 표가 안 나게 이 쓰레기들을 내다 버린다. 드나들 때마다 조금씩 쇼핑백에 넣어서 끌어낸다. 나는 이제 높은 산에 오르지 못한다. 등산 장비 중에서 쓸 만한 것들은 모두 젊은이들에게 나누어 주었고, 나머지는 버렸다. 책을 버리기는 쉬운데, 헌 신발이나 낡은 등산화를 버리기는 슬프다. 뒤축이 닳고 찌그러진 신발은 내 몸뚱이를 싣고 이 세상의 거리를 쏘다닌, 나의 분신이며 동반자이다. 헌 신발은 연민할 수밖에 없는 표정을 지니고 있다. 헌 신발은 불쌍하다. 그래도 나는 내다 버렸다. 뼛가루에 무슨 연민이 있겠는가.

유언을 하기는 쑥스럽지만 꼭 해야 한다면 아주 쉽고 일상적인 걸로 하고 싶다. "딸아, 잘생긴 건달 놈들을 조심해라", "아들아, 혀를 너무 빨리 놀리지 마라" 정도면 어떨까 싶다.

오래전에 돌아가신 나의 아버지는 스스로를 '광야를 달리는 말馬'로 자칭했다. 아버지는 집 밖으로 나돌면서 평생을 사셨는데, 돌아가실 때 유언으로 "미안허다"를 남겼다. 한 생애가 네 음절로 선명히 요약되었다. 더 이상 짧을 수는 없었다. 후회와 반성의 진정성이 느껴지기는 하지만, 이것은 좋은 유언이 아니다. 평생을 밖으로 나돌다가 임종할 때 "미안허다"라니 어쩌라는 것인가. 이미 돌이킬 수 없이 늦었고, 대책 없이 슬프고 허허로워서 어찌해 볼 도리가 없다.

퇴계 선생님은 죽음이 임박하자 이런 시문을 남겼다.

조화를 따라서 사라짐이여

다시 또 무엇을 바라겠는가.

임종의 자리에서는 "매화 화분에 물 줘라" 하고 말씀하셨다고 제자들이 기록했다. 아름답고 격조 높은 유언이지만 생활의 구체성이 모자란다. '매화에 물 줘라'라는 유언은 일상의 소중함과 사소한 일의 엄중함을 명심하라는 뜻으로 들린다. 유언이라는 형식이 말씀의 뜻을 더욱 무겁게 한다. '매화'가 생활이 아닌 것은 아니지만 과도하게 탐미적이어서 나 같은 속인이 듣기에는 리얼리티가 모자란다.

내 친구 김용택 시인의 아버지는 섬진강 상류의 산골마을에서 평생 농사를 지으며 사셨다. 김용택의 아버지가 돌아가실 때 김용택을 불러놓고 유언을 하셨는데, "네 어머니가 방마다 아궁이에 불 때느라고 고생 많이 했다. 부디 연탄보일러를 놓아 드려라"라고 말씀하셨다. (나는 이 이야기를 김용택의 어머니 박덕성 여사님한테서 직접 들었다. 몇 년 후에 김용택의 시골집에 가 봤더니 그때까지도 연탄보일러를 놓지 못하고 있었다.)

나의 아버지, 퇴계 선생님, 김용택의 아버지, 이 세 분의 유언 중에서 나는 김용택 아버지의 유언이 최고라고 생각한다. 이 유언은 건실하고 씩씩하고 속이 꽉 차 있다. 김용택 아버지는 참으로 죽음을 별것 아닌 것으로, 아침마다 소를 몰고 밭으로 나가듯이 가볍게 받아들이셨다. 그리고 숨을 거두는 순간에도 인생의 당면 문제가 무엇인지를 정확히 인식하고 있었다. 이 정도 유언이 나오려면, 깊은 내공과 오래고 성실한 노동의 세월이 필요하다. 아무나 되는 것이 아니다. 삶은 무겁고 죽음은 가볍다.

죽음과 싸워서 이기는 것이 의술의 목표라면 의술은 백전백패한다. 의술의 목표는 생명이고, 죽음이 아니다. 이국종 국군대전병원장처럼, 깨어진 육체를 맞추고 꿰매서 살려 내는 의사가 있어야 하지만, 충분히 다 살고 죽으려는 사람들의 마지막 길을 품위 있게 인도해 주는 의사도 있어야 한다. 죽음은 쓰다듬어서 맞아들여야지, 싸워서 이겨야 할 대상이 아니다. 다 살았으므로 가야 하는 사람의 마지막 시간을 고무호스를 꽂아서 붙잡아 놓고서 못 가게 하는 의술은 무의미하다.

가볍게 죽고, 가는 사람을 서늘하게 보내자. 단순한 장례 절차에서도 정중한 애도를 실현할 수 있다. 가는 사람도 보내는 사람도, 의술도 모두 가벼움으로 돌아가자. 뼛가루를 들여다보면 다 알 수 있다. 이 가벼움으로 삶의 무거움을 버티어 낼 수 있다. 결국은 가볍다.

보내기와 가기

나이를 먹으면서 생활의 무게를 줄여 가는 버릇이 생겼다. 오래 전에 돌아가신 내 아버지, 어머니, 장인, 장모의 산소 관리를 내 자식들에게 물려줄 수는 없었다. 돌아가신 네 분의 산소를 정리 해서 유골을 화장하기로 정하고, 우선 장인 산소를 파묘破墓했다.

묻힌 자리의 지질에 따라서 유해가 썩지 않는 경우도 있고, 썩 어서 백골만 남아 있는 경우도 있는데, 썩지 않은 유해를 관에 담아 화장장으로 옮기려면 중형차가 필요하고, 잘 썩어서 백골 만 남은 유해는 간추려서 나무상자에 담아 옮길 수 있으므로 소 형차로도 족하다고 묘지 관리사무소는 설명했다. 중형차, 소형 차, 관이 모두 관리사무소에 준비되어 있었고 요금표가 걸려 있 었다.

사람들이 쉴 새 없이 죽어서 야산의 8부 능선까지 무덤으로 덮였고 이제는 신입자를 받지 않는다. 땅 밑의 토질과 습기는 몇 걸음만 떨어져도 큰 차이가 있어서 유해가 잘 썩었는지 안 썩었는지는 파 봐야 안다고 땅 파는 사내들이 말했다.

사내 세 명이 달려들어서 봉분을 파 내려갔는데, 한 시간도 안 되어서 관이 드러났다. 사내들이 반쯤 썩은 관 뚜껑을 곡괭이로 찍어서 걷어 냈다.

유해가 드러나자, 아내와 처제는 끌어안고 울었다. 뼈는 고요했다. 뼈의 침묵은 완강해서 말을 걸 수 없었다. 유해는 잘 썩어서 백골이 가지런했는데, 백골 위에 그물 같은 망이 걸쳐져 있었다. 이 그물망은 수의에 나일론 섬유가 섞여 있어서 썩지 않고 남은 것으로, 흔히 있는 일이라고 땅 파는 사내가 말했다. 아마도 장인은 값싼 수의를 걸치고 입관되었던 모양이다.

장인의 백골은 40년을 그물망에 갇혀 있었다. 땅 파는 사내가 그물망을 걷어 내고 백골을 햇볕에 말렸다. 두개골과 엉치뼈에는 생시의 형태가 어렴풋이 남아 있었다. 햇볕이 두개골의 눈구멍 속과 발가락뼈 사이로 스몄고, 백골에도 그림자가 생겼다. 땅 파는 사내가 파기를 마치고 땀을 닦으면서 라이터를 꺼내 담뱃불을 붙이고, 그 불로 백골에서 걷어 낸 그물망을 태웠다. 작은 불꽃이 일었고 화학제품이 타는 역한 냄새가 번졌다.

그날, 산소 정리를 마치고 돌아와서 나는 더 이상 아버지 어머니의 제사나 차례를 모시지 않기로 작정했다. 나는 아버지와 어머니의 혼백을 땅에 의한 결박, 핏줄에 의한 결박, 모든 인연에 의한 결박, 한 솥에 먹은 밥에 의한 결박과 이 세상의 비닐망에 의한 결박에서 풀어 드리기로 했다. 이것이 이제 늙은 나의 마지막 예절이고, 어려서는 부모 속 썩이고 자라서도 변변치 못했던 아들이 부모에게 드리는 가장 좋은 자유의 선물일 것이었다. 아내도 내 뜻에 동의했다. 이로써 내 부모의 혼백은 피조물의 모든 결박을 끊고 무無와 공空으로 돌아갔다.

그러하되, 이미 40년 전에 혼백이 떠나간 유골을 놓고 이제 와서 무네, 공이네, 선물이네 하는 나의 말은 유골의 침묵 앞에서 객쩍다.

재작년에 열흘 정도 입원했을 때는 누워 있기가 지겨워서 링거 거치대를 끌면서 병원 복도를 걷고 있다가, 휠체어에 앉은 고교 동창생 A를 만났다. 졸업한 지 50여 년 만이었다. 인간의 표정에는 죽기 전에는 면할 수 없는 운명 같은 그림자가 깃들어 있는 것인지, A는 한눈에 나를 알아보았고 나도 한눈에 A를 알아보았다. A는 병원 직원이 미는 휠체어에 앉아서 검사실로 가는 중이었다.

A와 내가, 어어… 하면서 서로 알아보고 말을 트자 병원 직원이 잠시 휠체어를 멈추었다. A가 손가락으로 생식기 쪽을 가리키며 말했다.

"야, 난 여기야."

나중에 알고 보니 A의 병은 전립선암이었다. A는 물었다.

"넌 왜 왔니?"

나는 손가락으로 심장을 가리키며 대답했다.

"나는 여기다."

A는 고위관리의 아들이었고 성적도 좋았다. A는 출근하는 아버지와 함께 관용차를 타고 등교했다. A는 일류 대학 경영학과를 졸업했고 재벌기업에 취직해서 높이 출세했다.

A의 휠체어에도 혈관 주사약 병이 매달려 있었다. 쌀뜨물처럼 뿌연 액체였다. 무슨 효능이 있는 약물인지 나는 알 수가 없었다. 내가 뿌연 약물을 바라보고 있을 때 A가 말했다.

"난 말야, 전무로 퇴사했는데, 뉴욕, 런던, 파리, 암스테르담, 이스탄불을 거쳤어. 정년 후에도 고문이라고 하면서 계속 끌어내서 부려먹더라고…."

A의 어조는 눈코 뜰 새 없이 바빴던 세월을 자랑하고 있었다.

"고생했구나"라고 내가 추임새를 넣어 주자, A는 "고생은 뭘…. 돌아다니는 재미는 있었지. 지금 생각하니까, 뉴욕인지 파리인지 어딘지 구별이 안 돼"라고 말했다.

A의 말이 길어질 듯하자 병원 직원이 휠체어를 밀어서 A를 싣고 갔다. 휠체어에 앉은 A가 엘리베이터 속으로 들어갈 때 나는 A의 뒷모습을 바라보았다. 엘리베이터 문이 닫히자 A는 보이

지 않았다. 방금 보이던 A가 한순간에 보이지 않는 것이 믿기지 않았다. 갑자기 절벽 앞에 선 느낌이었다.

나는 병실로 돌아와 침대에 누웠다. 링거액 방울들이 관을 타고 내 혈관으로 들어가고 있었다. 나는 그 방울들을 올려다보았다.

장인의 유골을 화장할 때도, 유골함이 컨베이어벨트에 실려서 소각로 안으로 들어갔고 소각로 문짝이 닫히자 유골함은 보이지 않았다. A의 뒤쪽에서 닫히던 엘리베이터 문짝과 장인의 유골함 뒤쪽에서 닫히던 소각로의 문짝이 내 마음속에서 동시에 떠올랐다. 이런 비논리적이고 얼토당토않은 연상들이 한평생 마음속을 떠돌고 있다.

링거 방울들이 내 혈관 속으로 들어갔다. 시간의 방울들도 흘러가고 있었다. 내 마음속에서 버려지지 않는 말들이 들끓었다.

요즘엔 문상 가는 일이 잦아졌다. 나보다 나이가 많은 사람이 죽으면 순서대로 가는구나 싶고, 나보다 나이가 적은 사람이 죽으면 그럴 수도 있겠구나 싶지만, 나와 동갑내기가 죽었다고 하면 올 것은 기어이 오는구나 싶다.

며칠 전에 고교 동창 친구가 죽어서 문상을 갔더니, A가 먼저 와 있었다. 빈소 입구에서 흰 봉투 내밀고, 영정 앞에서 두 번 절하고 나서 식당 테이블에 동창생들 몇 명이 둘러앉아 소주를 마시고 잡담을 시작했다.

A의 전립선암 수술은 성공적이었다. 활기를 회복한 A는 자신
이 해외 지사장으로 근무했던 여러 도시들의 풍속, 물가, 관광
지, 술집, 날씨를 말했고, 처음 암 진단을 받았을 때의 마음가짐
에 대해서 말했다.

"암, 별것 아냐. 처음 진단 내렸을 때 정신 차려야 해. 귀찮은 것
이 왔구나, 정도로 여기면서 맘 편히 먹어. 일단 받아들이고, 서서
히 보내라고. 요즘엔 다 고쳐. 올 것이 왔다가 갈 것이 간다구."

A는 고교 때도 말이 많았다. 그때도 A는 선생님처럼 친구들을
가르치려고 들었다.

동창생들은 종이컵에 소주를 따라 마셨다. 안주로는 새우젓
에 찍어 먹는 눌린 돼지머리, 잡채, 송편, 호박전이 나왔고 저녁
식사로 육개장이 나왔는데, 전국 어느 빈소에서나 똑같은 메뉴
였다. A는 계속 말했다.

"인간이 뭘 잘못해서 암에 걸리는 게 아니야. 살다 보니까 서
울 먼지, 뉴욕 먼지, 파리 먼지들이 몸속에 쌓여서 암이 되는 거
야. 암은 인간과 이 세상의 한 부분인 거야. 그러니까 자연현상
이나 마찬가지지."

A의 말은 그럴듯했다. 나는 대화에 끼어들지 못했다.

돌아올 때 상주들에게 인사하려고 다시 빈소에 들렀더니, 고
인이 영정 속에서 웃고 있었다. 영정은 고인의 일상적 표정을 극
사실적으로 포착한 사진이었는데, 살아서 마주 대하는 느낌과

똑같아서 죽은 사람이 사진틀 밖으로 걸어 나올 듯이 위태로웠다. 나는 고인에게 사진틀 밖으로 나오지 말라고 말리고 싶었다. 이처럼 표현적인 사진은 죽은 자의 적막을 훼손하는 일이 아닌가 싶었다. 문상 자리는 초저녁에 끝났다.

저녁 자리에 눕자, 병실 복도에서 A를 만났을 때 A의 뒤쪽에서 닫히던 엘리베이터 문짝이 마음에 떠올랐다. 문짝은 아무 소리도 없이, 기름칠한 듯이 매끄럽게, 자동적으로 열리고 닫혔다. 어둠 속에서 그 문짝은 오랫동안 내 마음속에서 열리고 닫히기를 거듭했다. 나는 이런 연상작용을 남에게 말할 수 없고 이해받을 수 없다. 나는 마음속으로 혼자 중얼거린다. 문상 다녀온 저녁에는 늘 수면제를 먹고 잠든다.

어깨가 결리고 눈이 쓰리고 잠이 안 오고 허리가 아파서 병원에 가면 의사들은 여러 가지 검사 결과를 들여다보고 나서 "수치가 높지만 나이 드시면 대개 이렇습니다"라고 말한다. 의사들은 나의 고통을 노화에 따른 자연현상이라고 말하려는 듯하다. 그런 말이 나의 고통을 덜어 주지는 않지만 체념하는 데는 도움이 된다.

진료비를 계산하고 처방전을 받으려면 복잡한 기계로 여러 가지 숫자와 부호들을 눌러야 하는데, 나는 이걸 할 줄 몰라서 젊은 간호사에게 부탁했다. 간호사는 기계를 작동하면서 사용법을 설명해 주었다. 간호사가 언성을 높여서 말했다.

"들리세요?"

내 귀가 들리느냐는 말이었다. 나는 대답했다.

"겨우 들리는구만."

이래서 노화현상은 쓸쓸하지만, 병원에 갈 일도 심란하다.

늙으니까, 말하기가 점점 싫어진다. 말을 하더라도 말이 잘 안나와서 이르고자 하는 바를 마침내 똑바로 펴기가 어렵다. 선거철에는 TV를 보다가도 대목 만난 지도자, 개혁가, 예언자, 해설가, 분석가, 좌논객, 우논객들이 TV에 나와서 말을 해 대면 말하는 자들이 두렵다.

구강의 기능이 퇴화해서 음식을 삼킬 때 식도로 들어가지 않고 기도로 들어가서 사레들리기를 자주 하고, 혀의 기능이 둔화되어서 어눌하게 된다고 의사들이 말했다. 이것도 자연현상이라는데, 혀를 빨리 놀리지 않게 되는 것은 좋은 일이다. 혀가 굼뜨게 되면 말이 멀어지고, 단어 한 개를 끌어오려 해도 단어는 선뜻 따라오지 않아서 단어 하나가 모시기 어려운 줄을 저절로 알게 된다.

나의 죽음이 무엇인지 알지 못하면서 남의 죽음을 문상 다니고 있다. 말더듬증만이라도 온전히 간직하면서 병원 다니고 문상 다니며 여생의 날들을 감당하려 한다.

새 1

– 새가 왔다

5월 10일, 맑음

내 방 창문 앞 모과나무 가지에 새가 둥지를 짓고 있다. 모과나
무는 잎이 무성해서 밖에서 안쪽이 들여다보이지 않는다. 새 둥
지는 나무 밑에서나 내 방 유리창을 통해서만 볼 수 있다. 새는
암수 두 마리인데, 몸길이가 30cm쯤 되고 꼬리가 길고 몸통은
포도색이고 날개 가장자리가 여러 색깔로 빛났다.

사진을 찍어서 새를 잘 아는 사람에게 보여 주었더니, 이 새는
까마귓과에 속하는 '어치'이며 한반도의 산림에 자리 잡은 대표
적인 텃새라고 가르쳐 주었다. 5월에 알을 낳고, 16~17일 동안
품어서 새끼가 태어나면 20일쯤 먹이를 물어다 먹여서 키우고,
새끼가 날 수 있게 되면 새들은 각자 흩어진다고 말했다.

나는 책을 읽거나 글을 쓰다가 눈을 들어서 새를 바라보았다.
새는 모과나무 줄기가 벌어진 사이를 터전으로 삼아서 둥지를

지었다. 새는 접착제를 쓰지 않았다. 새의 역학이론은 나무토막들을 서로 어긋나게 맞물려서 그 엉버티는 힘으로 둥지의 안정을 확보하자는 것이 아닌가 싶었는데, 새의 시공기술은 자연스러워서 이론을 따질 겨를이 없었다.

둥지의 아랫부분을 버티는 나무토막은 굵었고 위로 올라갈수록 가늘었는데, 이것은 사람이나 새나 본래 그렇게 할 수밖에 없는 작업방식이고, 이를 거꾸로 하면 둥지를 지을 수 없을 터이다. 그것은 알겠는데, 새가 어떻게 모과나무 가지에 최초의 나무토막을 고정시켜서 기초공사를 할 수 있었던 것인지는 아무리 들여다보아도 알 수 없었다.

새가 둥지를 지을 때, 나는 전쟁의 야만성과 인간의 광기, 악으로 악을 제거하는 인간의 운명을 다큐멘터리 형식으로 쓴 벽돌책을 읽고 있었다(존 톨런드, 〈일본 제국 패망사〉, 글항아리, 2019). 제2차 세계대전 말기의 사이판·오키나와·이오지마의 최후, 필리핀 정글 속에서 벌어진 미군 포로의 대학살, 도쿄·나고야·베를린·런던의 대공습, 히로시마와 나가사키의 원자폭탄을 읽다가 창밖에서 둥지를 짓는 새를 바라보기를 반복하면서, '나는 대체 무엇을 하는 자인가?'라는 자괴감에 책을 덮었다. 이 무정한 천지 사이에서 새는 어떻게 자신의 위치와 역할을 스스로 아는가.

새 두 마리는 쉴 새 없이 드나들며 나무토막을 물어 와서 둥지를 엮었다.

5월 13일, 맑음

새는 집짓기를 마쳤다. 새 둥지의 크기는 한 되짜리 주전자 정도
였다. 좁아서 두 마리가 함께 들어앉을 수는 없었다. 암놈이 들
어앉았고, 수놈이 먹이를 물고 와서 암놈을 먹였다. 알은 보이지
않았지만, 암놈이 알을 품은 것은 확실했다.

내 방에서는 암놈은 머리와 꼬리만 보였다. 수놈은 먹은 것을
게워내서 암놈의 입속에 넣어 주었다. 암놈은 하루 종일 들어앉
아 있다가 저녁 무렵에 잠깐 나가서 동네를 한 바퀴 돌고 다시
둥지로 돌아와 알을 품었다. 수놈은 가까운 나뭇가지에 앉아서
밤을 지냈다.

새가 확실하게 자리를 잡자, 나의 자식들은 크게 기뻐했다. 이
마을의 많은 집과 많은 나무 중에서 새가 우리 집 마당의 나무에
거처를 정한 사태를 나의 아이들은 상서롭게 여겼다. 이 나무가
온화하고 안전하기 때문에 새가 깃들인 것이라고 아이들은 말했
다. 아이들은 이 새를 '우리 새'라고 불렀고, 제 친구들에게 자랑
했다.

'우리 새'라는 말에 나는 웃었다. 새는 저 자신일 뿐이고 다른
누구의 것도 아닐 터인데, 자기 집 마당의 나무에 깃들인 새를
사람은 기어이 '우리 새'라고 부른다. 나는 아이들에게 이 새는

'우리 새'가 아니다, 라고 말해 주었다. 아이들은 나무 밑에 밥알을 뿌려 주었는데, '우리 새'는 먹지 않고 먼 데서 먹이를 구해 왔다.

아이들이 더 어렸을 때는 옆집에서 멋있는 소나무를 심으면 우리도 심자고 졸랐다. 꽃과 나무는 본래 정해진 주인이 없는 것이고 쳐다보는 사람이 주인이므로, 구태여 우리 집 마당에 심을 필요는 없고 옆집 나무라도 보고 즐기면 우리 나무나 마찬가지라고 아이들에게 말해 주었는데, 아이들은 내 말을 못마땅해하는 눈치였다. 제집 마당에 들어와 박힌 것에 각별한 인연을 느끼는 것은 인생의 옹졸함이겠지만, 이것은 어쩔 수 없는 일이다.

5월에 숲속의 모든 새들이 둥지를 짓고 알을 품어도 내 집 마당에 들어온 새를 보고서야 모든 새들의 둥지와 거기에서 깨어나는 새끼들을 생각할 수 있으니, 나의 아둔함은 내 자식들과 마찬가지다.

5월 20일, 맑음

새가 온 지 열흘이 지났다. 암컷은 둥지에 들어앉아 알을 품고 있고 수컷은 먹이를 물어 와서 암컷을 먹인다.

수컷은 계속 바쁘다. 어치의 성조成鳥는 도토리나 나무열매를 먹고 새끼는 지렁이나 곤충을 먹는다고 하니, 새끼들이 태어나면 수컷의 수고는 몇 배로 커진다. 수컷은 남의 새끼를 잡아와서 제 새끼를 먹인다.

알을 품은 암컷은 머리와 꼬리만 보인다. 망원경으로 들여다보면 눈에 졸음기가 있는 것 같다. 암컷은 미동도 하지 않는다. 저 한없는 집중과 인내와 기다림. 새는 제 몸의 온도로 새끼를 깨워 낸다. 당신들과 나는 지금까지 얼마나 많은 달걀을 먹었던가.

5월 25일, 비

밤새 비가 내렸다. 아침 최저기온이 15℃까지 떨어졌다. 새는 가끔씩 몸을 뒤척이면서 자세를 바꾸었는데, 어둠 속에서 비를 맞으며 꼼짝도 하지 않았다. 새 머리와 꼬리로 빗물이 흘러내린다. 기온이 떨어지고 알이 비에 젖을 때 어미 새의 마음이 어떠한 것인지를 나는 모른다. 알을 품을 때 새는 오직 혼자다. 혼자서 홀로 있음을 견디어 낸다.

어둠 속에 앉아 있는 어미 새의 머리는 경건하다. 새는 어디에도 의지하지 않고 어둠과 단독을 두려워하지 않고, 자신의 생명의 안쪽으로 침잠한다. 저 자신의 체온으로 알 속의 생명을 불러일으킨다.

5월 30일, 맑음

이틀 계속 내리던 비가 개었다. 온 천지에 햇볕이 가득하다. 나는 아침에 정발산에 올라가서 운동하고 평상에 누워서 아침의 첫 햇살을 쪼였다. 몸속이 따스하고 환해졌다.

　새는 마지막 며칠을 견디고 있다. 나뭇잎 사이로 햇빛이 들어와서 어미 새 머리가 반짝인다. 새가 알을 품은 지 보름이 되어온다. 이제, 알 속에서는 희미한 생명이 형태를 갖추고 있을 터이다. 이 생명은 멀리서 가물거리는 호롱불과 같은데, 그 숨결은 어미 새만이 알고 있다. 새는 서두르지 않는다.

새 2
- 새가 갔다

7월 19일, 덥고 끈끈함

새의 뒷이야기를 쓴다.

이 새는 5월 중순부터 알을 품기 시작했으므로 생명의 순리대로라면 5월 하순이나 6월 초 새끼가 태어날 예정이었다. 5월 하순에는 비가 자주 내렸고 일교차가 커서 새벽에 추웠다. 새는 성실하게 둥지를 지켰다.

해마다 5월 초면 정원사를 불러서 웃자란 가지를 자르고 나무를 소독하는데, 알을 품은 새를 놀라게 해서는 안 된다고 아내와 아이들이 말려서 올해는 마당을 손질하지 않았다. 나무가 우거지고 넝쿨이 엉켜서 뱀이 나올 지경이 되었는데도 아내와 아이들은 새 둥지를 쳐다보며 좋아했고 핸드폰으로 사진을 찍어서 제 친구들에게 자랑했다.

알을 품은 새는 고요히 집중했고, 스스로 가득 차 있었다. 어둠과 비와 추위를 새는 혼자서 감당했다. 수컷은 작은 먹이들을 부지런히 날랐고 가끔씩 암컷과 교대했다. 나는 생명과 생명 사이를 건너가는 온도의 작용을 생각했고 '품다'라는 한국어 동사의 경건함을 생각했다.

새가 알을 품어서 새끼를 깨워 내고, 아득히 먼 곳에서 호롱불처럼 깜박이는 생명을 가까이 불러와서 형태를 부여해 주듯이, 나는 나의 체온을 불어넣어 가며 단어와 사물들을 품어 본 적이 있었던가. 당신들과 나는 오랫동안 잘못 살아왔다.

6월 중순이 지나도 새끼는 깨어나지 않았다. 새들은 자주 둥지를 비웠고, 날이 어두워지면 돌아왔다. 암컷 수컷이 모두 둥지를 비워 놓고 이틀 후에 돌아오는 날도 있었다.

6월 하순에 새들은 며칠째 돌아오지 않았다. 나는 사다리를 놓고 나무에 올라가서 새 둥지 안을 들여다보았다.

알 두 개가 곯아 있었다. 핏줄이나 작은 머리통 같은 신체의 흔적이 생기다가 말았고, 거기에 파리들이 꼬여 있었다. 부패는 상당히 진행되어 있었다.

6월 초 이후로 새는 이미 숨이 끊어져 버린 알을 품고, 거기에 체온을 넣어 주고 있었다. 그러다가 아무래도 소식이 없으니까

새는 안절부절못하면서 가끔씩 둥지를 비우고 들락날락했던 것이다. 죽어 버린 알을 품고서 부화를 기다리던 마지막 날들의 새의 슬픔에 관해서 나는 아무 말도 할 수가 없고, 어둠 속에서 들리던 그 부스럭거리는 소리만을 기억할 수 있다.

나는 알 두 개를 꺼내 와서 땅에 묻었다. 새 둥지 안의 참상을 말해 주었더니 아내와 아이들은 크게 상심했다. 돌아오지 않는 어미 새를 찾느라고 이웃집 나무 꼭대기를 기웃거렸다. 이 새는 우리 집 마당에 들어와서 살 때도 '우리 새'가 아니었으며 우리 집을 떠나간 뒤에도 '우리 새'가 아니고, 새뿐 아니라 개, 소, 말과 물고기와 벌레도 우리의 것이 아니고 그 스스로일 뿐이라고 가족들에게 말해 주고 싶었지만, 인연을 슬퍼하는 처자식들에게 그처럼 허허로운 말이 아무런 위로도 되지 못할 것이므로 나는 그 말을 해 줄 수가 없었다. 나의 마당을 떠난 새가 둥지에서 부스럭거리던 소리는 죽은 후에도 소멸하지 않는 인연을 슬퍼하는 뒤채임일 터이다.

"세상에는 나무가 많으므로 새는 새 나무에서 새 집을 짓고 새 알을 낳고 새 새끼를 키우면서 살면 된다. 새는 New(새로운)이며 신新이다"라고 가족들에게 말해 주었는데, 이 또한 하나 마나 한 소리다. 나는 나의 마당을 떠난 새가 사람의 마을로 내려오지 말고 산속에서 김소월의 꽃처럼 '저만치 혼자서' 살기를 바란다. 이 소망은 빈말이 아니다. 새들아 부디 인연을 만들지 마라.

7월 초순의 어느 날, 오후 6시쯤에 떠나간 새가 다시 모과나무 등지로 돌아왔다. 열흘 만이었다. 그동안 새들 사이에 무슨 일이 있었는지, 암컷은 오지 않고 수컷 혼자서 왔다. 새는 건너편 집 처마 위에서 명상하듯 고요히 앉아 있다가 나의 마당으로 날아왔다. 저무는 날의 헐거운 광선이 모과나무 이파리들 사이에 부드럽게 퍼져 있었다. 새는 둥지 가장자리에 앉아서 둥지 안을 들여다보았다.

죽은 새알 두 개는 며칠 전에 내가 꺼내 버렸으므로 둥지는 비어 있었다. 새는 고개를 갸웃거렸다. 수새는 왜 열흘 만에 버리고 떠난 둥지를 찾아온 것일까. 혹시라도 그동안에 새끼들이 태어나서 빨간 입을 벌리고 있을 것을 걱정했던 것인가. 알은 없다. 새는 두리번거리며 마당의 이쪽저쪽을 살피더니, 하늘을 쳐다보며 크게 울었다.

새의 울음소리는 토해 내는 듯했고, 높은 음역에서 떨렸다. 몸속의 떨리는 진동이 울음소리에 섞여 있었다. 새의 목 부분은 까만색과 푸른색이 섞여 있어서(blue black) 광선의 각도가 바뀔 때마다 색의 스펙트럼이 펼쳐졌다. 전신으로 슬픔을 토해 낼 때도 새의 생명은 빛났다.

새가 날아간 후에도 새의 울음소리는 내 마음속에서 울렸다. 울렸는데, 나는 그 울림을 해독할 수 없었다. 품고 있던 알이 썩고, 썩은 알을 잃어버린 새의 슬픔은 뼈에 사무치는 이야기를 이루고 있을 테지만, 새의 울음소리는 그 이야기 전체를 토해 내는 음향 속으로 갈무리하고 있었다.

사람이 울 때, 소리를 삼키고 눈물만 흘리는 억눌린 울음을 '읍泣'이라 하고, 소리를 내지르며 슬픔의 형식이 드러나는 울음을 '곡哭'이라 하고, 눈물도 흘리고 소리도 나는 그 중간쯤을 '체涕'라고 한다는데, 이날 나의 마당에서 울고 간 새의 울음은 이런 어지러운 말을 모두 떠나서 몸 전체를 공명통으로 삼아 소리를 토해 내는 울림鳴이었고, 이런 울림은 모음만으로 이루어지는 것이어서 자음이 끼어들 자리는 없었다. 모음은 슬픔의 서사구조를 용해해서 울림으로 울리게 하는데, 이 울림은 슬퍼하는 사람의 마음을 맑게 하는 정화기능을 갖는다.

고려의 헐벗은 산야를 떠돌던 사람들은 노래했다.

우러라 우러라 새여 자고 니러 우러라 새여
널라와 시름 한 나도 자고 니러 우니로라

– '청산별곡' 중에서

고려 유민流民들의 이 울음은 울림이다. 슬픔이 몸으로 육화되어서 울음이 울림으로 바뀌었다. 울림은 슬프지만 슬픔의 흔적을 스스로 지운다. 고려 새의 울음과 고려 사람의 울음은 다르지

않아서 사람과 새가 서로 마주 보며 모음으로 울렸다. '울리다'
는 스스로 울리는 자동사이다.

새가 갔으므로, 나는 정원사를 불러서 마당을 손질하고 나무
를 소독할 작정이다.

다녀온 이야기

이런 일을 글로 써서 받아들여질는지 알 수 없으나 다만 겪은 일을 겪은 대로 쓴다.

나는 지난봄에 몸이 아파서 10일 정도 입원해 있었다. 코로나의 재난으로 의료진은 지쳐 있었고 병실은 여유가 모자랐다. 나는 4인 병실에 입원했다. 병실 네 귀퉁이에 한 사람씩 누워 있었다. 네 명이 모두 60대 이상의 남자들이었다.

같은 병실에 들어 있는 남자1과 남자2는 큰 수술을 받고 나서 후속치료를 하는 환자들이었다. 남자1은 며칠 전에 수술을 받고 점차 안정되어 가고 있었다. 남자2는 장시간에 걸친 힘든 수술이 끝나고 병실로 돌아와서 엉엉 울었다.

남자1과 남자2는 오줌통을 차고 있었다. 복도에 나갈 때도 오줌통을 들고 나갔다. 남자1과 남자2가 어떻게 말을 섞게 되었는지 잘 모르겠으나, 남자1은 야당 지지자이며 여당 저주자였고 남자2는 여당 지지자이며 야당 저주자였다. 지지와 저주가 한 세트로 묶여 있었다. 남자1과 남자2는 모두 남쪽 출신인지 제 고향의 억양으로 말했다.

남자1과 남자2는 여기저기서 주워들은 말들을 들이대며 야당을 찬양하면서 여당을 욕했고, 야당을 욕하면서 여당을 편들었다. 간호사가 들어와서 혈관주사를 놓으면 남자1과 남자2는 조용해졌고, 처치가 끝나면 또 시작했다.

남자1과 남자2의 오줌통에 오줌이 고였다. 나도 그때 오줌통을 차고 있었는데, 내 오줌통에도 오줌이 고였다. 남자 세 명의 오줌색은 모두 누랬다. 오줌이 가득 차면 간호사가 통을 비워 주었다.

나와 대각선 모서리에 있던 남자3은 핸드폰으로 쉴 새 없이 통화했다. 남자3의 목소리는 남자4(나, 김훈)에게도 들렸다. 통화 내용으로 짐작건대 남자3은 전국 여러 곳에 수입 아이스크림 매장을 벌여 놓은 자영업자였다. 남자3은 야당 편도 아니고 여당 편도 아니고 오직 아이스크림 편이었다.

저녁때가 되면 남자3은 더욱 바빠지는데, 아마도 전국 매장의 하루치 매출을 보고받는 모양이었다. 남자3은 매출이 부진한 매장을 야단쳤다. 코로나 재난에도 그의 자영업은 잘 굴러가고 있었다.

식사 때가 되면 병원 직원이 밥을 가져다주었다. 병원 밥은 찰기가 없었고 국은 멀겠고 반찬은 밍밍했다. 남자1, 2, 3, 4는 침대에서 상반신을 일으키고 밥을 먹었다. 밥 먹을 때는 다들 조용했다.

간호사가 가져다준 수면제를 먹었는지 남자1, 2는 잠이 들어서 코를 골았고 남자3은 핸드폰으로 매장들을 점검했다.

남자4는 남자 1, 2의 코 고는 소리를 들으면서, 빨리 도망을 쳐서라도 퇴원을 하자, 여기서 뭉개면 죽게 된다, 라고 생각했다. 남자4는 여당, 야당, 남자1, 2, 3이 없는 곳으로 가려고 작정했다.

그날 밤에 남자4는 깊은 혼수상태에 빠졌다. 나는 내가 죽었다고 생각했는데, 죽은 나를 의식하는 또 다른 내가 있었다. 죽지 않은 자는 죽지 않았기 때문에 죽음을 알 수 없고 죽은 자는 죽었기 때문에 죽음을 알 수 없으므로, 인간은 죽음을 알 수 없고 말할 수 없고 전할 수 없고 설명 받을 수 없을 터인데, 그날 밤의 혼수상태 속에서 나는 죽었음에도 불구하고 죽음을 경험할 수 있었고 죽음을 느낄 수 있었다. 나는 내가 죽었음을 알고 있었으니까 죽은 것도 아니고 산 것도 아니었는데, 죽은 쪽에 더 가까웠다.

나는 죽어서 어디론지 갔다. 갔다기보다는 어디엔가 와 있었다. 왔다기보다도, 어디엔가 위치되어 있었다. 나와 아무런 연고도 없는 곳이었다. 내가 왜 이 낯선 곳에 있는가 싶어서 사방을 두리번거렸다. 거기에는 여당도 야당도 남자1, 2, 3도 없었다.

거기는 겨울이었다. 눈이 내려서 온통 하얬다. 세상은 지평선 너머까지 끝없이 하얬고 인기척이 없어서 적막강산이었고, 오직 나 혼자뿐이었다. 그리고 작은 무덤이 한 개 있었다. 거기가 나의 무덤이었다. 봉분에 눈이 쌓였고 하얀 무덤에 노을이 비쳤다. 나의 육신은 그 무덤 속에 묻혔고 혼백이 무덤 밖으로 나왔다.

혼백은 무덤가에 앉아서 하얀 세상을 두리번거렸다. 절대적으로 아무도 없었고 오직 내 혼백 하나뿐이었다. 나는 떠나온 세상에서 알고 있던 사람들의 이름을 부르려 했으나, 목구멍이 막혀서 소리가 나오지 않았다. 혼백은 본래 목소리를 내지 않고 말을 하지 않는다는 것을 거기에 가서 알았다. 나는 내가 미워했던 남자1, 2, 3이 보고 싶어서 멀리 두리번거렸으나 보이지 않았다. 하얀 세상에서 날이 저물었다. 밤이 가고 아침이 되니 둘째 날이었다.

나는 어디론지 심판자 앞으로 끌려갔다. 심판자는 보이지 않고 소리만 들렸다. 여기서 나는, 내가 알지 못하는 죄목으로 심판받았다. 나는 처음부터 '기소된 자'였다. 여기가 말하자면 '저승'인 모양인데, 저승에서도 인간을 다짜고짜로 붙잡아서 심판하는 권위가 인간 위에 군림하고 있었다. 저승 역시 이승 못지않게 더럽고 억울한 곳이었다. 저승에도 적폐청산과 개혁과 민주화가 필요했다. 저승도 사람 살 곳이 아니다.

소리는 허공에서 울렸다. 나는 '소리' 앞에 끌려 나가서 무릎을 꿇고 앉았다. '소리'는 나의 죄를 계통별로 분류해서 시즌1, 시즌2, 시즌3…으로 논죄하고 있었다.

시즌1은 내가 이승에서 사용한 언어들에 대한 심판이었다.

"너는 '인류'라는 단어를 사용한 적이 있느냐?"

"있습니다."

"너는 '자유'라는 단어를 사용한 적이 있느냐?"

"있습니다."

"너는 '사랑'이라는 단어를 사용한 적이 있느냐?"

"있습니다. 많지는 않습니다. 서너 번뿐입니다."

"너는 '희망'이라는 단어를 사용한 적이 있느냐?"

"있습니다. 많지는 않습니다. 두어 번뿐입니다."

"너는 혀를 너무 많이 놀렸구나. 너의 죄는 이미 무겁다. 봐줄 수 없어."

"너는 '진보'라는 단어를 사용한 적이 있느냐?"

"없습니다."

"정말이냐?"

"정말입니다."

"너는 '보수'라는 단어를 사용한 적이 있느냐?"

"없습니다."

"정말이냐?"

"정말입니다."

심판자는 증거자료로 수집한 여러 가지 인쇄물들을 점검했다. 심판자가 말했다.

"증거가 없구나. 그렇다면 감형의 사유가 된다."

신문은 끝도 없이 계속되었다. 개념어뿐 아니라 형용사, 부사, 동사, 접속사로까지 이어졌다. 단어뿐 아니라 문장까지도 유죄의 증거로 불려왔다. '소리' 옆에서 서기인 듯한 자가 신문 내용을 문서로 작성했다. 쌓인 문서는 사람 키만큼 높았다.

그 단어들을 사용한 것이 어째서 처벌받아야 할 죄가 되는지는 알 수가 없었다. 이 원죄의 성립 근거를 물어서는 안 되고, 그런 질문 자체가 성립되지 않는다는 것이 저승의 헌법이었다. 나는 웃자라서 쭉정이 같고, 들떠서 허깨비 같은 말들을 이리저리 꿰맞추고 모양을 내어서 세상을 기망했다는 혐의로 기소되었다.

그 재판정에서는 '예, 아니요'라고만 대답하게 되어 있었고 '그게 아니라…'라고는 말할 수 없었다. 저승의 사법제도에 변호사는 없었고, 항소나 상고가 없는 단심제였다. 나는 모든 신문에 대해서 대부분 '예'라고 대답했다. 나는 사실대로 말했다. 그 재판은 판결이 나기 전에 이미 유죄로 설정되어 있었다.

신문은 단어들을 끝없이 들이대며 계속되었다. 시즌1에서 사형선고를 받고 집행이 되더라도 그것으로 끝나는 것이 아니고 시즌2, 시즌3으로 이어지게 되어 있었다.

남자4는 24시간 만에 혼수에서 겨우 깨어났다. 흐리고 뿌연 시간이 흘러서 남자4는 김훈으로 돌아왔다. 나는 목구멍과 콧구멍에 호스를 꽂고 입에 솜을 물고 식은땀을 흘리며 누워 있었다. 병실을 돌아보니 남자1은 퇴원했고, 남자2는 싸울 상대가 없어서 천장을 바라보며 누워 있었고, 남자3은 핸드폰을 들여다보고 있었다.

내가 쓸 수 있는 말들이 아직도 조금은 남아 있는 세상으로 살아서 돌아온 것이 눈물겹게 행복했다. 그리고 남자1, 2, 3을 미워하지 말아야겠다고 생각했다. 아내에게 저승에 갔다 온 얘기를 했더니 "죽는 꿈을 꾸면 오래 산답디다"라고 말했다. 나는 "꿈이 아니야. 진짜로 다녀왔어"라고 대답했다.

아내한테 들으니, 내가 혼수상태에서 깨어나자마자 몸을 더듬으며 무언가를 찾았다고 한다. 저승에서 심판받을 때, 이승으로 돌아가면 이 심판의 내용을 글로 쓸 작정을 하고 메모를 해두었는데 나는 그 취재수첩을 찾고 있었다.

아내가 "당신 깨어나자마자 무얼 찾았어요?"라고 물었을 때 나는 아무 대답도 하지 않았다.

나는 며칠 후 퇴원했다. 호수공원에 산책 나갔다가 두 다리로 걸음을 걷는 일의 복됨을 알게 되었다. 이 세상에 땅이 있어서 인간의 걸음을 받아 주었다. 꽃들이 피어 있는데, 창세기 때 핀 꽃을 이제 처음 보는 것 같았다.

내 옆에 꽃이 피어 있었구나. 이걸 모르고 먼 데를 헛되이 헤매고 있었구나. 살던 세상으로 돌아오길 잘했구나.

꽃과 과일

일산 호수공원에는 초여름부터 늦가을까지 장미꽃이 핀다. 밤중
이나 새벽에 공원에 나와 보면 어둠 속에서도 장미가 피어 있다.

나이를 먹으니까 꽃을 보면서 놀란다. 이것은 대체 어찌된 사
태인가. 어째서 이런 일이 가능한가. 꽃이 피는 사태는 꽃이 아닌
나와 어떤 관계가 있는가, 라는 물음이 꽃과 나 사이를 차단하는
데, 이 물음은 질문question이 아니라 의문doubt이거나 회한悔恨이다.

인간의 언어가 사물을 온전히 쥐지 못하고 엉거주춤할 때 꽃
은 저 자신의 운명을 활짝 드러내면서 망설임 없이 핀다. 장미나
모란처럼 화려한 꽃이나 민들레, 달맞이꽃처럼 수더분한 꽃이
나, 피어나는 꽃들은 모두 그 생명의 절정에서 거침없다. 꽃들은
남에게 보이기 위해 피는 것이 아니라 저 자신의 운명을 펼쳐 보
이려고 핀다. 꽃들의 운명은 언제나 완성되어 있고, 이것이 꽃들
이 누리는 자유의 발현이다. 인기척 없는 빈산에서도 꽃은 피고,

산에서 피는 꽃은 '저만치 혼자서' 피어 있다.

호수공원의 장미는 이 세상의 모든 색으로 피어난다. 나는 꽃을 들여다보면서도 꽃의 색을 말할 수 없다. "이 꽃은 무슨 색인가?"라는 질문은 질문의 구조를 갖추었을 뿐 아무것도 묻고 있지 않다. 인간이 언어를 조립해서 억지로 만들어 낸 질문의 몽매함을 장미는 가르쳐 준다. 인간이 스스로 불러들인 이 아둔함은 언어를 사용하는 자들의 자해自害 행위이다.

꽃은 언어화할 수 있는 어떠한 색깔도 아니다. '꽃이 빨갛다, 파랗다, 노랗다'라는 말은 땅에 뿌리박고 피어난 꽃과는 아무런 관련도 없다.

식물의 내부에 어떤 추동과 지향성이 작동하고 있어서 꽃들은 그토록 여러 색깔과 형태로 피어나는 것인지 설명할 수 있는 과학의 언어를 인간은 가지고 있지 않다. 꽃을 저러한 색으로 피어나게 하는 내적 필연성에 관하여 식물 종자를 공부하는 친구에게 물었더니, 꽃의 종자 안에 그러한 '형질'이 들어 있고 그 형질이 유전되기 때문이라고 대답했다. 그 친구는 학문적 용어를 써 가며 길게 설명했는데, 그 말을 요약하자면 꽃은 본래 그러한 것이라는 말이었다. 나는 그 친구의 설명의 빈곤함을 나무랄 생각이 없다. 그 친구는 인간 언어의 한계를 정확히 보여 주었다. 말이 막다른 골목으로 몰리면 인간은 동어반복을 거듭하면서 말이 많아지는데, 결국은 막다른 그곳에 갇힌다.

이 세상의 모든 꽃들은 '빨갛다, 파랗다, 노랗다'라는 개념에 속하지 않는다. 색에는 본래 이름이 없고 꽃들도 이름이 없다. 꽃들의 색은 흰색에서 온갖 색으로 흘러 들어가고, 온갖 색에서 흰색으로 수렴되는 운동태運動態로서 존재한다. 꽃들의 색은 소멸과 생성의 쌍방향으로 흘러가면서, 방금 떠나온 자리의 그림자를 끌면서 흔들리고 있다. 이 불안정이 색들의 본래 그러함이다. 짙은 원색으로 피어나는 꽃들도 그 색 안에 바래어진 그림자의 흔적을 지니고 있는데, 이 자리는 색이 방금 떠나온 자리이고 색이 다시 돌아가야 하는 자리이다.

그러므로 '빨갛다, 파랗다, 노랗다'는 흔들리며 흘러가는 색의 운동태를 감당할 수 없는 인간이 고안해 낸 무력한 개념이다. 언어만 있고 거기에 해당하는 실체가 없는 개념들이 마음속에서 들끓는 사태는 인간 앞에 동어반복의 지옥을 펼쳐 놓았고, 이 지옥에는 출구가 없다.

개념을 개념으로 설명하면, 거울 두 개를 마주 세워 놓은 것처럼 허상의 무한 대열이 발생한다. 헛것들끼리 서로 비추어서 또다른 헛것을 떠오르게 하고, 헛것이 헛되고 헛된 헛것을 다시 비추는 이 착시의 대열은 끝이 없다. 개념을 개념으로 설명하는 언어는 논리정합성을 갖추기 마련이다. 이런 언어의 집에 들어앉으면 머릿속이 가지런해지는 아늑함을 느낄 수 있지만, 이 아늑함이 인간의 인식의 영역을 확장시키지는 못한다. 이런 동어반복의 무한 대열 속에서는 꽃이 피지 않는다.

튤립은 꽃 중에서도 신기하고 난해하다. 튤립은 이 세상의 모든 색들의 스펙트럼으로 피어난다. 튤립 꽃의 형태는 가지런해서, 식물의 조형의지가 발현된 것처럼 보인다. 키가 작은 그 꽃은 땅에서 20cm 정도 올라와서 피어난다. 튤립이 마당 가득히 피어나면 땅은 별이 뜬 하늘과 같다. 땅이 별을 토해 내듯 꽃을 대기 속으로 밀어 올려 피어나게 한다. 사실, 이처럼 정돈된 모습을 갖춘 꽃을 나는 별로 좋아하지 않는다.

꽃은 눈에 보이지만 흔들리는 색은 종잡을 수 없어서 아득하고, 뿌리는 땅속으로 뻗어서 보이지 않지만, 보이지 않음으로써 마음속에 더욱 선명히 떠오른다. 굵은 뿌리는 땅속 깊이 내려가서 식물의 직립을 버티어 주고 실뿌리는 흙 사이를 비집고 들어가서 물과 자양분을 빨아들여 위쪽으로 보낸다. 실뿌리의 맨 끝에서 어떤 일이 일어나고 있는지를 상상하는 일은 즐겁다. 실뿌리들은 과학을 공부하는 사람들이 복잡한 언어로 이름 붙이는 여러 가지 화학물질을 빨아올려서 아직 피어나지 않은 꽃들의 잠재태潛在態 속으로 보내 준다. 땅속의 어두움과 대기의 양명陽明함이 합쳐지는 비밀에 관하여 나는 알 수 없는 것들을 자꾸만 말하고 싶은 충동을 느낀다.

대도시의 거리에 심긴 가로수의 생애는 기구하다. 도시의 지하에는 매설물이 많아서 가로수의 뿌리는 땅속으로 깊이 뻗지 못하고 지표 밑으로 어지러이 구부러진다. 도시는 아스팔트와 보도블록으로 덮여 있어서 비가 와도 물은 땅으로 스미지 않고 배수관을 따라 빠져나간다.

지난봄에 내가 사는 마을에서 도로 보수 공사를 하느라고 인도를 파헤쳤는데, 가로수의 실뿌리들이 보도블록의 틈새에 몰려 있었다. 실뿌리들은 그 틈새로 스며드는 빗물을 빨아먹는데, 이것은 도시 가로수들의 공통된 현상이라고 시청 공무원이 설명해 주었다.

도시의 가로수는 고해苦海에 뿌리박고 있지만, 봄에 벚나무 가로수의 꽃은 찬란하고 잎은 기름지다. 나무에는 불우의 그림자가 없다. 박토薄土에 박힌 가로수들의 뿌리는 공원에서 사는 유복한 꽃나무들의 뿌리보다 훨씬 더 강력한 생명의 기능을 갖는다. 가로수의 뿌리들은 대도시 고층빌딩의 땅 밑에서도 나무를 살리고 꽃 피우는 생명의 물질을 기어코 찾아내고 빨아들여서 꽃에게 보낸다. 나는 보이는 꽃과 보이지 않는 뿌리 사이의 은밀한 교신의 모습을 엿볼 수는 없지만, 보이지 않는 것들도 확실히 존재한다. 심지어 있는 것처럼 보이는 것들 중에서도 없는 것이 많다.

꽃을 들여다볼 때 나는 천지개벽을 겪듯이 놀란다. 나의 놀라움에는 꽃의 비밀에 동참하지 못하는 자의 소외감이 섞여 있다. 나는 놀랄 뿐 다가가지 못하고 끼어들지 못한다.

과일을 먹을 때, 나는 그 소외감에서 벗어난다. 사과는 싱그럽고 자두는 에로틱하고 포도는 충만하다. 잘 익은 과일을 한 입 깨물어서 과즙이 입안에 퍼질 때 나는 나의 살아 있는 몸으로서 식물의 질서에 참여하고 있음을 느낀다. 나의 실핏줄들은 나무의 실뿌리처럼 식물이 이룩한 것들을 빨아들여서 전신으로 퍼지게 한다. 과일을 먹을 때 나의 관능의 촉수는 식물의 생명에 연결되어서 땅속의 어둠을 더듬어 물기를 찾아낸다.

과일을 먹을 때, 마주 보는 거울의 허상은 깨어지고, 그 자리에 꽃이 피어난다. 꽃을 설명해서는 꽃을 이해할 수 없고, 꽃을 받아들이면 논리로는 알 수 없는 것을 몸이 안다.

눈에 힘 빼라

지난주 절에 가서 노스님을 뵈었다. 노스님은 불가의 큰어른이신데, 주름 많은 얼굴로 웃으실 때는 어린아이 같다. 노스님 방에 소나무 그림이 걸려 있다. 그림 속의 소나무는 껍질이 울퉁불퉁하고 옹이가 튀어나왔고 가지들이 이리저리 구부러져 있다. 거친 자리에 태어나서 힘겹고 힘세게 살아가는 나무다.

노스님은 이 소나무 그림 아래 큰 물동이를 들여놓았다. 동이 속에 물이 가득 차 있다. "웬 물입니까?"라고 여쭈어 보았더니, "나무가 목말라 보여서 물을 주고 있다"라고 말씀하셨다.

노스님이 차를 주셨다. 차 맛이 흐리고 멀어서 아득했다. 나는 노스님께 "건더기를 좀 더 넣어 주세요"라고 말했다. 노스님은 웃으시면서, "건더기가 아니다. 씹어 먹는 게 아니야"라고 말씀하셨다.

창밖으로, 온 산에 낙엽이 내리고 있었다. 노스님은 새벽마다 젊은 스님들과 함께 낙엽을 쓴다.

며칠 전에는 어둠 속에서 낙엽을 쓰는데, 젊은 스님이 플래시를 켜고 일을 하길래 "불 꺼라, 새벽 어스름이 좋지 않으냐. 불 꺼야 잘 보인다"라고 야단쳤다고 한다. 노스님은 이것이 젊은 스님을 아주 크게 혼내 준 사건이라고 말했다.

노스님은 새벽 예불에 목탁을 칠 때마다 목탁 소리에 몸의 모든 세포들이 새롭게 깨어나는 것을 느낀다고 했다.

이 절에서는 바다가 멀지 않다. 노스님은 한가할 때는 바닷가로 가서 파도를 오랫동안 들여다보신다. 먼바다에서 새로운 파도들이 밀려들 때마다 시간이 새로워지고 몸이 새로워진다고 노스님은 말했다.

노스님은 공부가 깊고 도력이 높으시지만 어려운 불교 이야기는 하지 않으신다. 노스님은 내 얼굴을 들여다보더니, "눈에 힘 빼라, 무장해제해라! 그러고 다니다가 큰일 난다"라고 말씀하셨다.

점심 때 노스님을 모시고 밥을 먹었다. 노스님은 깍두기 국물에 밥을 비벼서 맛있게 드셨다. 다 드시더니 노스님은 앉은 자세로 두 팔을 벌려서 가벼운 춤을 추었다. 노스님은 노래했다. "벌나비는 이리저리 펄펄 꽃을 찾아서 날아든다."

일산으로 돌아올 때 길에 차가 밀렸다.

노스님 계신 절과 내가 사는 대도시는 아주 가깝다. 길로 연결되어서 언제나 갈 수 있다.

시간과 강물*

나는 1948년에 서울에서 태어났다. 두 살 때에 6·25전쟁이 나서 엄마 등에 업혀 부산으로 피난 갔고, 부산에서 자라서 초등학교 입학할 무렵에 서울로 올라왔다.

서울은 잿더미가 되었다. 학교에는 건물이 없어서 미군이 지어 준 천막교실에서 수업했다. 해마다 보릿고개에는 많은 사람들이 굶어 죽었고 관공서 건물에는 '기아퇴치', '절량농가 근절', '식량증산' 같은 현수막이 걸려 있었다.

고등학교에 다니던 어느 날 여름에 큰비가 와서 한강 물이 불었다. 아버지는 나를 데리고 마포구 망원동 쪽 한강으로 물 구경을 나갔다.

---

* 이 글 '시간과 강물Time and the River'은 1960년대 미국의 작곡가 월리 골드Wally Gold가 발표한 대중가요에서 제목을 따왔다. 여러 가수들이 이 곡을 노래했는데, 나는 냇 킹 콜Nat King Cole의 노래를 주로 들었다.

한강은 물이 가득 차서 출렁거리며 흘러가고 있었다. 강은 힘차고 거침없었다. 아버지는 상류 쪽을 바라보았고, 멀어서 흐려지는 하류 쪽을 바라보았다. 한참 후에 아버지는 말했다.

"물을 잘 봐라. 흐르는 물을 보면 다시 살 수 있다는 희망을 느낀다. 물이 흘러가는구나."

나는 좀 더 자란 후에야 아버지의 말에 담긴 고통과 희망을 이해할 수 있었다. 아버지는 흐름을 잇대어 가면서 미래로 나아가는 시간의 새로움을 말한 것이었다. 경험되지 않는 새로운 시간이 인간의 앞으로 다가오고 있고, 그 시간 위에서 무너진 삶을 재건하고 삶을 쇄신할 수 있으리라는 희망을 아버지는 어린 아들에게 말했던 것이다. 아버지의 강물은 미래로 향하는 시간이었다.

'시간이 희망의 토대'라는 말에는 잿더미가 되고 가루가 되어버린 시대의 폐허에 맨몸뚱이로 부딪혀 나가야 하는 인간의 고통이 스며 있었다. 아버지는 시간에 대한 희망으로 폐허의 슬픔과 절망을 감당하고 있었고, 흐르는 강물이 새로운 시간의 흐름을 아버지의 마음속으로 흘려보내고 있었다.

조정래의 대하소설 〈태백산맥〉의 마지막 몇 페이지에서, 경찰 토벌대에 쫓겨서 더 이상 물러설 곳이 없게 된 빨치산 대장 염상진은 마지막 남은 부하들과 수류탄으로 자폭해서 생을 마감한다. 염상진의 후배 하대치가 대원 다섯 명과 한밤중에 염상진의 무덤에 절하고 나서 동트는 새벽의 어스름 속으로 사라지는 장면에서 이 대하소설은 끝난다. 이 어둠은 새벽의 빛을 잉태한 어둠이었다. 어둠의 밑바닥에서 밝음이 번져 오기 시작하는 새벽에 하대치와 대원들은 미래의 시간을 향해 나아간다. 하대치는 시간과 더불어 시간 속에 살아간다. 이 기나긴 이야기가 끝나는 시간은 새벽인데, 이 소설은 마지막에서 무한한 미래를 향해 새로 시작된다. 막이 내리면서 다시 열리고 있다.

나는 내 아버지의 강물과 하대치의 새벽 시간에서 인간의 생명을 통과해 흐르는 시간의 힘과 아름다움을 알게 되었다. 새로운 시간 앞에서 인간은 미래를 향해 열려 있고, 시간과 더불어 새롭다.

악기를 연주하거나 노래를 부르는 순간은 인간의 아름다운 모습이다. 악기를 연주하는 인간은 자신의 생명 앞으로 바싹 다가온 미래의 시간 위에서만 음과 선율을 불러낼 수 있다. 지나간 시간 위에서는 악기를 연주할 수 없다. 한 개의 음은 창세기의 새벽처럼 이 세상에 태어나고 또 소멸한다. 모든 악기들은 아직 당도하지 않았으나 곧 다가올 미래의 시간을 기다리고 있다. 악기는 살아 있는 인간의 생명과 시간을 연결해서 시간을 지속된 흐름으로 흘러가게 하고, 그 흐름 위에서 선율은 태어난다.

물리학자들은 빅뱅 이후 40억 년의 시간을 수리적으로 계량

할 수 있다고 하지만, 인간의 생명 속으로 흘러 들어오는 시간을 객관화해서 물리적 대상으로 인식할 수는 없다. 시간은 언어의 범주에 속하지 않는다.

시간이 스스로 새로운 것인지, 인간의 생명이 다가오는 시간을 새롭게 만들어서 수용하는 것인지는 분명하지 않지만, 그 어느 쪽이라 하더라도 같은 말이다. '날마다 새로워지고, 더더욱 날로 새로워진다日日新 又日新'라는 〈대학大學〉의 문장은 시간 자체의 새로움보다는 인간의 능동적 쇄신 의지를 강조하고 있는 것처럼 읽히지만, 이 문장에서 시간의 본질적 새로움이 배제되는 것은 아니다.

별들이 운행하는 우주 공간 속의 시간과 땅 위의 흙을 익혀서 흙 속에 잠들어 있던 태초의 색을 발현시키는 도자기 가마 속의 시간과 몸속에서 몸을 길러내는 포유류의 자궁 속의 시간과 씨앗에서 꽃을 피워 내는 식물들의 시간과 김치를 익히는 김장독 속의 시간이 모두 동일한 질감과 작용을 갖는 것인지를 나는 알지 못하지만 그 모든 시간들을 인간의 언어의 영역으로 끌어넣을 수 없다 하더라도, 저 여러 가지 시간들은 말의 길이 끊어진 절벽 건너편에서 제가끔 아름답다.

안중근安重根이 블라디보스토크에서 우덕순禹德淳을 만나서 이토 히로부미를 죽이러 가자고 제안했을 때 우덕순은 두말없이 따라왔다. 이 두 젊은이는 이토를 죽여야 하는 대의大義를 거대담론으로 말하지 않았고, 실탄과 여비는 모자라지 않은지, 성공할 수 있을 것인지, 이토를 쏘고 나서 어디에 몸을 두어야 할 것인지를 말하지 않았다. 뜻은 순식간에 서로에게 스몄다. 이토를 쏘러가기로 작정한 그다음 날 아침에 두 젊은이는 블라디보스토크 기차역으로 가서 하얼빈으로 향하는 3등 열차에 몸을 실었다.

소설 〈하얼빈〉을 쓰면서 나는 이날 아침에 밝아 오는 어둠을 뚫고 달리는 하얼빈행 열차를 생각하면서 행복했다. 내 아버지의 한강이 고통과 시련의 과거를 이끌고 새로운 시간 속으로 흘러가듯이, 안중근의 열차는 약육강식하는 시대의 어둠을 뚫고 하얼빈으로 갔다. 이날 블라디보스토크 기차역의 아침에 청춘은 아름답고 강력하다. 그들은 서른한 살이었다.

어린아이들은 길을 걸어갈 때도 몸이 리듬으로 출렁거린다. 몸속에서 기쁨이 솟구쳐서 아이들은 오른쪽으로 뛰고 왼쪽으로 뛴다. 아이들의 몸속에서 새롭게 빚어지는 시간이 아이들의 몸에 리듬을 실어 준다. 호랑이나 사자의 어린것들도 스스로 기뻐하는 몸의 율동을 지니고 태어난다. 그것들은 생명을 가진 몸의 즐거움으로 발랄하고 그 몸들은 신생하는 시간과 더불어 뒹굴면서 논다. 이 장난치는 어린것들의 몸의 리듬을 들여다보는 일은 늙어 가는 나의 내밀한 즐거움이다.

태풍전망대에서

태풍전망대는 경기도 연천의 군사분계선에 인접한 산마루다. 이 고지에 올라서면 눈앞에 무진강산無盡江山이 펼쳐진다. 여기서는 사람의 눈이 한평생 붙어 있던 자리에서 풀려나서 말馬의 눈처럼 얼굴의 양쪽에서 모든 방향을 동시에 볼 수 있고, 모든 방향으로부터의 느낌을 통일된 이미지로 종합할 수 있게 된다. 시선은 보이지 않는 저 너머까지를 기웃거리다가 힘이 다하여 스스로 잦아진다.

작은 봉우리들이 시야 너머까지 잇닿아서 출렁거리고, 임진강이 그 사이를 돌아서 흘러온다. 물의 흐름은 산을 때리거나 깎지 않고, 산의 흐름은 물을 가로막거나 건너가지 않는다. 산과 물은 서로를 범하지 않고, 서로에게 자리를 내어 주며 제 갈 길을 가는데, 제 갈 길을 가면서 더불어 간다.

이 고지에서, 사람이 산천을 보는 시선과 산천이 사람에게 보여지는 시선이 겹쳐지는데, 이 겹눈의 시선 속에서 나는 내가 산천으로부터 격리隔離된 객관적 존재로서 산천을 바라보고 있는 것이 아니라 산천과 연결된 내부자로서 산천을 바라보고 있음을 스스로 알게 된다. 이 고지에서 나의 생명은 산천과 더불어 생동한다. 여기는 내가 사는 마을에서 가까워서 나는 계절이 바뀔 때마다 간다.

봄은 겨울의 심층부로부터 사람 쪽으로 다가온다. 아직 잔설이 남아 있는 먼 산들은 이미 희뿌연 봄의 기운을 품어 내고 있다. 신록은 나무속에서 나오는 것이지만, 먼 산을 바라보면 신록은 먼 곳으로부터 다가온다. 사람을 중심에 놓고 말한다면, 봄은 멀리서 다가와서 가까운 곳에서 완성된다.

낙엽 한 개를 보면 천하의 가을을 안다고 옛사람이 말했는데, 이 말은 작은 조짐으로 시류를 예측하는 정치적 언설일 뿐, 가을의 공활空豁을 표현하지는 못한다. 이러한 말은 오히려 봄에 합당할 터이다. 신록의 생명은 확실하고 자명해서 인간의 생명감과 직통하므로, 나무 한 그루에 새 잎이 돋으면 천하의 봄을 알수 있다.

봄에 태풍전망대에 올랐더니, 먼 산천의 초록은 가까이 다가올수록 선연했고, 수목의 향기가 시간 속에 녹아들었다.

이런 날에는 나는 이 세상에 더 오래 머물러 있고 싶다.

여름의 산천은 푸르고 힘차다.

여름의 봉우리들은 잎으로 덮이고, 부푼 강물은 산모퉁이를 빠르게 돌아나간다. 산천은 숨을 깊이 들이쉬고 크게 내쉰다. 이 강력한 숨결은 사람의 폐활량을 압박한다. 여름의 태풍전망대에서 나는 산천의 숨결을 내 숨결로 감당해 내기 힘들어서 숨을 헉헉거렸다. 멀리서 온 초록이 세력을 부풀려서 천지간에 가득 차면, 시간의 밀도는 촘촘해진다. 여름의 시간은 밀물로 밀려와서 공간을 가득 채운다.

소나기는 시야의 먼 가장자리부터 때리기 시작해서 숲을 훑으면서 다가온다. 멀리서 소나기가 시작되면 아직 비가 닿지 않은 숲은 수런거리기 시작하고, 먼 상류 쪽의 강은 흐려진 세상 속으로 사라진다. 젖은 숲은 천지간의 거대한 관능으로 흔들리고, 비가 지나가면 기름진 윤기로 번들거린다.

지금보다 젊었을 때 나는 태풍전망대에서 소나기를 만나면 나무처럼 두 팔을 치켜들고 비를 맞았다. 짧은 바지와 짧은 티셔츠 차림으로 소나기를 맞으면 빗줄기는 내 맨몸을 직접 때리고, 몸의 구석구석을 흘러내린다. 그때 나는 한 그루의 나무였는데, 지금은 신명이 줄어서 이런 기막힌 놀이를 할 수가 없다.

가을에는 잎이 떨어진 나무들 사이가 넓어져서 나무들은 제 가끔 홀로 선다. 가을에는 먼 산들의 능선이 뚜렷하고 새 울음소리가 가깝다. 가을에는 시야가 넓어져서 사라져 가는 산천의 뒷모습이 보인다. 가을에는 시간의 미립자들이 멀리 밀려 나가서 몸이 느끼는 존재의 무게가 줄어든다. 가을에, 시간은 가볍고 공간은 헐겁다. 가을에 이 고지에서는 숨쉬기가 편안하다.

봄은 사람에게 다가오지만 가을은 사람으로부터 멀어져서 시계視界 너머로 간다. 하늘과 땅 사이가 헐거워지고 수만 낙엽이 흩어져 날리면 천하의 가을을 안다.

가을의 끝자리에 두루미의 무리는 이 산천을 건너온다. 두루미의 자태는 독립된 생명체로서 당당하다. 두루미는 무리를 이루며 날아올 때도 그 개별적 존재의 위엄을 잃지 않는다. 두루미가 날아올 때, 이 산천은 문득 창세기의 그날로 돌아간다. 두루미는 인간의 역사에 의해 오염되지 않은 시공을 건너서 온다. 두루미는 날갯짓 두어 번만으로 그 넓은 산천을 무착륙으로 건너오는데, 이 날갯짓은 비행이라기보다는 시간 위에 올라탄 흐름처럼 보인다. 두루미가 하늘을 날아올 때 두루미의 그림자가 땅위로 따라온다. 그림자는 땅 위를 스쳐 가고 자취를 남기지 않아서, 그림자는 두루미로부터 비롯되지 않았고 두루미의 것이 아님을 알 수 있다.

두루미의 울음소리는 크고, 거칠다. 두루미는 난데없는 외마디 소리를 질러 댄다. 나는 여러 새들의 울음소리를 유심히 들어 보았는데, 자음과 모음을 구별할 수 없었다. 새들은 모음만으로

운다. 두루미의 울음소리는 성대가 아니라 몸통으로 우는 소리
인데, 이런 소리는 초성, 중성, 종성으로 구분할 수 없다. 이런 울
림소리로 전하려는 메시지의 의미내용을 나는 모른다.

두루미의 울음소리는 태초의 하늘에 내지르는 신화神話의 고
함처럼 들린다, 라고 나는 쓰고 있는데, 이런 언설은 모두 그 내
용을 알아들을 수 없는 자의 가엾은 수사일 뿐이다. 두루미의 자
유 앞에서 나는 부자유를 느낀다.

이 고지에서 겨울에는 시간의 작동이 감지되지 않는다. 시간
은 지하 심층부로 흘러가고, 땅은 눈으로 덮인다. 눈이 가득 쌓
인 산천이 오히려 비어 보이는 것은 눈이 모든 것의 차별성을 덮
어서 오직 하얗고, 얼어붙은 산천에서 시간감을 느낄 수 없기 때
문이다. 겨울에 이 고지에 오르면 시간의 속박에서 풀려나는 생
명의 느낌은 자유 속의 두려움인데, 자유보다 두려움이 더 크다.

고지에서는 산천이 내려다보이고 멀리 보인다. 눈이 쌓이면
많고 많은 산봉우리들은 오래된 무덤들처럼 눈 아래서 온순하
다. 여기는 낙양성洛陽城이 아니지만 주변 십리허十里墟에 무덤이
들어서기는 낙양성이나 산골의 초읍이나 다를 바 없다. 공동묘
지는 새 풀이 돋아나는 봄날보다 흰 눈이 덮인 겨울 풍경이 죽음
의 절대성과 보편성을 더욱 확실히 알게 해 주는데, 겨울의 태풍
전망대에서는 모든 산봉우리들이 하얗고, 그 높낮이가 같아져

서 평등하다. 이 하얀 평등성은 이 세상에 속하는 것이 아닐 터
이므로 이 많은 봉우리들은 모두 인연에서 풀려난 무연고 분묘
처럼 보였는데, 죽음의 보편성에 덮여서 무덤들은 모두 편안해
보였다.

태풍전망대의 산천은 객관화된 대상으로서의 자연이 아니고,
산수화 속의 자연이 아니다. 이 산천은 나의 살아 있는 생명 속
의 자연이다. 이 고지에서 나는 공간감각과 시간감각이 합쳐지
는 어지럼증을 느낀다. 가까운 것이 멀어지면서 먼 것이 가까워
지고, 흘러간 시간이 다가오면서 다가온 시간이 다시 멀어지는
데, 시간은 흘러감도 다가옴도 없고 지나간 시간과 닥쳐올 시간
의 사슬에 묶이지 않는 절대적인 현재의 시간이다. 이 비논리적
인 문장이 무위자연無爲自然의 평화가 아니라 약동하는 산천의 기
쁨을 전할 수 있기를 나는 바란다.
　산천은 물리법칙의 지배를 받는 공간이고, 무정하고 불인不仁해
서 수억만 년이 지나도 그 안에서 인간을 닮은 의미가 발생할 리
없지만, 그러한 산천이 내 마음속에 들어와서 삶의 기운으로 약동
할 수 있게 되는 까닭을 묻는다면, 나는 대답하지 못한다.

시공의 무한감에 실려 있던 나의 의식은 이 봉우리들의 이름
이 떠오르는 순간 역사의 땅바닥으로 추락한다. 눈 아래 펼쳐진

이 봉우리들의 이름은 베티고지, 니키고지, 켈리고지, 노리고지, 테시고지, 대머리고지… 들이다. 본래 무명의 야산이었는데, 6·25전쟁 때 미군들이 작전상의 식별 표시용으로 붙여 놓은 이름이 그대로 남아 있다. 산천은 인간의 소유가 아니므로 이름이 없지만, 인간이 지어 준 이름을 붙이고 전쟁사에 남게 되는 것은 봉우리들의 불운이다.

'피가 모여서 강으로 흘렀고, 시체가 쌓여서 산을 이루었다'는 문장은 옛 전쟁 로망roman에 흔히 나오는 말인데, 6·25전쟁 당시의 산악고지에서 이 표현은 과장이 아니다.

1951년 4월에 공산군은 70만 대군을 몰아 춘계공세를 시작했고 연합군은 재반격했다. 지상전의 주 전선은 전쟁 이전 때처럼 38선 접경에서 고착되었다. 휴전협정 조인이 성사될 듯하자 한 뼘의 땅을 더 차지하려는 고지전이 봉우리마다 전개되었다. 죽음이 죽음을 잇대어 가는 무한 소모전이었다. 폭탄을 맞은 봉우리들이 녹은 아이스크림처럼 뭉개져서 흘러내렸고 피아의 시신이 함께 흙무더기에 쓸려 내려갔다. 백병전이 벌어진 참호 안에서는 찌르고 찔린 피아의 시체들이 썩어서 구더기가 들끓었다. 1952년 여름부터 겨울까지 이 고지들은 여러 번 주인이 바뀌었고, 싸움은 휴전협정이 조인될 때까지 계속되었다.

태풍전망대에는 이 싸움에 참전했던 소년전차병 Boy's tank corps 의 기념비가 세워져 있다. 중학생 신분의 소년 120명이 전차하사

관으로 임관되어 1953년 1월 이 지역 전투에 투입되었다. 소년전차병들은 베티고지, 퀸고지에서 싸웠다고 기념비에 적혀 있다. 소년병들의 기념비 앞에서는 천주교회에서 세운 성모마리아상이 시산혈해屍山血海의 봉우리들을 바라보고 있다.

   태풍전망대에서 내려올 때 내 마음속에서 자연과 역사는 극심한 불화不和로 부딪힌다. 이처럼 크고 무서운 적대감의 뿌리가 대체 무엇인지 나는 알 수가 없다. 봉우리들이 신록으로 덮이고 또 백설로 덮여도 중무장한 적의의 진지들은 능선을 따라서 대치하고 있다. 인간이 자신의 언어로 자신을 설명할 수 없으리라는 절망감으로 나의 산천예찬은 무색해진다. 이념의 깃발이 무기를 불러일으키는 것이 아니라, 역사의 지층 아래 적개심은 날마다 차곡차곡 쌓여 가는 것인가.
   백설이 봉우리들을 덮어서 높낮이를 지우듯이 역사를 백설이나 신록으로 덮을 수는 없다. 고지에서 내려오며 나는 이 불완전하고 부자유한 현실 속에서 살아갈 수밖에 없음을 안다.
   돌아보니, 고지의 성모마리아는 여전히 북쪽을 바라보고 있다. 마리아의 눈길이 무력한 것이 아니기를, 나는 마리아께 기도했다.

   주여 우리를 불쌍히 여기소서.
   주여 우리가 우리의 불쌍함을 스스로 알게 하소서.

적대하는 언어들

내가 태어나던 해(1948년)에 한반도 남쪽에서 대한민국 정부가 수립되었고 북쪽에는 조선민주주의인민공화국이 들어섰다. 나의 생애는 이 시대적 운명에서 도망칠 수 없었고 이 멍에는 벗어던질 수도 없었다. 내가 두 살 때 6·25전쟁이 터졌다. 나는 엄마 등에 업혀서 피난 열차를 타고 서울에서 부산으로 피난 갔다. 피난지에서 유소년기를 보냈고 종전 후 얼마간 지나서 서울로 올라와 초등학교에 입학했다.

누구나 밥을 먹기가 어려웠다. 해마다 보릿고개에는 아사자들이 속출했고 서울 거리에는 얼어 죽은 시체들이 널려 있었다. 전쟁의 폐허 위에 독재 권력이 들어서서 배고픈 사람들을 학대했다.

아이들은 군가를 부르면서 자랐다. 여자아이들이 운동장에서 고무줄놀이를 할 때는 '전우야 잘 자라'라는 노래를 불렀다.

전우의 시체를 넘고 넘어 앞으로 앞으로
낙동강아 잘 있거라 우리는 전진한다
원한이야 피에 맺힌 적군을 무찌르고서
꽃잎처럼 떨어져 간 전우야 잘 자라

여자아이들이 이 노래를 합창으로 부르면서 춤추고 놀았다. 이 가요는 유호(1921~2019)가 작사하고, 박시춘(1913~1996)이 작곡하고, 현인(1919~2002)이 노래했다. 현인의 바이브레이션 창법이 두 박자의 강렬한 리듬에 실려서 호소력 높은 가사를 이끌며 출렁거렸다. 이 가요는 육군 수 개 사단을 능가하는 정신 동원력을 발휘했다는 평가를 받으면서 군가로 분류되었다.

한반도 남쪽이 이 노래를 거국적으로 합창하고 있을 때, 한반도 북쪽의 인민군 부대와 마을, 전쟁 기간에 인민군이 점령한 지역에서는 '인민항쟁가'를 합창했다. '인민항쟁가'는 시인 임화(1908~1953)가 작사하고, 작곡가 김순남(1917~1983)이 작곡했다. 임화와 김순남은 모두 당대의 천재 시인과 음악가로 평판 높았다. 그들은 모두 해방공간에서 월북했다.

원수와 더불어 싸워서 죽은
우리의 죽음을 슬퍼 말아라

깃발을 덮어다오 붉은 깃발을
그 밑에 전사를 맹세한 깃발

임화의 이 노랫말은 공산주의 혁명 시가의 최고봉으로 꼽혔
다. 이 시의 이념성은 강력하고 선동력은 폭발적이다. 이 시는
'전우여 잘 자라'에 맞먹거나 이를 능가하는 전투 열기로 전장을
흔들었다.

나의 유소년기에 이 두 노래는 소통 불가능한 적대성의 절벽
으로 맞서서 부딪히고 있었다.

'인민항쟁가'를 작사한 임화는 스물한 살에 '네거리의 순이'
등의 시를 발표하면서 프롤레타리아 문예의 최고봉에 올랐다.
그는 스물네 살에 '조선 프롤레타리아 예술동맹 KAPF, 카프'의 서기
장이 되어서 좌파 문예운동의 선봉이 되었고, 평양 고무공장 파
업(1930년)에 깊이 관여해 2년간 옥살이를 했다. 그는 또 조선총
독부의 식민지 문화정책에 동조하는 언동을 했고, 민족문화의
정통성을 부정하는 문필행위를 했다.

그는 1947년(39세)에 그의 '사회주의 조국' 평양으로 월북했
고 1950년 인민군이 남하할 때 부대원으로 그의 고향인 서울에
왔고, 낙동강 전선에까지 종군했다. 맥아더 군대의 인천 상륙 이
후 그는 후퇴하는 인민군을 따라 북으로 돌아갔고, 1953년 8월

'미제의 스파이'라는 죄목으로 사형되었다.

임화는 1951년 2월 평양에서 '바람이여 전하라'라는 시를 발표했다. 이 시는 전장의 인민군 병사가 고향의 어머니에게 보내는 메시지의 형식을 취했다.

불 붙는 휘발유와
쏟아지는 총탄 포탄 속을
집과 낟가리와 마을까지를 잃고
바람 속에 서 있는 어머니에게….

이 시행처럼 전시에 후방에 남겨진 어머니의 고통을 애상적으로 묘사한 대목들을 포함하고 있다. 임화의 정치적 적대자들은 이 대목이 자식을 전선에 내보낸 어머니를 가련한 존재로 묘사함으로써 후방 인민을 모욕했고 패배주의적 감정과 투항주의 사상을 유포했다고 비난했다. 이 비난은 임화를 사형대에 세우는 거대한 혐의의 발단이 되었다.

'인민항쟁가'에서 '바람이여 전하라'로 돌아서려는 순간, 말하자면 혁명에서 인간으로, 이념에서 어머니로 시선을 돌리는 순간에 그의 죽음은 예비되어 있었다.

임화는 소통될 수 없는 당대 현실의 수많은 절벽들을 맨몸으로 들이받으면서 좌충우돌했지만 이 절벽들에 구멍을 뚫을 수는 없었고 그가 신앙했던 이념의 집단이 설치한 사형대에서 처형되었다. 그는 시인이었지만 정치범으로 처형되었고, 시인으로 돌아서면서 죽었다. 임화의 죽음은 임시 가건물 같은 시대의 근대성의 표상으로 오랫동안 내 마음에 남아 있다.

임화가 처형된 지 7년 후에 스물네 살의 젊은 소설가 최인훈 (1934~2018)이 〈광장〉(1960)을 발표했다. 최인훈은 이 소설에서 이데올로기의 허위성과 사랑의 진실에 관해서 말했다. 최인훈의 언어와 서사 전개는 관념과 사변의 틀에 갇혀 있고, 최인훈의 언어가 임화의 언어보다 진화되어 있다고 말할 수는 없지만 적대하는 이념의 피바다를 들여다보는 최인훈의 시야는 임화의 시야보다 비교할 수 없이 넓게 열려 있고, 또 객관적이다.

〈광장〉의 주인공 이명준은 젊은 철학도인데, 남쪽의 정치·사회 현실에 환멸을 느끼고 월북했다가 6·25전쟁 중에 인민 보위 부원으로 참전한다. 그는 곧 포로가 되는데, 종전 후 포로 송환 과정에서 남북한 어느 곳을 선택하지 않고 중립국인 인도를 지망한다. 그는 호송선을 타고 인도로 향하지만 인도에 상륙하기 전 바다에 투신해서 생을 마감한다. 소설 속에서 '바다'는 그가 땅 위에서 이루지 못한 사랑의 자리로 설정되어 있다. 남쪽에는 '광장'이 없고 북쪽에는 '밀실'이 없기 때문에 남북 어느 쪽도 선택할 수 없는 이명준의 내면의 고뇌를 소설로 힘주어 묘사하고 있다.

이명준은 적대하는 이념들의 절벽에 끼어 출구를 찾지 못했다. 소설의 결말에 제시된 '사랑의 바다'는 내가 읽기에는 '관념의 바다'이다. 비논리적 상상일 테지만, 내 마음속에는 사형대에서는 임화와 바다로 뛰어드는 이명준의 최후가 나의 시대의 표상처럼 자리 잡고 있다.

임화도, 스물네 살의 최인훈도 그리고 소설 속의 이명준도 전쟁 이후 70년의 세월을 짐작할 수는 없었을 것이다. 통일과 평화라는 지향을 생각할 때, 종전 후 70년의 세월은 헛되이 흘러갔다. 그 70년 동안 북쪽은 3대 세습의 왕조 체제 아래서 기아 속의 핵강국이 되었고 남쪽은 수탈적 천민자본주의 체제하에서 경제대국이 되었다. 적대관계는 강고해졌고 한·미·일과 북·중·러로 블록화되었다. 이명준이 그리던 밀실과 광장은 북에도 없고 남에도 없었다. 영하의 날씨에 군중이 모여서 독재자와 무기 대열을 향해 깃발을 흔들며 펄펄 뛰는 자리는 민중의 광장이 아니다. 고립된 개인들이 폐쇄적이고 배타적인 울타리를 저마다 설치하고 그 안에서 이기주의의 논리를 개발하고 실천하는 공간은 이명준이 그리던 밀실이 아니다. 인간의 실존과 정치·사회적 환경이 밀실과 광장으로 구획되는 것은 아닐 테지만 남북 어디에도 밀실도, 광장도 없었다.

지난 70년 동안 이 불행한 분단의 시대를 지배한 것은 증오와 불신과 저주의 언어였다. 이 언어의 쓰레기들은 판문점에 쌓였고, 선전 매체를 통해 울려 퍼졌고, 유엔에서 부딪혔다. 증오와 불신과 적개심은 남북뿐 아니라 남쪽의 여러 이념 집단과 정치 세력들의 언어의 주류를 이루었다.

　　언어는 소통이 아니라 적대의 장벽을 쌓는 사업에 동원되었다. 여러 정파들이 날마다 욕지거리, 악다구니, 거짓말, 저주와 증오, 가짜뉴스를 확성기로 쏟아내고 언론 매체가 이 악다구니를 전국에 증폭시킨다.

　　이 알아들을 수 없는 소음들은 모두 '정의'의 탈을 쓰고 있어서 이 철벽에는 작은 구멍도 뚫을 수가 없다. 이 소통 불가능한 언어는 식민지와 전쟁과 분단으로 이어지는 한 시대의 저변 지층에 뿌리박혀 있다.

　　이 시대에는 '말로 해서는 안 된다'는 절망감을 떨쳐 내기가 어렵다. 말이 소통의 능력을 회복할 수 있을 때 이 시대는 좁은 출구를 겨우 찾아갈 수 있을 터인데, 말이 적대하는 전투에 동원된 시대에 나의 말은 무력하게 들리지만, 무의미하지는 않기를 나는 바란다.

'세월호'는 지금도 기울어져 있다 •

2014년 4월 16일 오전 9시 45분, 세월호 선장 이준석(당시 69
세)은 59도 이상 기울어진 세월호를 탈출해서 해경 123정(정장
김경일)으로 건너갔다. 선장 이준석은 팬티 차림이었다. 기관실,
조타실의 간부 선원들도 피구조자의 행색을 하고 123정으로 건
너갔다.

기울어진 배 안에는 승객 400여 명이 남아 있었다. 이 시간에
선내 방송은 "현 위치에서 안전하게 기다리고 더 이상 밖으로 나
오지 마십시오"라고 승객들에게 거듭 외쳤다.

10시 30분 세월호는 뒤집혀서 승객들과 함께 물밑으로 가라
앉았다. 일은 돌이킬 수 없이 어렵게 되었다. 뉴스가 나가자 단
원고 학부모들과 일반 승객의 가족들이 진도 팽목항으로 몰려와

• 〈한겨레〉 2024년 4월 4일 자 지면에 기고한 글이다.

서 울부짖었다. 물밑에서는 아무런 소식도 없었다.

긴 하루가 지났고 바다는 어두워졌다. 해경의 헬리콥터가 밤
바다에 조명탄을 터뜨리면서 수면을 수색했으나 성과는 없었다.
방송사 취재팀이 보트에 카메라를 싣고 바다로 나왔다. 취재팀
들은 낙하하는 조명탄이 펼쳐 놓는 빛의 스펙트럼을, 자신들이
탄 보트를 찍어서 전국에 송출했다. 304명이 숨졌다. 이날 이후
로 이준석의 팬티는 내가 살아온 시대의 암울한 표상으로 내 마
음에 남아 있다.* 이 표상의 외양은 희극이고, 내면은 비극이다.

나는 1948년 서울 출생이다. 두 살 때 전쟁이 났다. 나의 가족
은 인공 치하의 서울에 숨어 있다가 1951년 1·4 후퇴 때 피난 열
차를 타고 부산으로 갔다. 피난길에서 수많은 아이가 열차 지붕
에서 떨어져 죽거나 부모와 헤어져서 미아가 되고 고아가 되었다.

내 엄마는 나를 잃어버리지 않았다. 그때, 30대 후반이었던
내 젊은 엄마는 두 살 난 나를 포대기에 둘러서 등에 업고 포대
기 끈을 뒤로 돌려서 내 엉덩이 밑을 바싹 동이고, 다시 포대기
끈을 앞으로 돌려서 당신의 가슴 위에서 X자로 묶었다. 내가 등
뒤에서 오줌을 싸도 엄마는 포대기를 풀지 않았다. 나는 엄마와
분리되지 않았고 죽지 않았다. 엄마는 늙어서 정신이 혼미해졌

---

* 이 팬티는 가끔 내 꿈에 나타난다.

을 때도 6·25 때 피난 가던 얘기를 자주 했다.

"훈아, 그때 내가 너를 어떻게 업었는지 아니."

엄마는 포대기 끈 묶는 시늉을 했다. 나는 울었다. 그때 포대기 속에서 오줌을 싼 아이가 일흔여섯 살이 되어서 이 심란한 글을 쓰고 있다.

엄마가 포대기 끈을 X자로 묶는 방식을 화객선 선원의 용어로는 고박圍縛이라고 한다. 고박은 네 가닥의 밧줄로 화물을 X자로 묶어서 갑판 바닥에 고정하는 작업이다. 고박은 선원들의 상무常務다. '고박'은 영어로는 래싱lashing이고 래싱에 사용되는 밧줄을 래싱벨트lashing belt라고 한다. 래싱벨트는 내 엄마의 포대기 끈과 같은 것이다. 래싱은 별것 아니다. 중뿔난 기술이 아니고 큰 비용이 들지도 않는다. 이것은 초보적인 안전상식이지만, 이 별것 아닌 것이 삶과 죽음을 가르는 엄중한 의미를 가진다.

이유를 알 수 없는 급변침으로 세월호가 기울기 시작하자, 고박 불량 상태로 과적되어 있던 컨테이너, 중장비, 트럭, 승용차 등의 화물이 갑판에서 분리되어 한쪽으로 쏠리면서 바다로 떨어졌다. 배는 더욱 기울고, 물이 차오르고, 뒤집혀서 가라앉는다. 세월호가 복원력을 회복하지 못하고 더욱 기울어진 주된 원인은 고박 불량이었다.

래싱벨트 네 가닥을 모두 사용해서 화물을 X래싱 하면 갑판

바닥의 면적을 많이 차지하게 되어 적재량이 줄어들기 때문에 수칙을 지키지 않았다고, 선원과 해운사 간부들이 수사 과정에서 진술했다. 이로써 이 참사의 핵심부가 밝혀졌다. 그것은 이윤이다. 진술 끝에 선원과 해운사 간부는 죄송하다… 관행이었다… 뭐라고 드릴 말씀이 없다…라고 말했다.

승객 443명과 승무원 33명, 약 2,214톤의 화물(사참위 보고서, 2022년 9월)을 실은 이 화객선은 6·25 때 어린 자식을 데리고 피난길에 나선 애 엄마만도 못한 안전장치를 하고 바다로 나갔다. 배가 출항의 시동을 걸자 수학여행 가는 학생들은 환호성을 질렀다.

이날 이후 10년이 흘렀다. 이 10년 동안 한국 사회의 전통적 주류를 이루어 온 세력은 이 참사와 그 희생자들을 타자화他者化하고 소수화少數化해서 구석으로 몰아붙이는 언설 행위를 계속해 왔고, 이 노력은 상당 부분 성공한 것으로 보인다.

유럽의 대항해 시대나 증기선 시대에 위험에 처한 배에서 승객들을 먼저 대피시키고 배와 함께 최후를 맞는 영웅적 선장들을 끌어대면서, 혼자서 먼저 도망친 이준석의 비열한 행동을 성토하고, 구조 임무를 맡고 현장까지 와서 기우는 선체 안으로 진입하지 않고 배 언저리에서 우물쭈물했던 구조세력의 무능을 규탄하고, 세월호를 증축하고 과적해서 이윤을 추구했던 청해진해운 회장 유병언의 반사회적 탐욕을 극언으로 비난하는 언설 행위는 필요한 일이기는 했으나, 그렇게 비분강개한 목소리를 높이는 것만으로 이 사회 토대의 질병을 정당화할 수는 없었다. 이준석, 김경일, 유병언에게 독박을 씌워서 뭉개질 일이 아니라는 말이다.

충격으로 넋이 빠져 있던 한동안이 지나자 참사 자체를 일상에서 떼어 내서 원격지로 몰아 고립시키려는 움직임이 드러나기 시작했다. 슬픔이라는 정서는 전망 없고 폐쇄적인 심리 현상이고 한(恨)에 침잠해 있으면 개인의 삶은 퇴행하고 국가 경제가 오그라져 먹고살기 어려워진다고 말 힘 좋은 논객들이 말했다.

'일상으로 돌아가자!'가 그 깃발이었고 '극복'이 표제어였는데, '극복'을 외치는 이 깃발은 사태의 심층구조를 우회했고, 일상 속에서 밥 먹듯이 거듭되는 죽음과 통곡을 외면하고 있었다.

2016년 봄, 이 사건의 중요한 부분에 대한 대법원의 선고가 끝났다. 이때부터, 문제가 모두 일단락되었으니 '일상으로 돌아가자'라는 목소리는 더욱 커졌다. 이 참사는 대형 '교통사고'이며 그 희생자들은 재수 없이 그 사고에 얽혀든 불운한 소수의 사람들the unlucky few이므로 적절한 보상과 조문과 위령의 의전을 베풀어 줌으로써, 이 우연한 사태가 산 사람들의 평온한 일상의 영역으로 넘어오지 않도록 하고, 소비경제에 미치는 심리적 악영향을 막아 경기를 활성화하자는 것이 세월호 '극복' 움직임의 핵심적 논리였다. 이 '극복' 움직임의 상당한 부분이 정치권력에 의해 작동되고 있었다는 것은, 증명할 수는 없지만 다들 알고 있었다.

선장 이준석이 기울어진 배에서 도망쳤듯이, 그리고 해경 구조세력이 승객 400여 명이 남아 있는 배 안으로 진입하지 않았듯이, 참사 이후 10년 동안 한국 사회는 다시 세월호로부터 탈출했고, 기우는 선체 내부로 들어가서 사태의 핵심부와 직면하지 않았고, 희생자들을 소수자로 몰아서 고립시키고 타자화했다. 이것은 제2의 세월호 탈출이었다. '제2의 탈출'의 깃발과 언설은 강력하고 화려했다.

그렇게 해서 한국 사회는 이 거대한 비극의 의미를 내면화하지 않았고, 그 비극의 심층구조를 맞대면하지 않았고, 미래를 향한 반성과 실천의 발판을 확보할 수 없었다. 세월호 이후 10년 동안 한국 사회는 일상적 노동과 생산과 생활의 현장 속에서 수많은 이준석, 김경일, 유병언과 만나게 된다.

그 후 10년 동안 기업이 책임져야 할 영역 안에서 2만 명 이상(아아!)· 노동자들이 산업재해로 목숨을 잃었고, 그보다 더 많은 노동자들이 팔다리가 부러지고 장기가 터지고 골병이 들었

· 고용노동부는 2013년부터 2022년까지 10년 동안 산업재해로 사망한 노동자가 약 1만 9,850명이라고 집계했다. 이 수치는 근로복지공단이 '산업재해'라고 인정한 죽음의 건수이다. 산재로 인정받지 못한 죽음과 은폐된 죽음의 규모가 얼마인지는 정부 통계로는 알 수가 없다.

다. 또 정부가 책임져야 할 영역 안에서 대형·중형·소형 재난 사고가 거듭 발생해서 많은 인명이 희생되었고, 2022년 10월 29일에는 서울 이태원에 놀러 나왔던 시민 159명이 경찰의 도움을 절규하다가 깔려 죽고 밟혀 죽었다. 이 모든 비명非命이 모두 일상 속에서 벌어졌으니 돌아가야 할 일상은 어디인가? 세월호는 지금도 기울어져 있다.

한국의 근대사는 가야 할 길이 멀고 발걸음이 다급했기 때문에 인간의 생명을 초개草芥로 여기는 사회 풍조와 더불어 시작되었다. 이것이 지나친 말이라는 것을 내가 모르지 않거니와, 국가와 사회가 인간 생명을 유린하는 행위를 정당화하는 목표와 사명을 설정해 놓고 그쪽을 향해서 죽음에 죽음을 잇대는 돌진을 강행해 온 것이 사실이므로 나의 말은 다소 거칠지만, 틀린 말은 아니다.

지배체제가 다수 인간의 생명을 일회용으로 소모해 버리는 사태는 일제강점기 경부선·경의선·경경선(중앙선) 철도 건설 현장에서 대규모로 벌어졌다. 연선沿線 현장을 따라서 수많은 조선 노동자가 작업 중 사고로 죽었고, 병들어 죽었고, 얼어 죽었고, 일본인 감독관들에 의해 타살, 사살, 처형되었다.• 구간별

• 일제강점기 철도 건설 공사에 동원된 조선인 노동자들의 실태는 정재정 교수의 역작 〈철도와 근대 서울〉(국학자료원, 2018)과 〈일제 침략과 한국 철도〉(서울대 출판문화원, 1999)에 소상히 나와 있다.

개통식에는 총독부 고위 간부들과 민간인들이 모여 궁성요배하고 황국신민의 서사를 제창했다.

몇 년 전 일본에 가서 1930년대 징용된 조선인들이 희생당한 구리 광산, 무연탄 광산을 답사했는데, 그 현장에 '순난자殉難者 위령비'라는 것이 세워져 있었다. '순난'은 어려움을 위하여 목숨을 바쳤다는 뜻이다. 순난이라는 단어의 형식은 모호했지만, 그 모호한 형식으로 표현하려는 뜻은 분명했다. 침략전쟁의 후방기지에 동원되어 야만적 수탈 노동에 희생된 죽음은 '순殉'으로 미화되었고 침략전쟁은 '난難'으로 위장되었다.

'순난'이라는 두 글자를 보면서 나는 국가나 민족이 자신의 역사 앞에서 정직하기가 얼마나 어려운가를 생각했다. 이 위장과 미화는 식민지 철도 개통식에서 제창했던 '황국신민의 서사'나 '기미가요'와 맥이 통하고 있었다.

광복 후에도, 목숨을 수탈해서 목표를 이루는 생산 방식과 건설 방식은 여러 공화국을 거치면서 전승되었다.

경부고속도로는 착공한 지 887일 만에 428km를 개통했다. 세계는 이 공사의 속도와 공격성에 경악했다. 공사는 노동자의 시체를 넘고 넘어서 전진했다. 이 공사에서 노동자 77명이 목숨을 잃었다. 경부 간 도로의 중간 지점쯤 되는 금강휴게소에 죽은 노동자들을 위한 위령탑이 세워졌다. 경부고속도로가 개통되던 1970년 7월 7일, 박정희 대통령 내외는 이 위령비를 제막하고 헌화했다.

위령비에는 '그들은 실로 조국 근대화를 향한 민족 행진의 산업전사요…'(이은상 지음)라고 지금도 새겨져 있다.

경부고속도로는 국토의 척추 간선으로 '한강의 기적'의 서막이었고 '근대'로 가는 지름길이었는데, 위령비는 그 입구에 서 있다. 희생자들은 산업전사産業戰士로 추켜세워졌고, 그 후 반세기 동안 전국의 노동 현장에서 수많은 '산업전사'들의 주검이 쌓여 갔다.

노동 현장에서의 비명非命들은 복잡하거나 난해한 병리학적 과정을 거치는 죽음이 아니다. 이 많은 죽음은 대부분이 날벼락이다. 일제강점기 철도 공사장이나 경부고속도로 공사장에서 노동자들은 흙이 무너져서 깔려 죽고, 발파 작업 중 날아오는 돌에 맞아 죽고, 기계에 끼여 죽고, 떨어지는 바위에 눌려 죽고, 고소 작업 중에 떨어져 죽었다.

그로부터 100년 이상 지나서 한국은 우주선을 올리고, K-머시기들이 세계를 제패했는데, 작업 현장의 노동자들은 여전히 깔려 죽고, 맞아 죽고, 파묻혀 죽고, 끼여 죽고, 떨어져 죽고, 부딪혀 죽고, 말려 들어가 죽고, 감겨 죽는다. 식민지 시대나 '조국 근대화' 시대나 K-머시기들의 시대나 사고의 유형과 원인은 단순하고 원시적이고 반복적이다. 세월호는 별것도 아닌 X래싱을 하지 않아서 기울었고 침몰했다. 무엇이 X래싱을 못 하게 하는

가를 세월호 선원들이 검찰 조사에서 이미 말했다.

정상적인 사유 능력과 감성을 가진 인간이라면 이 참을 수 없이 단순한 원시성과 한 세기에 걸친 불변의 무지몽매에 절망할 수밖에 없는데, 죽음이 망각에 묻혀 일상화되면 사람들은 절망을 절망으로 인식할 수 있는 마음의 힘을 상실하게 된다. 이미 그렇게 되어 있다.

그러하되, 세월호 참사는 이 산업화되고 일상화된 죽음을 더는 방치할 수 없다는 시민의식을 각성시켰고, 결집시켰다. 2018년 12월 10일 태안화력발전소에서 작업 중에 컨베이어벨트에 끼여 숨진 젊은 노동자 김용균의 죽음은 생명의 안전뿐 아니라, 저임금, 불완전고용, 하도급, 외주화, 민영화, 중간착취 등 산업 전반에 누적됐던 구조적 문제를 수면 위로 끌어올렸다.

일상생활의 안전과 노동 현장의 안전을 요구하는 시민들의 행동은 거듭된 죽음의 배후를 이루는 조건들을 혁파하는 쪽으로 방향을 잡았다. 이것은 지난한 과정이었다.

중대재해처벌법은 달걀로 바위를 쳐서 겨우 얻어 낸 결과물이었는데, 2024년 1월부터 50인 미만 사업장까지 확대 적용하는 조항을 2년간 더 유예하자는 경제단체들의 공세로 법 자체가 무력화될 기로에 처하게 되었다. 50인 미만 사업장에 대해서는 이미 준비기간 2년을 주어서 법 적용을 유예해 주었는데, 다시 2년을 미루어 달라는 것이 경영자 쪽의 요구다.

아직 준비되지 않았고, 무엇을 해야 하는지 몰랐고 지금도 알지 못하며, 안전시설을 갖출 자금이 없고, 사업주가 처벌받으면 공장을 돌릴 수가 없게 되어서 많은 사람이 일자리를 잃고 밥 먹기가 어렵게 된다고, 경영자 세력은 국회와 정부를 찾아다니며 로비했다. 이들의 말은 언론을 통해서 쾅쾅 울렸다. 이 말들은 말하는 사람들이 말하는 범위 안에서 맞다. 나는 그 범위 밖을 말하려 한다.

준비가 되지 않았다고 하는데, 준비가 되지 않은 까닭은 지난 2년의 준비기간 동안 아무것도 준비하지 않았기 때문이다. 준비하지 않으면 준비는 되지 않는다. 무엇을 해야 하는지 몰랐다고 하는데, 무엇을 해야 하는지 모르는 사람은 당연히 그 '무엇'을 준비할 수 없다. 이것은 하나 마나 한 소리다. 법조문이 모호해서 무엇을 할지를 몰랐다고 하는데, 사업장 최고책임자가 날마다 루틴하게 돌아가는 작업 과정에서 어느 장소, 어느 단계, 어느 위치가 위험한지를 어찌 모를 수가 있는지 나는 모르겠다. 돈이 없어서 안전설비를 하지 못한다고 하는데, 생산 과정에 투입되는 자금의 항목 중에서 안전비용의 크기와 순위를 맨 밑바닥에 설정해 놓고 정부가 주는 돈과 조치를 기약 없이 기다리는 동안 여러 작업장에는 주검들이 쌓여 갔다.

사업주가 처벌받으면 공장을 돌릴 수 없어서 다들 밥 못 먹게 된다고 하는데, 이것도 맞는 말이다. 나는 이 '맞음'의 밖을 말하려 한다.

일자리가 모자라서 밥 먹기 어려운 시대에 밥 없는 사람들을 밥으로 겁박하면, 사람들은 밥과 죽음의 기로에서 밥 먹는 방향으로 갈 수밖에 없다. 밥과 죽음이 섞여 있는 자리를 향해서 밥 없는 사람들은 가고 또 간다. 살려고 먹는 밥숟가락 속에 죽음이 들어 있다. 날마다 거듭되는 죽음이 빤히 보이는데 동료 인간의 목숨을 '유예'하는 조건으로 공장을 돌려서 나의 밥을 먹고, 내가 재수 없으면 나의 목숨을 동료 인간의 밥의 토대로 바쳐야 한다면 이런 밥은 사람이 먹을 수 있는 밥이 아니다.

밥을 벌어먹으려다 죽은 사람들의 주검을 바라보면서 별수 없이 또 밥을 벌러 가야 하는 사람들을 향해, 지난 2년 동안 아무 준비도 안 한 사람들이 내가 감옥 가면 너희들은 모두 밥 못 먹게 된다고 하는 말은 사람이 사람에게 할 수 있는 말이 아니다. 아무것도 할 수 없다고 들이대지 말고, 무엇을 우선 할 수 있는지 말하는 말을 듣고 싶다.

'조국 근대화' 이후 산업과 생활의 현장에 지층처럼 쌓여 있는 주검들은 모두 X래싱 정신의 결여, 체질이 되고 생리가 된 무신경, 바닥에서 일하는 사람들의 노동과 생명을 업신여기는 마음, 욕망과 목표를 향한 필사의 돌격에서 비롯되었다.

이 글을 쓰다 보니 X래싱으로 말이 길어졌는데, 묶고 조이는 일을 바로 하자는 말이고, 피난 가던 내 엄마의 포대기 끈을 자랑하려는 뜻은 아니다.

　세월호가 침몰한 자리에 다시 가 봤더니 봄을 맞는 섬들이 아지랑이 속에서 나른했고 수평선에까지 물비늘이 반짝였다. 바다는 빛으로 덮였고 신생하는 시간의 미립자들이 물 위에서 춤추고 있었다.

2부

글과
밥

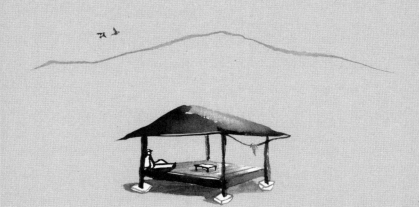

여름 편지

책을 읽다가 눈이 흐려져서 공원에 나갔더니 호수에 연꽃이 피었고 여름의 나무들은 힘차다. 작년에 울던 매미들은 겨울에 죽고 새 매미가 우는데, 나고 죽는 일은 흔적이 없었고 소리는 작년과 같았다. 젊은 부부의 어린애는 그늘에 누워서 젖병을 물고 있고 병든 아내의 휠체어를 밀고 온 노인은 아내에게 부채질을 해 주고 물을 먹여 주고 입가를 닦아 주었다.

호수의 물고기들 중에서 어떤 놈은 내가 물가로 다가가면 나에게로 와서 꼬리 치는데, 아 저 사람 또 왔구나, 하면서 나를 알아보고 오는 그놈이라고 나는 믿는다.

연꽃의 흰 꽃잎에는 새벽빛 같은 푸른 기운이 서려 있어서 말을 걸기가 어려웠다. 연꽃은 반쯤 벌어진 봉우리의 안쪽을 보여 주지 않았는데, 거기는 너무 순수하고 은밀해서 시선을 들이대기가 민망했다. 연꽃의 향기는 멀고 은은해서 사람을 찌르지 않고 연꽃의 자태는 아름답지만 사람을 유혹하지 않는다. 넓은 호수에서 연꽃은 등불처럼 피어 있었다.

　모든 생명은 본래 스스로 아름답고 스스로 가득 차며 스스로의 빛으로 자신을 밝히는 것이어서, 여름 호수에 연꽃이 피는 사태는 언어로써 범접할 수 없었다. 일산 호수공원의 꽃들은 언어 너머에서 피어났고 여름 나무들은 이제 막 태어난 시간과 공간 속에서 빛났다. 나무들은 땅에 박혀 있어도 땅에 속박되지 않았다. 사람의 생명 속에도 저러한 아름다움이 살아 있다는 것을 연꽃을 들여다보면 알게 된다. 이것은 의심할 수 없이 자명했고, 이미 증명되어 있었다.

　내 옆의 노부부는 나무 그림자가 길어지고 빛이 엷어질 때까지 말없이 연꽃을 들여다보았다. 늙은 부부는 연꽃을 통역사로 삼아 말 없는 대화를 나누고 있는 것처럼 보였다.

　나는 책을 자꾸 읽어서 어쩌자는 것인가. 책보다 사물과 사람과 주변을 더 깊이 들여다보아야 한다고 늘 다짐하면서도 별수 없이 또 책을 읽게 된다. 이틀째 〈장자莊子〉를 읽고 있는데, 신문사에서 '여름에 읽을 책'을 골라 보라고 해서 주저 없이 〈장자〉로 정했다. 책을 읽는데 무슨 여름 겨울이 있으랴마는 〈장자〉는 여름의 나무 그늘에서 읽어도 좋고 눈에 파묻혀서 세상이 지워지는 겨울밤에 읽어도 좋다.

장자는 순결한 삶, 자유로운 정신, 억압 없는 세상의 모습을 역동적 드라마로 제시한다. 〈노자老子〉는 사상의 원형이며 뼈대일 터인데, 여기에 판타지를 넣고 스토리를 엮어서 인간세人間世에 적용하면 〈장자〉가 된다. 장자는 뛰어난 스토리텔러다. 장자는 인간의 수많은 질문에 직접 대답하기보다는 질문의 근저를 부수어 버림으로써 인간세의 끝없는 시비를 끝낸다. 질문이란 대체로 성립되기 어렵다. 인간은 짧은 줄에 목이 매여서 이념, 제도, 욕망, 언어, 가치, 인습 같은 강고한 말뚝에 묶여 있다. 짧은 줄로 바싹 묶여서, 괴로워하기보다는 편안해하고 줄이 끊어질까 봐서 노심초사하고 있다. 장자가 마음의 도끼질로 이 목줄을 끊어 주는데, 줄이 끊어지면서 드러나는 세계의 질감은 가볍고 서늘하다.

공원에서 연꽃과 물고기를 들여다보면서 장자를 생각했다. 연꽃이 장자고 물고기가 책이었다. 아름다운 것은 본래 스스로 그러하다. 거꾸로 써도 마찬가지다. 내년 여름에는 또 새 매미가 울겠지.

걷기예찬

살아 있는 인간의 몸속에서 '희망'을 확인하는 일은 그야말로 희망적이다. 아마도 이런 희망은 실핏줄이나 장기의 오지 속과 근육의 갈피마다 서식하는 생명 현상 그 자체인 것이어서, 사유나 증명의 대상이 아니라 다만 경험될 뿐이다. 몸의 희망을 몸으로 경험할 때, 우리는 육체성과 정신성의 간극을 넘어서는 행복을 느낀다. 나는 이런 행복을 '몸과 삶 사이의 직접성'이라고 이름 지으려 한다.

돈이나 수고가 드는 것도 아니지만, 이 직접성의 행복은 인간을 소외시키는 일상성(속도, 능률) 속에 매몰되어 있다. 추운 겨울 거리의 노점 식당에서 라면을 먹을 때나 태양이 작열하는 여름에 수박을 식칼로 쪼갤 때, 또는 개를 데리고 새벽 공원을 달릴 때 나는 때때로 그 직접성의 행복을 느낀다. 그 행복 속에서는, 살아 있는 몸을 통해서 세계를 받아들이고 이해하는 일이 가능하다. 그리고 이 느낌은 사유라기보다는 생명을 보증으로 삼는 경험이다.

연초에, 눈 덮인 공원을 달리다가 빙판에 넘어져서 무릎을 다쳤다. 그래서 나는 겨우내 걷지도 뛰지도 못하고 내 어두운 골방에서 도리 없이 책을 끼고 뒹군다.

김화영 교수가 프랑스 여행길에 서점에서 책을 골라 와 번역해 준 〈걷기예찬〉(현대문학, 2002)을 읽으면서, 무릎이 아파 걸을 수 없는 나는 걷기의 육체성과 걷기의 정신성, 걷기의 개별성과 걷기의 개방성, 그리고 그 두 쌍의 대립적 국면들이 서로 만나서 접합되는 대목의 건강함을 생각했다. 이 한 쌍의 대립은 이질적인 것처럼 보이는 두 개의 층위가 사실은 서로 스미고 엉키는 동질성의 다른 측면임을 보여 준다. 그리고 이것은 신비가 아니라, 몸의 생명현상 속에서 이루어지는 과학이다.

김화영 교수는 2년 전에도 번역서 〈예찬〉(현대문학, 2000)을 펴냈다. 〈예찬〉도 삶과 몸의 직접성을 위하여 쓰인 글이라는 점에서 〈걷기예찬〉과 함께 읽히는 책이다. 아마도 〈예찬〉의 정당성을 확보할 수 있을 때 김화영 교수의 마음은 아늑해지는 것 같다. 이 세상이 다 말라비틀어져서 아무런 '예찬'할 만한 것이 눈에 띄지 않을 때, 김 교수는 시무룩해 보인다.

〈걷기예찬〉이 예찬하고 있는 것은 우선 걸음을 걸어가는 인간의 몸의 조건이다. 직립보행 하는 이 몸은 진화의 수억 년을 통과

해 나온 몸이지만, 아직도 네 발의 추억을 간직한 몸이다. 당신들의 발바닥의 굳은살 속에 그 추억은 살아 있다. 그 몸이 걸어갈 때, 걸어가는 몸의 속도, 시선의 위치와 방향, 팔다리의 동작은 몸의 기능과 위상으로 세계를 파악하고 이해한다. 그래서 걷기는 시원적이고 인류학적이다.

세계의 시간과 풍경, 말들과 침묵, 산과 강으로 길은 뻗어 있고 몸이 그 길을 걸어가지만, 이 세계의 의미는 걸어가는 자의 몸속에 쌓여서 고착되지는 않는다. 그것들은 몸을 통과해서 흘러나가고, 걸어가는 몸 앞에는 언제나 새롭고 낯선 시간과 공간이 펼쳐진다. 그래서, 살아서 걸어가는 몸은 그 앞에 펼쳐진 세상을 낯설어 한다. 걸어가는 몸속에서 이 낯섦은 친숙함으로 바뀌는데, 몸은 그 친숙함에 매달리지 않는다. 이때의 길은 '노路'나 '가街'가 아니라, 노와 가를 다 포함하면서 '도道' 쪽에 가까운 길이다. 이때의 걷기는 '가기'가 아니라 가기를 포함한 '행함行'으로 바뀐다. 그래서 〈걷기예찬〉에서는 '걷기'를 '살기'나 '글쓰기'로 바꾸어 놓아도 무방할 듯싶다.

이 책에서 내가 가장 좋아하는 페이지들은 '걷기의 정신성'이라는 소제목으로 묶여 있는 뒷부분이다. 그 페이지들 속에서 걷기는 세상의 시간과 공간 속으로 몸을 이끌고 나아가는 삶의 진행태進行態로 다가온다. 걸어가는 몸속에서 시간과 공간은 연료처럼 사용되고, 다리로 땅을 밀어서 살아 있는 몸은 앞으로 나아간다. 정신성은 몸과 함께 간다.

그때, 세상은 몸속으로 흘러 들어오고 길은 도道 쪽으로 넓어지는데, 이 걷기는 생로병사의 모습을 닮아 있는 듯하다. 18세기 조선의 지리학자 신경준申景濬(1712~1781)은 말했다.

무릇 사람에게는 그침이 있고 행함이 있다. 그침은 집에서 이루어지고 행함은 길에서 이루어진다. 집과 길은 중요함이 같다. 길에는 주인이 없고, 그 길을 가는 사람이 주인이다.

– 〈도로고道路考〉 중에서

신경준은 길과 걷기의 공적 개방성을 말하고 있는 것 같다. 길은 소통의 통로이고 걷기는 그 행함이다. "집과 길은 중요함이 같다"는 말은 중요한 말이다. 나의 집에서 너의 집으로 가는 통로가 길이다. 길의 몸과 말의 몸은 다르지 않다. 살아 있는 몸만이 그 통로를 따라 걸어갈 수 있다. 집으로 가는 길과 밖으로 가는 길이 다르지 않다면, 우리는 〈걷기예찬〉 속의 길을 따라서 타인에게로 갈 수 있을 것인가. 몸은 그 길을 가고 싶다. 길이여, 책속에서 뛰쳐나와 세상으로 뻗어라.

조사 '에'를 읽는다

한국어로 문장을 쓸 때나 한국어로 쓴 문장을 읽을 때 나는 늘 조사助辭에 걸려서 넘어지거나 머뭇거린다. '은, 는, 이, 가, 을, 에…' 따위의 한국어 조사는 한 음절로, 생김새는 허름하지만 쓰임새는 넓고 깊다. 조사는 단어와 단어 사이의 관계를 매개하고 단어에 지위를 부여해서 단어를 부린다. 한국어에서 단어들은 조사에 꿰어짐으로써 문장을 이루고 정돈된 메시지에 도달한다. 조사에 공을 들이지 않으면 한국어 문장을 쓸 수 없고 한국어 문장을 읽을 수 없다.

'I love you'를 들여다보면 동사(love)가 조사의 매개 없이 목적어(you)를 직접 거느리고 있지만, '나는 너를 사랑한다'에서 조사 '는'과 '를'을 빼 버리고 '나, 너 사랑한다'로 바꾸어 놓으면 문장의 논리적 구조는 엉성해진다. 예문처럼 짧은 문장에서는 조사를 걷어 내도 문장의 뜻을 알 수 있지만 중층 구조를 갖는 문장에서 조사를 걷어 내면 문장의 골조가 무너진다.

나는 한국어로 문장을 쓸 때 주어와 동사의 거리를 되도록이면 가까이 접근시킨다. 주어와 동사가 바짝 붙으면 문장에 물기가 메말라서 뻣뻣해지지만 문장 속에서 판이 어떻게 돌아가고 있는지 선명히 알 수 있고, 문장이 지향하는 바가 뚜렷해진다. 주어와 동사의 거리가 멀면 그 사이의 공간에 한바탕의 세상을 차려 놓을 수 있지만 이 공간을 잘 운영하려면 글 쓰는 자의 몸에 조사들이 숨결처럼 붙어 있어야 하고, 동사의 힘이 문장 전체에 고루 뻗쳐 있어야 한다.

문체의 중요한 부분은 조사와 다른 단어들 사이의 관계에서 발생한다. 논리적 구조를 조사에 의지하는 언어로 문장을 만드는 일은 벽돌을 한 개씩 쌓으면서 그 사이에 접착제를 쓰는 공법과 같다고 할 수 있다. 접착제가 끈기가 모자라거나 지나치거나 용도에 맞지 않으면 건물 전체가 뒤틀린다.

고등학교 시절에 영어와 독일어의 기초를 배울 때 나는 조사가 없는 서양 언어의 논리적 완결성에 매혹되었다. 그때 학교에서는 윤동주와 이육사, 한용운, 김영랑, 이상화…를 가르쳤는데, 나는 이 시를 외우면서도 조사가 마음에 안 들어서 내세에는 조사가 없는 세상에 태어나고 싶었다.

고등학교 졸업반 때 '3·1 독립선언서'를 배우면서 나는 한국어 조사 '에'의 쓰임새를 깊이 생각하게 되었고, 한국어의 헐거움이 갖는 기능과 깊이를 사랑하게 되었다.

오등吾等은 자玆에 아我 조선의 독립국임과 조선인의 자주민임을 선언하노라.

- '3·1 독립선언서' 첫 문장

이 문장은 완벽하다. 군더더기가 없고 지향점이 선명하다. 주어, 동사, 목적어가 정확한 자리에 배치되어 있고, 주어가 조사를 부려서 문장 전체를 작동시키고 있다. 우리가 지금, 여기서 무엇을 하려고 하는지를 문장 한 개로 정확히 선언하고 있다.•

'오등吾等'은 강력한 주어다. 한국어는 주어가 없거나 주어를 감추어 놓은 문장으로도 서정시를 쓸 수 있고 산문을 쓸 수 있지만, 민족의 독립을 선언하는 문건의 맨 앞자리에 일인칭 군집 명사 '오등'을 내세운 이 짧은 문장은 무미건조한 문체의 장관을 이루었다. '오등은'을 '오등이'라고 쓴다면 선언의 힘은 주저앉는다.

• '3·1 독립선언서'에서의 한국어 쓰임에 관해서는 '할매 말 손자 말'(《연필로 쓰기》)에도 몇 줄 썼다.

'오등' 두 글자를 보면서 나는 한국어의 역사에서 주어가 주인의 자리를 당당히 차고 있는 언어의 풍경을 보았다. 나는 '올 것이 왔구나!'라고 느꼈다. '3·1 독립선언서'는 '조선 민족대표'의 이름으로 공포되었으므로 '오등'의 문건상의 주체는 민족대표 33인이지만 그 실체는 목적어의 일부로 쓰인 '조선인'이다.

'자玆'의 한자 의미는 '이제', '여기서' 또는 '이로써'이다. '자'는 개념의 영역이 명확하지 않다. 이 한자 한 개에 한국어 조사 '에'가 붙어서 '자에'를 이루면 '자에'는 1919년 3월 1일 서울의 현장을 말하고, 이 울분과 고통을 독립으로 전환하려는 역사적 계기로서의 시점과 현장을 말한다.

'3·1 독립선언서'에서 '선언'의 목적어는 '아 조선의 독립국임'과 '조선인의 자주민임'이다. '임'은 '이다'라는 술어의 명사형이다. '독립'과 '자주'는 관념이지만 '독립국이다', '자주민이다'는 사실이고 소망이고 지향이다. '이다'를 '임'으로 명사화해서 '선언'함으로써 이 명사형은 언어의 혁명적 토대를 구축하고 있다.

조사助詞를 순수 한국어로는 '토씨'라고 한다. '토'는 한문 문장을 읽을 때 문리文理의 흐름을 따라가기 어려운 초보자들을 위해 한문 문구와 문구 사이를 한국어로 접속시켜 주는 연결사이다. '토씨'라는 말은 단어로서 독립된 위상을 갖지 못하고 부수적 기능을 갖는다는 뜻이고, '도울 조助'도 마찬가지다.

'자에'의 '에'는 '오등'이 지금, 여기서, 왜, 무엇을 하려는지를 두고 시동을 걸고 있다. 그러므로 이 '에'는 부수적 장치를 넘어선다. 조사는 느슨하고 어슴푸레하다. 조사는 개념이나 정서를 담고 있지 않지만 설명할 수 없는 모호함으로 자유의 공간을 열어 낸다. 나는 조사의 세계를 모두 부릴 수는 없지만 내가 살면서 겪은 조사 '에'의 쓰임새를 열거함으로써 그 자유의 공간을 산책하려 한다. 나는 그 넓은 공간의 작은 구역만을 기웃거리려고 한다.

> 열치매 나타난 달이
> 흰 구름을 쫓아 떠가니
>
> – '찬기파랑가' 중에서

인용한 시는 신라 향가 '찬기파랑가讚耆婆郎歌'의 앞 두 줄을 내 나름대로 옮겨 쓴 것이다. 나는 '열치매'를 공들여 읽어 보려 한다. '열치매'는 '열침에'의 연음형으로, 여기서 조사 '에'는 숨어 있다. 구름이 열리고 달이 갑자기 나타나자, 세상이 개벽開闢하듯 밝아지고 새파란 시냇물에 젊은 화랑 기파랑의 모습이 어린다는 것이 이 시의 정황이다. '열치매'의 '에'가 이 개벽을 열어젖힌다. '열침'이 구름보다 먼저 문장 앞으로 나와서 달이 나타나는 순간의 극적 효과가 증폭된다. 이 '에'는 달과 구름 사이에 끼어

드는 시간과 공간을 모두 몰아내서, 어둠이 걷히고 문득 한 세상이 열리는 놀라움을 표현하면서 스스로를 드러내지 않는다.

신라 경덕왕景德王(신라 35대 왕, 재위 742~765)이 노래의 '높은 뜻'을 칭송했다고 하니(〈삼국유사〉, 경덕왕조) 이 노래는 당대 백성들의 사랑을 받은 히트곡이었던 모양이다. 조사 '에'는 1,200여 년 전이나 지금이나 놀랍고 새롭다.

"서울 밝은 달에 밤드리 노니다가"라고 신라의 풍류남아 처용處容이 노래할 때 이 '에'는 노는 달과 인간을 직접 매개한다. '에'는 달과 인간 사이를 놀이의 신명으로 가득 채워서, 달과 인간은 놀이의 짝이다. 달이 놀이판으로 들어와 달도 놀고 인간도 논다.

"청산에 살어리랏다"라고 고려의 유랑민이 노래했을 때, 이 '에'는 청산과 인간을 서로 사무치게 한다. '청산에'는 '산속' 또는 '산 가까이'처럼 산과 인간의 물리적 근접을 말한다기보다는 외로움, 소외, 억압 같은 세상의 모든 괴로움을 감당하려는 인간의 내면을 토로한다. '에'는 '청산'에 붙어서 청산을 인간의 실존 안으로 밀어 넣는다. '에'에 힘입어 '청산별곡'은 세상 버림의 노래棄世歌를 넘어선다.

"그립고 아쉬움에 가슴 조이던…"이라고 서정주가 노래할 때 이 '에'는 그리움과 아쉬움을 '누님'의 생애 속에 육화시켜서 언어를 삶으로 전환하는 연금술을 수행하면서도 논리적 구조를 구문 안에 돌출시키지 않고 조용하다.

"구름에 달 가듯이 가는 나그네"라고 박목월이 노래할 때 '에'
는 구름과 달을 동시에 가게 한다. 구름이 가고 또 달이 가고 나
그네가 가므로, 이 '에'는 누가 누구를 이끌고 가는지 밀고 가는
지를 구분하지 않고 구름, 달, 나그네를 함께 가게 한다. '에'가
빚어내는 자유의 공간에서 인간과 자연이 함께 흘러간다.

두보杜甫의 시를 언해諺解한 조선 초기 학자들은 조사 '에'가 거
느린 너비를 능숙하게 활용해서 한문의 세계를 한글 구문 안으
로 편안하게 끌어들일 수 있었다.

친한 벗이 한 자 글월도 없으니   親朋無一字

늙어감에 외로운 배만 있구나   老去有孤舟

– 〈두시언해〉 중 '악양루에 올라서'에서

'늙어감에'라고 내가 바꾸어 옮긴 구절의 언해는 '늘거가매'
이다. 앞 소리가 연음되어 조사 '에'는 숨어 있다. 이 시는 전쟁
으로 무너진 산하를 떠도는 유랑자의 슬픔을 노래하고 있다. 늙
은 시인은 하늘과 물이 맞닿은 광활한 호숫가에서 그 시대의 폐
허를 내려다보고 있다.

'늙어감에'의 '에'가 늙음과 배 한 척을 순식간에 이어 놓으면
서 인간의 내면과 외계를 합치시키는데, 이 솜씨에는 꿰맨 자리
가 없다. 조사 '에'가 아니면 이러한 문장을 쓸 수가 없다.

가는 비에 고기 물에 나와 있고   細雨魚兒出

가만히 부는 바람에 제비 비껴 나는구나   微風燕子斜

　　　　　　　　　　　　　– 〈두시언해〉 중 '초당 앞 정자에서'에서

　이 시는 한적한 전원의 봄을 묘사하고 있다. 내가 '비에', '바람에'라고 바꾸어서 옮긴 구절의 언해는 '비옌', 'ㅂㄹ맨'이다. 여기서도 조사 '에'는 앞 소리가 연음되어 숨어 있다.

　'바람이 분다'와 '제비가 난다'는 모두 자동사를 술어로 쓰고 있어서 형용사적 상황을 이루는데, 인과관계가 없는 두 상황을 '에'로 연결함으로써 제비는 바람 부는 공간 속으로 날아간다. 한국어 조사 '에'는 정물화 같은 이 풍경을 살아서 움직이게 한다. 조사 '에'는 두보의 시에는 없는 글자이다. 〈두시언해〉에서 조사의 쓰임새를 모두 드러내 보이는 것은 내가 할 수 있는 일이 아니다.

　한국어 조사 '에'는 문장의 논리적 기둥을 이루면서도 문장 안에 자유의 공간을 유지한다. 한 음절뿐인 그 성음은 낮고 작아서 잘 들리지 않지만, 논리의 경직성을 풀어 주고 글의 세상을 넓혀 준다.

　'소나기에 들이 깨어났다', '바람에 꽃이 진다', '봄볕에 노인의 몸이 마른다'라고 한국어로 쓸 때, '에'는 인과관계를 말하기도 하지만, 논리와 정한을 통합하는 새로운 언어의 세계를 연다. 조사 '에'는 헐겁고 느슨하고 자유로워서, 한국어의 축복이다.

형용사와 부사를 생각함

나는 인쇄된 나의 글을 읽지 않는다. 돌이켜 보면 한 생애가 강물같이 흐름을 이루지 못하고, 파편으로 부스러져 있다. 삶을 구겨 버리는 그 무질서가 아무리 진지하고 순수한 것이었다 하더라도 그것을 표현하려는 과장된 어조와 단정적 서술을, 이제 견디기 어렵다. 책값을 내고 이걸 사서 읽었을 사람들을 생각하면 식은땀이 난다. 이 자학적 수치심은 오래된 고질병인데, 증세는 악화 중이다.

사유의 바탕이 성립되지 않거나 골조가 허술하거나 전개가 무리하거나 애초부터 쓸 필요가 없는 것들을 매문賣文하기도 했지만, 그보다도 형용사나 부사 같은 허접한 것들이 문장 속에 끼어들어서 걸리적거리는 꼴들이 역겹고, 그런 허깨비에 의지해서 몽롱한 것들을 표현하려 했던 나 자신이 남사스럽다. 글쓰는 자가 문장을 놓아먹이면 글이 웃자라서 허해지고 이 틈새로 형용사나 부사가 끼어들어서 그 허당을 차지한다. 써 나갈수록 이 허당은 더욱 헤벌어진다.

동양 고대의 대가들은 문장의 고삐를 힘주어 당기지 않아도 말을 부릴 수 있었는데, 이것은 흉내 낼 수 있는 일이 아니다. 말이 저절로 사람을 따라올 리는 없으므로 그 대가들도 힘들인 흔적을 남기지는 않았지만, 고삐를 바짝 쥐기는 했을 터이다.

쓰이기를 원하는 것들과 남에게 말할 만한 가치가 있다고 생각되는 것들이 속에서 부글거리는 날에는 더욱 문장의 고삐를 단단히 틀어쥐어야 한다. 이런 날에는 형용사와 부사가 끼어들고, 등장인물의 말투가 들뜨고 단정적 종결어미가 글 쓰는 자를 제압하려고 덤벼든다. 글이 잘나가서 원고 매수가 늘어나고 원고료가 많아지는 날이 위험하다. 이런 날 하루의 일을 마치고 공원에 놀러 나가기 전에 글 속에서 뜬 말들을 골라내고 기름기를 걷어 낼 때에는 남이 볼까 무섭다.

요즘에는 이리저리 주무르다가 버리는 말들이 늘어난다. 이런 말들 중에는 거대한 관념도 있고, 큰 것을 도모했다가 헛발질한 문장도 있지만, 형용사나 부사가 가장 많다. 내버린 단어들을 다시 주워서 쓰기도 하고 오래 망설이다가 다시 끼워 넣기도 한다. 이런 파행은 오래된 것이지만 나이 들면서 더 심해진다.

사물이나 현상은 수식어를 필요로 하지 않는다. 그것은 인간의 언어와 사소한 관련도 없다. 겨울은 춥지 않고, 여름은 덥지 않다. 꽃은 아름답지 않고 똥은 더럽지 않다. '추운 겨울'이나 '더운 여름'은 인간의 언어일 뿐이다. 형용사와 부사는 그 단어가 수식하려는 대상을 표현하지 않고, 그 대상을 바라보는 인간의 주관적 정서나 감각과 선입관을 표현한다.

형용사가 문장의 술어가 아니라 수식어로 사용되었을 때 사물과 언어 간의 괴리는 더욱 두드러진다. '오늘은 춥다'라고 말하면 추움은 어느 정도 객관화되지만, '추운 오늘'이라고 말하면 '추움'은 말하는 자의 감각의 세계를 드러낼 뿐이고, '추위'라고 말하면 양쪽을 모두 추상화해서 개념의 세계로 넘어간다.

형용사나 부사는 그 단어의 힘이 미치는 범위가 분명하지 않고 문장의 논리적 기능에 기여하는 바가 없어서 사물이나 사유를 의탁하기에는 허약한 품사라는 의구심을 나는 버리지 못한다. 형용사나 부사를 타박하면서 문장에서 쫓아내는 것은 그 단어를 부리는 솜씨가 모자라서 제자리에 들여앉히지 못하기 때문이다. 내가 그것을 모르지 않지만, 나의 글은 여전히 너무 수다스럽다. 나는 내 선인들의 좋은 글을 보이면서 나의 오류를 증명하려 한다.

이제 눈 내리고

매화 향기 홀로 아득하니

내 여기* 가난한 노래의 씨를 뿌려라

– 이육사, '광야' 중에서

이육사李陸史(1904~1944)는 이 시행에서 '이제', '홀로', '여기'라는 부사 3개를 쓰고 있다. 시행 한 줄에 부사가 하나씩 박혀 있다. 이 부사 3개가 시행에 출렁이는 리듬을 부여해서 흐름을 끌고 나간다. 언어의 흐름과 내면의 흐름이 합쳐져서 이 출렁거림은 강력한 돌파력을 갖는다. 부사 3개가 인간의 존재를 약육강식하는 세계의 비극 앞으로 돌이킬 수 없이 바짝 밀어붙인다. 이 문장은 지금, 여기에 처한 실존의 모습이다.

이 외로움은 고독이라기보다는 단독이다. 이 부사 3개에 힘입어, 시인은 세계의 비극을 능동적으로 받아들여서 아득한 미래를 향해 운명을 전환시키고 시와 자신의 생애를 역사의 전위로 밀어붙인다. 이 부사들은 웅장하고 강력하다. 이것은 혁명가의 부사이다.

아, 이 반가운 것은 무엇인가
이 히스무레하고 부드럽고 수수하고 슴슴한 것은 무엇인가

– 백석, '국수' 중에서

백석白石(1912~1996)의 시에 자주 나오는 '국수'는 냉면이다. 백석은 형용사 4개를 잇대어 가면서 냉면의 모양새와 질감을 표

•　국어사전에 따르면 '여기'는 대명사이지만 이 시에서는 부사적 용법으로 쓰였다.

현하고 있다. 구태여 분류하자면, '슴슴하다'와 '부드럽다'는 말
은 냉면을 먹는 백석 자신의 식감이고 '히수무레'와 '수수하다'
는 말은 냉면 자체의 시각적 느낌이다. '슴슴하다'는 혀의 미각
이고 '부드럽다'는 입안의 촉각이다. '히수무레하다'는 색감이고
'수수하다'는 형태다.

4개의 형용사 안에서 인간(백석)과 사물(국수)은 서로 교차하
면서 합쳐진다. 인간이 사물을 형용하고 사물이 거꾸로 인간을
형용한다. 이렇게 해서 형용사들은 '국수' 안에서 서로 스미고
섞인다. 기능이 강화된 형용사들은 냉면을 먹는 시인의 자아를
산골마을의 공동체적 생활과 집단 정서 속으로 확장시킨다.

이 두 줄의 시행 속에서 백석의 형용사 4개는 '국수'라는 사물
을 꾸미는 수식어라기보다는 4개가 합쳐져서 한 마당의 세상을
이룬다.

졸레졸레 도야지새끼들이 간다
귀밑이 재릿재릿하니 볕이 담복 따사로운 거리다
…
아 모도들 따사로이 가난하니

– 백석, '삼천포' 중에서

대체로 백석의 문장은 서술문으로서의 논리적 구조가 튼튼하

면서도 복층을 이룬 구문 위에 감각적 표현의 세계를 이룬다. 나는 이 논리적 구조와 감각적 세계의 상호보완 관계 속에서 백석의 가장 중요한 대목들이 이루어진다고 생각한다. '아름답다 - 아름답게'처럼 형용사는 부사어로 쉽게 전용할 수도 있지만, 인용한 시행에서 '재릿재릿하니'나 '따사로이'의 쓰임새는 형용사와 부사 양쪽 모두에 걸치면서 표현하려는 대상을 인간의 감각 속으로 끌어들인다.

'귀밑이 재릿재릿하니'는 햇볕을 받는 돼지의 느낌이고, 돼지 귀밑에 내리는 햇볕의 모양새이고, 그것을 들여다보는 인간의 느낌이다. 이렇게 해서 이 시 전체는 산문적 종결 없이, 형용사의 세계로 열려 있다.

자유, 평등, 해탈, 초월 같은 개념어들이 지향하는 궁극의 상태는 형용사적 세계일 것이다. '가난함'을 '빈곤'으로 이해하는 사람은 가난을 모른다. 가난하게 살아가는 사람이 겪는 삶은 빈곤poverty이 아니라 가난함being poor이고 차별받는 사람이 원하는 세상은 평등equality이 아니라 평등함being equal이다. 내가 할 수 있는 말은 아니지만, 해탈한 도인들의 자유는 동사나 명사의 세계가 아니라 중생들은 알 수 없는 어떤 형용사적 세계일 것이다.

옛글에 나오는 동양 고승들의 난해한 돌출 행동은 그가 마침내, 혹은 갑자기 도달한 어떤 형용사적 세계의 비언어적 표현이다. 형용사적인 세계를 서술문의 형태 안에 들여앉히려는 노력은 오래 거듭되는 중생고이다.

삶의 한복판에 있는 자들만이 말을 온전히 부릴 수 있는데, 그 자리에 있는 자는 말을 부릴 일이 없을 터이니 말하기는 어렵다. 본래 그러한 것을 입을 벌려서 '그러하다'고 말할 때 나는 말 앞에서 당혹스럽다. 형용사를 탓할 일이 아니라, 자신의 말이 삶에 닿아 있는지를 돌아보아야 한다. 삶을 향해서, 시대와 사물을 향해서, 멀리 빙빙 돌아가지 말고 바로 달려들자. 이육사, 이용악李庸岳(1914~1971), 백석, 김수영金洙暎(1921~1968) 등을 읽고 나서 이 글을 썼다. 나는 빈곤이 아니라 가난함을 써야 한다. 형용사와 부사를 버리고, 버린 것들을 다시 추려서 거느리고 나는 직진하려 한다.

노래는 산하에 스미는구나

경기도 파주시 탄현면 금산리의 보현산은 임진강 가의 야산이
다. 높이는 144m이다. 골세骨勢가 없는 잔산殘山인데, 비바람에
깎여서 가파르지 않고 걸어서 40분이면 마루에 닿는다.

산은 낮지만 이 마루에 올라서면 무한강산이 펼쳐진다. 북한
쪽에서 흘러오는 임진강이 한강과 만나 서해로 향한다. 서진西進
하는 강은 폭이 넓고 끝이 아득해서, 바라보면 강물은 하늘로
흘러 들어간다. 파주의 넓은 평야와 강 건너 황해남도 쪽 산천
이 잇닿아서 한 시야에 들어온다. 이 산하의 리듬은 중모리로
다가와서 진양조로 물러선다.

지난주에 나는 할 일도 없고 올 사람도 없어서 이 산에 올라
갔다.

인간의 시야로 감당할 수 없는 산천이 펼쳐졌다. 걸리적거리
는 것이 없어서 시선은 강물이 끝나고 들판이 다하는 곳까지 뻗

어 나갔다가 스스로 잦아든다. 무한감에는 비애悲哀가 섞인다. 비논리적인 말이지만, 사실이다.

북쪽 사람들은 다들 어디서 무얼 하는지 망원경으로 한 시간을 살펴도 들판과 도로에 인기척이 없었다. 마을에는 3층 정도의 공동주택 형태의 건물이 보였고, 하모니카 구멍처럼 생긴 단층 연립주택도 보였는데 아이들은 보이지 않았다. 빨래도 장독도 보이지 않았다. 군부대의 시설인 듯한 건물에는 인공기가 걸려 있다. 이 강 건너로는 갈 수 없다.

산에서 내려와 파주 금산리민요보존회에 들렀다. 금산리민요보존회는 보현산 바로 밑 동네에 있다. 추교현 대표가 파주 금산리 민요를 설명해 주었다.

파주 금산리 보현산 밑에서 한강물, 임진강물, 서해의 밀물이 합치는데, 제가끔 수세水勢를 이루는 세 갈래의 물이 부딪쳐 날뛰고 치솟는 것이 아니라, 돌고 스며서 새로운 흐름을 이룬다. 이 마을 사람들은 이 점잖은 물의 품격을 삼도품三道品이라고 부른다. 파주 금산리 민요의 특색은 경기 북부 민요가 임진강 건너 황해도 남부지역 민요의 영향을 받아서 이루어 낸 새로운 리듬과 창법이라고 추 대표는 설명했다. 추 대표는 이 마을에서 수백 년 이상 세거世居해 온 집안의 후손이다.

경기도와 황해도의 농사꾼, 장사꾼, 난봉꾼, 노름꾼, 소리꾼들이 나룻배로 강을 건너다니면서 함께 일하고 장사하고 노래해

온 세월 속에서 금산리의 노래는 자연스럽게 생겨났다. 노래의
바탕은 국토의 인문지리적 환경과 그 위에서 벌어진 생활이다.
추 대표의 설명을 듣고 나니까 금산리의 노래는 보현산 앞에서
합치는 세 갈래 물줄기의 품격을 닮은 것이라는 생각이 들었다.
소리도 산천을 닮는 모양이다. 정치·군사적으로 해결할 수 없
는 일들이 사람들의 노래 속에서 이미 이루어져 있었다.

소를 몰 때 우회전은 '이라', 좌회전은 '어뎌', 후진은 '무러',
정지는 '워', 발 들어라는 '굽어'라고 명령하는데, 금산리 농부들
은 이 소리들도 노래로 부른다.

'헤이리소리'는 금산리 민요 중에서도 경쾌하고 흥겨운 곡조
이다. 이 곡조는 논매는 소리, 회방아 소리, 나무꾼 소리에 쓰인
다.• '헤이리소리'의 노랫말은 이렇게 이어진다.••

헤헤헤 헤허이허어야
헤이리 소리는 농사꾼의 소리라
…
헤헤헤 헤허이허어야
천하지대본은 농사밖에 또 있느냐

• 이소라, 〈파주 민요론〉, 파주시문화원, 1997.
•• 파주위키, '탄현면 금산리 민요'.

노래는 노동에 신명을 불어넣는다. 노래하면서 노동하는 사람들은 노동으로부터 소외당하지 않고 노동 안에 인격을 온존溫存시킬 수가 있었다. 이제 노동은 기계화되었고, 노동과 노래는 분리되었다. 노래는 '보존'의 대상이다. 금산리민요보존회는 분단의 사이를 흐르는 강가 마을에서 섞이고 합쳐지는 삼도품의 노래를 불러서 보존하고 있다. '헤이리소리'가 그 노래이다.

파주 예술마을 헤이리는 금산리 민요 '헤이리소리'를 동네 이름으로 삼았다. 돌아오는 길에 헤이리 예술마을에서 저녁을 먹었다. 멋진 인테리어를 갖춘 카페에서 젊은 연인들이 와인을 마시고 있었다. 저물어서 일산으로 돌아왔다. 거기서 일산은 아주 가까웠다.

난세의 책 읽기

김득신金得臣(1604~1684)은 조선 중기 시인이다. 그는 경상관찰
사를 지낸 벼슬아치의 아들이다. 여러 시인묵객들이 그를 당대
최고의 문장으로 꼽았다. 그는 산문보다는 시에 주력했다. 그는
여러 시인묵객의 풍류행각과 작문을 수집하고 비평을 덧붙여서
〈종남총지終南叢志〉라는 시화집을 남겼다.

〈종남총지〉는 47명의 짧은 시화詩話로 구성되어 있는데, 당대
의 시인들이 문장을 겨루어서 자랑하고 서로 비판하는 이야기들
이다.

차천로車天輅(1556~1615)는 김득신보다 50여 년 앞선 시대의
문신으로 그의 문명은 조선뿐만 아니라 일본과 명나라에까지 떨
쳤다. 그는 서른 살 때(1586년) 관직에 몸담고 있는 신분으로 남
의 과거시험 표문表文을 대신 써 주어서 장원급제시킨 죄가 드러

났다. 그의 죄는 사형에 해당할 만했으나 선조가 그의 재능을 아까워해서 감형했다. 그는 곤장 50대를 맞고 함경도 명천明川으로 유배되었다가 3년 후에 사면 복직되었다.

복직된 후에 차천로는 조선통신사를 따라 일본에 가서 일본에 머무는 동안 4천 수 이상의 시를 지어서 일본인을 놀라게 했다. 그가 명明나라로 보내는 외교문서를 관장하게 되자 그의 필명은 명나라에까지 떨쳤고, 그는 조선에 오는 명나라 사신들과 시문을 주고받으며 교유했다. 차천로는 당대 최고의 문장가로 꼽혔다.

김득신이 지은 시화집 〈종남총지〉에는 차천로의 죽음이 시화로써 기록되어 있다.

허균許筠(1569~1618)은 당대의 억압적 현실에 좌충우돌하면서 이단아의 생애를 살았다. 그는 시대의 질곡과 모순을 깊이 고뇌했고, 가끔씩 퇴폐방탕했고, 벼슬살이와 유배와 투옥을 거듭했다.

김득신의 〈종남총지〉에 쓰인 이야기에 따르면 허균은 차천로의 문장과 명성에 대한 경쟁의식으로 괴로워했던 것으로 보인다.

허균이 중국 북경에 가서 성관星官(별자리를 보고 천문을 관측하는 관리)을 만났더니, "조선 쪽에 해당하는 별 하나가 빛을 잃었으니, 반드시 조선의 큰 문장가 한 사람이 죽을 것이다"라고 말했다. 허균은 이 말을 듣고 자신이 곧 죽을 것이라고 생각했는데, 압록강을 건너와서 차천로가 죽었다는 소식을 듣고 깜짝 놀라 정신이 멍해졌다(악연자실愕然自失).

이것이 김득신이 전하는 이야기이다. 나는 이 이야기에서 사실과 허구를 가려낼 생각은 없다. 나는 다만 글과 관련된 인간의 내면을 생각하고 있다.

김득신이 전하는 이야기를 뜯어서 읽어 보면, 허균은 자기 자신이 조선 최고의 문장가라는 자의식을 지니고 있었고, 성관의 천문해독에 따라 조선 최고의 문장가인 자신이 곧 죽으리라는 운명을 직감하고 있었는데, 차천로가 죽었다는 소문을 듣고 '악연자실'했다는 것이다. 문장에 대한 허균의 자부심과 경쟁의식은 삶과 죽음을 넘나들었던 것으로 후배 문인들의 눈에 비쳤던 모양이다.

압록강을 넘어오자마자 허균은 역모사건에 연루되어 저잣거리에서 능지처참되었으니 북경 성관의 예언은 틀리지 않았고, 그의 죽음으로써 그가 조선 최고의 문장가라는 것이 증명되었다고 말한다면 이것은 성관의 말이 될 것이다. 김득신은 당대 현실의 질곡에 처한 독서가와 문장가의 내면을 들여다보고 있다.

김득신의 시문詩文은 당대에 울려 퍼졌다. 남의 시를 평가하는 그의 감식안은 날카로웠고 언사는 사나웠다. 남의 시에서 글자

한 개가 마음에 들지 않으면 거칠게 찍어 눌렀다. 그는 말을 길게 하지 않았다.

"참으로 더럽고 우스꽝스럽다."

"광대들이 장난조로 떠드는 소리다."

"섬마을에서 부는 피리 소리 같다."

김득신의 문명文名이 우뚝해지자 여러 시인들이 다투어 김득신의 시를 칭찬했다. 김득신은 이 허접한 아첨배들을 신랄한 어조로 경멸했다.

김득신은 조선조에서 책을 가장 많이, 그리고 열심히 읽은 지식인으로 꼽힌다. 여러 선비들이 인정할 뿐 아니라 스스로도 자부하고 있다.

김득신은 〈사기史記〉, 〈한서漢書〉, 〈한유문집韓愈文集〉 같은 책들은 손으로 베껴 써 가면서 만여 번을 읽었고 〈백이전伯夷傳〉은 1억 1만 3천 번을 읽었다. 그는 1억 번을 읽고 나서 서재 이름을 억만재億萬齋라고 지었다.

경술년(1670년)에 팔도에 흉년이 들고 전염병이 돌아서 굶어 죽은 시체가 전국에 깔렸는데, 그해에도 김득신은 오로지 책을 읽었다. 어떤 사람이 김득신에게 물었다.

"금년에 굶어 죽은 사람과 자네가 읽은 책 중에 어느 것이 더 많은가?"

이 물음은 김득신의 독서를 조롱한 것이다.* 자신의 책읽기가 당대의 조롱거리가 되고 있다는 것을 김득신 스스로 밝히고 있다.

김득신의 시대에는 민란, 가뭄, 홍수, 전염병이 전국을 휩쓸었고 개가 사람의 시체 토막을 물고 다녔다. 굶주린 백성들이 고향을 떠나서 유리걸식했고 버려진 아이들이 길에서 울었다. 배고픈 사람들은 작당해서 산속으로 들어가 화적火賊이 되었다. 화적은 배고픈 강도의 무리다.

여든 살 되던 해 김득신은 충청도 괴산에서 책을 읽고 있었는데, 그의 집에 쳐들어온 화적의 칼에 맞아 죽었다.**

하루 종일 책을 읽고 저무는 저녁에 허균, 차천로, 김득신의 독서를 생각하는 일은 슬프다. 독서는 쉽고 세상을 헤쳐 나가기가 더 어렵다고 말할 수는 없다. 세상살이는 어렵고, 책과 세상과의 관계를 세워 나가기는 더욱 어려운데, 책과 세상이 이어지지 않을 때 독서는 괴롭다.

• 　이 대목은 김득신이 펴낸 시화집 〈종남총지〉에서 옮겨 왔다.
　　（홍찬유, 〈역주 시화총림〉 下, 통문관, 1993, 966쪽）

•• 　〈숙종실록〉은 김득신이 젊어서부터 글을 좋아했으나 사람됨이 오활迂闊하여 시대에 쓰인 바 없었다고 기록했다. 김득신은 60대 중반에 장령掌令으로 임명되었으나, 부적절한 인사라고 탄핵받아 해직되었다. 장령은 사헌부에 딸린 정4품직으로, 고위관리의 부정부패를 조사하고 기소하는 중책이다. 김득신이 감당하기 어려운 자리였던 모양이다.

허균은 책 속의 길과 세상의 길을 이으려다가 죽었고, 김득신은 책 속의 길과 세상의 길을 끊어 놓고 죽었고, 차천로는 북경 성관의 '인정'을 받으면서 죽었다.

　세상의 길과 이어지지 않는다면 책 속에 무슨 길이 있겠는가. 나는 김득신의 책과 화적의 밥 사이를 건너가지 못한다. 나는 밤에는 책을 읽지 않는다.

먹기의 괴로움

물가가 날마다 올라서 2024년 봄에는 사과 한 개가 5천 원이 넘었다. 사람들이 사과 한 쪽도 마음대로 못 먹게 되었다고 날마다 아우성이다. 정부는 물가 인상률을 숫자로 발표하고 있지만 이것은 단순한 숫자가 아니라 수많은 사람의 삶을 파괴하는 쓰나미이다. 소비자물가가 1%만 올라도 먹고살기가 힘들어지는데, 한 달에 6~7%씩 매달 오른다면 다리에 힘이 빠져서 주저앉을 지경이다.

코로나19가 부수고 지나간 폐허에서 아직도 많은 사람이 삶의 동력을 회복하지 못하고 있는데, 이미 부서진 삶의 자리를 물가고物價高가 다시 부수고 있다. 국제 원자재 가격 상승, 에너지 가격 상승, 고금리와 고환율, 우크라이나 전쟁으로 인한 곡물 수출 동결 등이 이 물가고의 원인이라고 정부는 설명했다.

정부의 설명을 듣고 보니 이 물가고는 가뭄이나 홍수, 지진 같은 자연현상에 기인한 것이 아니라 세계 경제의 구조와 국제무역의 흐름을 쥐락펴락하는 거대한 세력에 의해 조정되고 통제되는 인위의 산물임을 알겠다.

이제 사람들은 자연을 상대로 직접 수렵채취하거나 자급자족하지 못한다. 사람들은 노동을 임금으로 바꾸어서 시장에서 살아야 하고, 금융자본과 거대기업이 장악한 유통망 속에서 한 명의 무력한 소비자로 살 수밖에 없다. 그래서 물가고는 생로병사의 고통을 모두 압도한다. 물가고는 중생고의 종합판이고 완결판이다.

내가 사는 동네의 마을버스 정류장 앞에는 허름한 식당 몇 개가 코로나19와 물가고의 재난을 견디면서 버티고 있다.

찌개를 파는 식당은 6천 5백 원짜리 제육볶음이 가장 비싼 메뉴이고, 돼지찌개, 꽁치찌개, 참치찌개는 모두 6천 원이다. 라면은 4천 원, 라면에 가래떡을 몇 조각 넣은 떡라면은 4천 5백 원이고, 라면을 넣지 않고 떡만 끓인 떡국은 5천 원인데 여기에 계란한 개를 풀어 넣으면 5천 5백 원이다. 이걸 먹고 나서도 양이 차지 않는 사람은 5백 원짜리 계란프라이 한 개를 더 시켜서 먹는다.

찌개식당 옆에는 중국식당이 있다. 이 식당의 최저가 메뉴는 4천 원짜리 짜장면과 5천 원짜리 짬뽕이다. '짬짜'는 한 접시를 둘로 나누어서 한쪽에는 짬뽕, 한쪽에는 짜장면을 내주는 메뉴이다. 짬뽕을 시키려면 짜장면이 먹고 싶고 짜장면을 시키려면 짬뽕이 먹고 싶은 것은 인지상정이다. 짜장면과 짬뽕 사이에서 마음이 분열되는 사람들은 짬짜를 먹는다. 짬짜는 6천 5백 원이다.

중국식당 옆집은 국수가게다. 물국수는 6천 원이고, 국수에 여러 가지 야채와 양념을 넣은 비빔국수는 7천 원이고, 어묵을 넣은 국수는 7천 5백 원이고 골뱅이를 넣은 국수는 8천 원이다. 재료를 넣는 정도에 따라서 음식 값은 5백 원 단위로 올라간다.

식재료 값이 올라가도 이 식당들은 가격을 올리지 않고 있다. 이 식당에서 밥을 먹는 사람들은 5백 원 차이에 민감하게 반응한다. 이 손님들은 밥값이 5백 원 오르면 5백 원 더 싼 집으로 간다. 식당 주인들은 5백 원을 올리자면 옆 식당의 가격 동향을 살펴야 하니까 서로가 무서워서 좀처럼 값을 올리지 못한다. 식당들은 서로가 서로의 족쇄가 되어 묶여 있다.

가격이 묶여 있는 지난 2년 동안에 음식의 내용은 부실해졌다. 찌개에는 돼지고기, 꽁치, 참치 건더기가 줄어들었고, 짬뽕에는 조개가 줄어들었고, 국수에는 어묵과 골뱅이가 줄어들었다. 계란 값이 계속 올라서, 계란프라이 한 개를 5백 원에 파는 메뉴는 곧 없앨지도 모른다고 식당 주인이 손님에게 말했다.

찌개를 파는 식당은 24시간 영업을 한다. 저녁에는 하루의 노동을 마친 사람들이 이 식당에서 혼밥을 먹는다. 날마다 저녁

7시에서 8시 사이에 같은 자리에 앉아서 혼밥을 먹는 사람도 있다. 50대의 남자인데, 머리카락이 부스스하고, 음식을 삼킬 때 목울대가 흔들린다. 늘 4천 원짜리 소주 한 병을 반주로 마신다. 소주 한 병을 맥주잔에 따라서 두 번에 나눠 마신다. 이렇게 마시는 소주는 자기 자신을 학대하는 느낌 속에 위안이 있다. 이 위안은 헛되지만 그래도 잠시 동안은 사는 것이 덜 힘들다.

새벽에는 야근으로 밤을 새운 사람들과 새벽일을 나가는 사람들이 이 식당에 와서 밥을 먹는다. 새벽 배송을 하는 라이더들은 밥을 먹으면서도 핸드폰을 들여다보며 작업 지시를 받고 있다.

이 식당들의 가격은 생존의 한계선이다. 식당들은 이 가격을 올리지도 내리지도 못한다. 식당 주인들도 음식을 사 먹는 사람들도 더 이상은 한 걸음도 물러설 수 없는 자리에서, 노동을 팔아서 밥을 먹고 밥을 팔아서 밥을 먹는다.

사료 값이 오르면 돼지고기 값이 오르고, 돼지고기 값이 오르면 식당의 찌개백반 값이 오른다. 돼지고기 값이 올랐는데도 찌개백반 값을 올리지 않으려면 찌개 속의 건더기를 줄여야 한다.

밥값을 올리면 손님들은 싼 가게를 찾아가고, 건더기를 줄이면 건더기가 많은 가게로 간다. 5백 원의 여유가 있는 사람은 달걀 라면을 먹고, 5백 원을 아껴야 할 사람은 보통 라면을 먹는다.

물리적 강제력을 쓰지 않아도, 사람들은 스스로 자신의 처지에 맞는 식당과 메뉴를 선택한다. 밥을 먹는 사람이 이처럼 알아서 기는 원리를 어려운 말로는 '시장의 자유'라고 하고, 가격이 시장에 질서를 부여하는 힘을 '보이지 않는 손'이라고도 한다. 이런 얘기들은 경제학원론에 쓰여 있다. '보이지 않는 손'이라는 말은 가격의 기능을 '신의 섭리'쯤으로 모시고 있다. 이 섭리의 작용으로 인간의 욕구는 조화롭게 제자리를 찾아가고 시장은 스스로 만들어 내는 질서와 자유 속에서 전개된다고, '보이지 않는 손'은 말한다.

경제학원론에서는 그렇게 말하고 있지만, 내가 살고 있는 거리에서는 그렇지 않다. 이 거리에서도 '보이지 않는 손'은 작동되고 있지만, 그 작동의 결과는 자유와 조화가 아니고 억압과 구속이다. 이 억압과 구속은 밥을 사 먹는 사람과 밥을 팔아서 밥을 먹는 사람에게 똑같이 적용된다.

명품 핸드백이나 고가 자동차를 사고파는 시장에서 '보이지 않는 손'의 작용은 자유와 조화에 도달할 수 있겠지만, 4천 원이나 5천 원짜리 밥을 먹는 거리에서 '보이지 않는 손'은 '보이지 않는 몽둥이'이거나 '보이지 않는 쇠사슬'이다.

노동으로 먹고사는 그날그날 속에서 5천 원짜리 밥 세 끼와 아이들 먹는 분유와 군것질, 기저귀와 치약을 잘라 버릴 수는 없다. 더 이상의 퇴로가 없는 한계선에서 인간은 이 보이지 않는 몽둥이와 쇠사슬에 굴복하는 수밖에 없다. 자본주의의 시장에서 한 사람의 소비자로 살아가야 하는 인간은 자력으로 쇠사슬을 끊을 수 없고, 시장에서 달아나서는 살 자리가 없다.

이 식당들은 내부가 좁아서 모르는 사람끼리 같은 테이블에 마주 앉아서 혼밥을 먹는다. 밥은 밥을 넘기는 사람들의 영혼과 육신에 깊이 각인된다. 이 식당에서 밥을 먹는 사람들을 들여다보면서 나는 인간은 사슬에 결박된 상태에서도 고귀하다는 것을 스스로 안다. 무엇이 그것을 나에게 가르쳐 주는 것인지는 나도 잘 모르겠는데, 아마도 '먹는다'는 행위의 보편성과 절대성이 그것을 가르쳐 주는 것이 아닌가 싶다. 밥이 아무리 싸고 남루해도 '먹는다'는 행위는 인간에게 경건한 것이라고 이 동네 식당은 가르쳐 주고 있다. 밥은 생로병사의 기본 토대이다.

하늘의 새들을 눈여겨보아라. 그것들은 씨를 뿌리지도 않고 거두지도 않을 뿐만 아니라 곳간에 모아들이지도 않는다. 그러나 하늘의 너희 아버지께서는 그것들을 먹여 주신다. 너희는 그것들보다 더 귀하지 않으냐? … 그리고 너희는 왜 옷 걱정을 하느냐? 들에 핀 나리꽃들이 어떻게 자라는지 지켜보아라. 그것들은 애쓰지도 않고 길쌈도 하지 않는다. … 오늘 서 있다가도 내일이면 아궁이에 던져질 들풀까지 하느님께서 이처럼 입히시거든, 너희야 훨씬 더 잘 입히시지 않겠느냐?

– 〈마태복음〉 6장 26~30절

이 식당 골목에서 예수님의 말씀을 생각하는 일은 슬프다. 예수님의 말씀이 공밥을 먹여 주겠다는 뜻은 아닐 것이다. 하느님이 아담을 낙원에서 쫓아내실 때 "너의 먹을 것은 밭의 채소인즉, 네가 땀을 흘려야 먹을 수 있고, 필경은 흙으로 돌아가리라"라고 말씀하셨다. 공밥은 없다는 뜻이다. 〈마태복음〉에서 예수님은 인간의 고귀함과 밥의 경건함을 말씀하신 것이리라. 이 골목식당 가격표 안에서도 인간의 영성은 살아 있다. 영성은 밥 속에도 있다.

• 　이 글 속의 음식 가격은 2022년 6월 중순의 값이다.

혼밥, 혼술

한국에는 어느 동네를 가든지 '먹자골목'이 있다. '먹자골목'은
식당가 밀집구역이다. 골목 입구에 '먹자골목'이라는 간판을 붙
여 놓고 있으므로, 이 이름은 공식 행정용어의 지위를 누리고 있
다. '먹자골목'은 배고픈 사람의 허기와 게걸든 사람의 식탐이
느껴져서 '식당거리'보다 생기 있는 말이다.

내가 사는 동네의 변두리 뒷골목에도 9천 원 이하의 음식을
파는 '먹자골목'이 있다. 이 골목에는 지린내와 비린내가 토착화
되어 있다. 지린내는 밤마다 술 취한 사내들이 내지른 오줌 냄새
이고 비린내는 식당들이 내버린 생선 쓰레기가 썩는 냄새다. 이
냄새들은 오랫동안 골목에 스미고 찌들어서 새것의 이물감이 순
화되어 있다. 먹자골목 초입에 막 들어섰을 때는 이 냄새가 역겹
지만, 한 5분 지나면 친숙해진다.

이 골목 식당들 중에서 내가 가끔 가는 가게는 '고향'이다. '고

향'에서는 메뉴 10여 가지를 벽에 써 붙여 놓았는데, 이 메뉴 10여 가지를 통괄하는 제목은 '대중식사'다. '대중식사'라는 큰 글씨 제목 아래 된장찌개 계통에는 냉이된장찌개, 버섯된장찌개, 우렁된장찌개가 있고 김치찌개 계통에는 스팸김치찌개, 두부김치찌개, 꽁치김치찌개가 있고, 생선조림 계통에는 고등어조림, 갈치조림, 조기조림, 도루묵조림이 있고, 라면 계통에는 달걀라면, 떡라면, 어묵라면이 있다.

찌개와 조림 계통에는 공깃밥 한 그릇이 딸려 나오고, 라면에 공깃밥을 먹으려면 2천 원을 더 내야 한다. 밥 계통에는 콩나물국밥, 선지국밥, 시래기국밥, 비빔밥, 곤드레밥, 볶음밥이 있는데, 볶음밥 안에서도 들어가는 재료에 따라 여러 가지 메뉴가 있다. 이 모든 메뉴들을 통칭해서 '대중식사'라고 하는데, 값은 모두 9천 원 이하이다. 냉장고에 들어 있는 소주와 막걸리는 손님이 직접 꺼내서 먹는다.

'고향'은 24시간 영업한다. 일을 마치고 돌아가는 사람들과 일을 하러 나가는 사람들이 아침과 저녁에 '고향'에서 대중식사를 먹는다. '고향'에는 혼밥을 먹는 사람들이 많다. 혼밥 먹는 자리는 벽면을 따라 놓인 좁고 긴 식탁이다. 홀 가운데에 4인용 식탁도 몇 개 있지만, 혼밥 먹는 사람은 혼밥 먹는 사람과 합석하기는 꺼려서 혼밥 먹는 사람은 혼밥 먹는 자리로 간다. 혼밥 먹는 사람들은 벽 앞에 일렬로 길게 앉아서 벽을 쳐다보며 먹는다.

식탁 폭이 좁아서 숟가락을 입에 넣으려고 고개를 숙일 때 머리가 벽에 닿을 듯하다. 여러 명이 길게 모여 앉아서 각자 혼밥을 먹는다.

혼밥을 먹는 사내들은 혼술을 마신다. 혼밥에 혼술을 마시는 사내들은 거무튀튀하고 우중충하다. 하루의 노동을 마친 저녁에 '고향'에서 혼술을 마시는 사내들의 술맛을 나는 안다.

소주는 면도날처럼 목구멍을 찌르며 넘어가고, 몸속의 오지에까지 비애의 고압전류가 흐른다. 그 사내들의 창자에 스미는 김치찌개 국물과 돼지고기 한 점의 맛을 나는 안다. 그 국물 한 모금의 얼큰함과 고기 한 점의 육기가 창자에 스며서 비애의 모서리를 순화시켜 준다. 살아간다는 사업의 무망無望과 회한 속에서도 그 맛은 비애를 삭히고, 삶의 불씨를 잿더미 속에 잠재워서 보존한다. '고향'에서 혼밥을 먹을 때 나는 여러 혼밥꾼들과 길게 앉아서 나의 혼밥을 먹지만, 나의 혼술 맛으로 다른 사내들의 혼술 맛을 헤아려 알 수 있고, 여러 혼술들이 이 술맛의 고압전류로 이어져 있음을 안다.

대중식사를 먹는 '고향'의 저녁은 목가적이지는 못하지만 경건하다. 19세기의 프랑스 화가 밀레는 경건한 농부들과 목가적인 농촌 풍경('이삭줍기', '만종' 등)을 즐겨 그렸다고 하는데, 그가 '고향'의 혼밥과 혼술을 그렸다면 어땠을지 보고 싶다. 남루와 울분 속의 경건을 그려야 하므로 '고향'을 그리기는 '이삭줍기'를 그리기보다 어려울 것 같다.

　내 소년시절(1960년대)에는 허름한 식당에 '대중식사'라고 써
붙인 간판을 흔히 볼 수 있었다. 대중목욕탕, 대중문학, 대중가
요라는 말도 널리 쓰였는데, 지금은 국민, 시민, 인민, 민중처럼
위엄 있는 말에 밀려서 사라졌고, 사람을 화물만도 못하게 취급
하는 버스나 지하철에는 '대중교통'이라는 말이 남아 있다.

　50여 년 만에 동네 먹자골목 식당에서 '대중식사'라는 네 글
자와 그 아래 쓰인 차림표의 음식 이름들을 보았을 때 나는 눈
이 번쩍 뜨이게 반가웠다. 글을 쓰는 사람들이 사람 사는 일을
정면으로 들이받지 못하고 옆으로 피해서 모호하게 얼버무릴
때 '삶'이라는 편리한 단어를 끌어와 쓰는 꼴을 흔히 보게 되는
데, '고향' 식당의 '대중식사' 네 글자는 비켜갈 수 없는 삶의 현
실을 내 눈앞으로 밀어붙였다. 노동시간과 임금이 싸우는 아귀
다툼 속에서, 날 저물면 허기지는 자연현상 속에서, '대중'이라
는 두 글자는 역동적으로 살아 있었다. '대중'과 '식사'가 합쳐
지면서 혼밥의 사적 경계는 뭉개지고, 혼밥 먹는 식탁은 광장으
로 넓어진다.

　'대중식사'의 '대중'은 대중가요, 대중문화, 대중목욕탕, 대중
교통의 '대중'보다 더 깊은 울림을 갖는다. 밥을 먹는 행위가 그
밖의 온갖 인간 잡사보다도 더 근원적이고 보편적이기 때문이

다. 나는 '대중식사' 이 네 글자를 귀하게 여긴다. 많은 식당이 이 네 글자를 간판에 썼으면 좋겠다.

'금수저', '흙수저'는 '대중식사'와 근원 정서의 토대를 공유하고 있지만, 풍자와 저항의 힘에서는 '대중식사'를 넘어선다. 금과 흙은 사회경제적 특권의 서열이고, 밥은 아무도 피해 갈 수 없는 인류 공통의 운명이다. 금, 흙이라는 질료의 명칭이 '수저'와 결합해서 빚어지는 이 신조어는 불평등이 양극화되고 특권이 세습되는 신분사회에서 노동을 팔아서 밥을 벌고, 수저질을 해서 밥을 먹어야 하는 사람들의 절망과 울분을 풍자적 체념으로 표출하고 있다. 이 체념 섞인 울분의 신조어는 '수저'라는 공동의 운명을 금과 흙에 모두 배치함으로써 단어 그 자체로 독립된 비극을 이룬다.

금수저, 흙수저는 각 계급의 사회경제적 지위나 행동양식을 설명할 수 있을 만큼 과학적으로 정돈된 개념은 아니지만, 인간의 삶의 현실을 통과해 나온 단어다. 난해한 현실을 꿰뚫어 보고 해석하는 통찰력과 거기에 언어를 부여할 수 있는 인간의 능력에서 금수저, 흙수저 같은 단어들이 태어난다. 이 단어는 조어造語이지만, 꿰맨 자리가 없어서 자연발생한 단어들처럼 보인다.

좋은 말들은 늘 가까이 있다. '고향' 식당에서 혼밥을 먹으면서 가까운 말들을 끌어와 써야겠다고 생각했다. 내 옆자리의 사내도 혼밥에 혼술을 먹고 있었다. '고향'의 혼밥은 혼밥 먹는 사람들의 더불어밥이다.

주먹도끼

지금보다 좀 더 젊었을 때 나는 연장을 쥐고 몸을 부려서 일하기를 좋아했다. 나는 동네 신축공사장에서 자투리 목재를 주워 와서 화분이나 상자를 만들었고, 앞산에서 주워 온 나무토막을 엮어서 텃밭에 울타리를 쳤고, 삽으로 땅을 파서 모종을 심었다.

몸과 마음이 언어 속으로 실종되어서 내가 나를 찾으러 나서야 할 지경이 되면 나는 마당에 나가 톱질, 망치질, 삽질을 해서 위기를 모면했다.

못을 박을 때는 나무의 형편을 미리 헤아려야 한다. 나무의 두께와 결을 살펴서 나무가 못을 받아들일 수 있을지 판단해야 하고 거기에 맞는 못을 골라야 한다. 못을 받아내지 못하면 나무는 갈라진다. 망치로 못대가리를 때릴 때는 힘의 방향을 수직으로 겨누어야 한다. 힘의 각도가 기울면 못이 휘어진다. 망치를 쥔 팔의 힘으로 나무의 속살을 느끼고 있어야 한다.

혀가 빠지게 일했던 세월도

돌이켜보면 헛되어 보이는데,

헛세월을 걸이면서 허송세월한 때

내 몸과 마음은 빛과 별으로 가득 찬다.

나는 허송세월로 바쁘다.

−김훈 산문 〈허송세월〉

나남
nanam

톱으로 나무를 자를 때는 동작을 깔짝거리지 말고 톱날의 전체를 사용해서 천천히 밀고 당겨야 한다. 밀 때보다 당길 때 더 힘을 주어야 일이 수월해진다. 톱질을 할 때는 천천히 하면 빨리 끝난다.

삽으로 땅을 팔 때는 등날을 밟아서 깊이 박아야 한다. 삽질을 할 때는 팔다리뿐 아니라 전신의 힘이 일에 참여한다. 흙을 멀리 던질 때는 허리를 돌려야 쉽다. 근력이 아니라 리듬의 힘으로 일을 하는데, 일이 리듬 위에 올라타면 일은 부드러워지고 덜 피곤해서 오래 할 수 있다.

사실 나의 일은 노동이라기보다는 놀이에 가깝다. 내가 그것을 모르지 않지만, 노동을 놀이로 바꾸려는 못 이룰 소망을 버리지 못하는 것은 나의 오래된 악덕이다. 일은 조금만 하고 일에 대해서 말로 설명하려 드는 것도 나의 악덕이다. 그러하되 톱질, 망치질, 삽질의 요령과 흙과 나무의 질감에 대한 이해는 내가 책을 읽고 나서 하는 말이 아니라 내 몸이 사물과 부딪쳐서 각인된 사물의 실상이다. 빈약하지만 나는 이것을 자랑으로 여긴다.

연장을 써서 일할 때 흙과 나무와 돌은 나의 몸에 저항하고 나의 몸이 그 저항을 받아들이면서 다시 거기에 저항하는데, 저항과 수용이 연결되면서 나의 몸은 외계와 사귄다. 나의 몸은 외계로부터 소외되지 않고, 집 떠났던 마음이 제집을 찾아서 몸속으로 들어와 자리 잡는다.

연장은 내 몸과 사물 사이에서 저항을 매개하고 소통시킨다. 축구공은 공을 뺏고 뺏기는 선수들의 몸을 연결하면서 몸과 몸 사이에서 중립을 지킨다. 이 중립은 순결하고 엄격하다. 축구공이 중립을 잃으면 축구라는 놀이는 성립되지 않는다. 구球가 이 중립을 완성한다. 정육면체나 원뿔로는 축구를 할 수 없고 배구, 농구, 야구도 할 수 없다.

연장은 나와 사물 사이를 매개하지만 인간의 편이다. 연장은 인간의 소망을 몸의 힘으로 바꾸어 사물을 변화시키는 도구다. 연장의 구조와 쓰임새는 인간의 몸에서 출발해서 사물 쪽으로 건너간다.

외계를 바꾸려는 소망의 간절함은 날刀로 집중되어 사물에 박힌다. 날은 사물에 닿고 자루는 사람의 몸에 닿고 힘은 작업의 핵심부에 집중된다. '몸 – 자루 – 날 – 사물'의 방향으로 작동되는 힘과 그 역방향으로 소급하는 저항을 연장이 매개함으로써 이 세상은 조금씩 모습을 바꾸어 가면서 인간의 마음속에 자리 잡고 인간이 관리할 수 있는 영역으로 편입된다.

고고학자 손보기孫寶基(1922~2010) 교수는 1964년부터 1992년까지 충남 공주시 금강 상류의 석장리 선사유적지를 발굴해서 한반도 구석기 문화의 진면목을 밝혔다(손보기, 〈석장리 유적과 한국의 구석기 문화〉, 학연문화사, 2009). 손 교수는 돌연장石器이 분화되고 여러 갈래로 전개되는 과정을 물증으로 보여 주었다. 이 돌연장과 더불어 언어는 번창했을 터이나 지금 돌연장에는 언어의 흔적이 남아 있지 않다. 인간은 수백만 년 동안 주먹도끼를 쥐고 많은 말과 이야기를 하면서 살아왔다. 돌도끼 속에서 이야기는 들끓지만 들리지는 않는다.

여러 민속박물관에 전시되어 있는 농기구, 건축 장인들의 연장, 어로 작업의 연장들은 모두 구석기 돌연장의 계통을 크게 벗어나지 않는다. 같은 계통 안에서 분화되고 기능화되고 세련되었다. 몸과 사물의 관계를 세분하고 정립하는 것이 이 연장들의 진화 원리다. 지금, 연장들은 대부분 삶의 현장에서 밀려나 민속박물관에서 보존 처리되고 있다.

나는 이 번쩍거리는 정보통신 시대의 낙오자다. 나는 어지러워서 그 대열에 끼지 못하고, 나의 낙오를 받아들일 수밖에 없다. 나는 단지 숫자를 몇 개 누르면 나의 동의 없이도 언제나 나를 호출하는 신호를 보낼 수 있는 이동통신수단을 혐오한다. 나는 이 벨소리에서 폭력을 느낀다.

이제 사람들은 정보의 힘에 이끌려서 살아간다. 이 정보는 선대로부터 전수된 것이 아니고 생활 속에서 체득한 것이 아니고 원리로부터 유추한 것이 아니다. 이 정보는 외부에서 가공되고 주입된 것이다. 헤아릴 수 없이 많은 정보가 헤아릴 수 없이 넓은 공간을 날아다니면서 소문과 소비와 이윤을 일으킨다. 정보의 비산飛散 거리는 무한하고, 이 무한공간 속에서 정보는 날마다 생겨나고 부딪치고 죽는다.

삶은 전환이 아니라 단절의 방식으로 변한다. 연장이 다시 문명의 핵심부로 돌아올 수 없다는 것은 분명하지만, 인간이 연장의 원리로부터 벗어날 수 없다는 것도 분명하다.

연장의 추억은 인간의 손가락 마디에, 팔다리와 허리에 각인되어 있고, 인간의 몸 전체는 연장의 기능으로 작동되고 있다. 연장을 쥔 인간은 이 세계 안에서 몸의 구체성을 실현하고 제 몸의 사실성을 확보한다.

사람은 손과 팔을 내밀어 사랑을 한다. 사랑에는 몸과 말이 모두 필요하다. 이것은 해 본 사람은 다 안다.

나는 요즘에는 연장을 사용하는 일은 하지 못하고 연장에 기름만 치고 있다.

박물관의 똥바가지

국립민속박물관 파주가 지난 2021년 7월 23일 문을 열었다. 파주는 내가 사는 일산에서 가까우니, 나는 잘한 것도 없이 복을 받은 셈이다.

이 박물관의 특징은 개방형 수장고와 민속아카이브다. 개방형 수장고는 지금까지 박물관의 연구자들만 드나들던 수장고의 깊은 곳까지 일반 관람객들에게 보여 준다. 헤아릴 수 없이 많은 민속유물들이 용도별, 재질별로 분류되어서 유리장 속에 들어 있다. 관람객들은 수장고 안을 엘리베이터로 오르내리면서 구경하는데, 꼼꼼히 들여다보자면 몇 년이 걸릴지 알 수 없고, 우선은 그 규모의 크기와 내용의 가득 참에 놀란다.

민속아카이브는 국립민속박물관이 발간한 2천여 권의 도서와 사진, 영상자료를 갖추어 놓았다. 이 도서와 자료들은 민간에서 상업적으로 제작하기는 어려운 것들인데, 이 자료실도 개방형이다. 이 방에는 삶을 구성하는 생로병사, 희로애락, 관혼상제의 질감과 외형이 자료로 정리되어 있다. 인간의 생명이 생활을 겪어 내면서 빚어지는 주름살과 시간에 버무려지면서 드리워지는 그림자들은 논리적이거나 이념적일 수가 없고, 미학적 질서를 정교하게 갖출 수가 없다. 인간과 생활의 직접적이고 육체적인 관계 속에서 빚어지는 이 질감과 형체들은 우아하거나 희소하지 않다.

일반 문화재들 중에는 국보로 지정된 유물이 333점인데, 민속문화재 중 국보와 보물은 합쳐서 10여 점뿐이다. "보물에 해당하는 문화재 중 인류 문화의 관점에서 볼 때 그 가치가 크고 유례가 드문 것"을 '국보'로 지정한다고 법에 규정되어 있다. 민속문화재는 "가치가 크거나 유례가 드문 것"이 아니고 흔하고 가깝고 일상적이다.

문화재의 등급을 정할 때 오래된 물건은 상위를 차지하기에 유리하지만 연륜이 절대적 기준은 아니다. 민속문화재에는 오래된 것이 드물다. 민속박물관에서는 2002년 한일 월드컵 때 쓰던 응원물품도 민속문화재로 모셔 놓고 있다. 국보는 박물관으로 가지만, '생활'은 박물관으로 가지 않는다. '생활'은 국보에 미달하면서 국보를 넘어서고, 국보로 지정되기를 소망하지 않는다.

이 짧은 글은 국립민속박물관 파주에 다녀온 한 관람객의 소감이다.

이 박물관에는 볼 수 있는 유물이 너무나 많아서, 한 바퀴 대충 돌고 나면 무엇을 보았는지 정리가 되지 않는다. 우선 한 번 돌아보고 나서, 욕심을 내지 말고 계통을 세워 조금씩 꼼꼼히 보아야 겨우 보인다. 이 유물들은 본래 박물관에 있던 물건이 아니고 생활의 구체적 현장에서 날마다 사람과 함께 지내던 물건들인데, 이 유물들이 본래 처해 있던 제자리의 풍경까지 상상하면서 들여다보면 마음은 이리저리 바쁘게 움직인다.

나는 밥을 중요하게 여기는 사람이므로 우선 밥을 먹는 일에 관련된 유물들을 들여다보았는데, 너무 많아서 다 볼 수는 없었다. 절구, 맷돌, 항아리, 젓독, 김장독, 장독, 술독, 밥그릇, 국그릇, 주전자, 접시, 쟁반, 냄비, 뚝배기, 보시기, 탕깨(탕기)들이 끝이 없었다. 한없는 물건들은 제가끔의 표정을 지니고 있었는데, 이 표정들의 일관된 질감은 사람의 일상 속에서 필수불가결한 것들이 지니는 단순성과 현실성이었다.

이 물건들은 문화적 가치의 위계를 다투지 않고 스스로 낮은 자리에 처하면서 삶의 내용을 실물의 직접성으로 가득 채운다. 이 물건들이 입을 벌려서 말을 한다면 순하고 과장 없는 형용사와 부사, 주어와 동사로 구성되는 단순한 구문, 경험을 통과해 나오면서 모서리가 깎이고 단단해진 단어들, 들뜨거나 웃자라지 않아서 알곡이 많이 달린 생각들을 말하게 될 것이다. 그리고 산전수전을 겪은 노인이 삶의 내용과 질감을 모두 쏟아내는 장강대하長江大河

의 이야기가 리듬에 실려서 출렁거리며 쏟아져 나올 것이다.

오래된 다듬잇돌은 반들반들 닳아서 기름기가 흐른다. 이 기름기는 힘겨운 삶에 바치는 여인들의 지극한 정성이다. 삶의 하중이 무거워도 거기에 눌려서 납작해지지 않고, 일상을 긍정하는 열정으로 삶의 무게를 짊어지는 생활인의 신명을 민속유물들은 보여 준다.

신명이 뻗치는 물건 중의 으뜸은 돛단배가 그려진 독이다. 독의 크기로 봐서 술독이나 물독, 간장독, 동치밋독이지 싶다. 어른 키만 한 독의 표면에 돛단배가 그려져 있다. 배는 돛폭에 바람을 가득 품고, 물결 높은 바다를 향해 나아가고 있다. 뱃전에 물보라가 날리고, 돛대가 휘어지고, 뱃머리가 들린 걸로 봐서 지금 이 배의 속도는 매우 빠르다. 이 독은 흙에 결박되는 옹기의 운명을 박차고 원양遠洋으로 나아가고, 이 독이 놓여 있던 장독대에서 삶은 발랄하고 신난다.

중간 정도 크기의 독에 잠자리가 그려져 있다. 이 잠자리는 나뭇가지에 앉아 있는 정물이 아니고, 들판 위를 날고 있다. 날개 무늬에 햇빛이 스며 있다. 전통사회에서 장독대는 여성들의 공간이었는데, 이 잠자리의 가벼움은 생활의 수고로움을 싣고 날아오른다.

항아리에 그려진 까치는 사람의 마을 쪽을 바라보고 있다. 5세기 고구려의 무덤 속 벽화에서도 까치는 사람의 집 처마 끝에 앉아 있다. 까치는 사람의 마을에서 산다. 고구려의 까치가 조선의 옹기에 그려져 있고 내 집 마당의 소나무에 와서 짖는다. 까치는 새와 더불어 살아가는 한국인의 일상이다.

고구려 옛 무덤 속의 벽화에는 까치뿐 아니라 씨름, 춤, 음악회, 사냥, 야유회, 나들이, 아궁이, 부엌, 안방, 거실, 마차… 같은 민속자료들이 그려져 있다.

거칠게 말해서, 고구려 무덤 속 벽화는 시대가 올라갈수록 사실적이고 내려올수록 관념적이다. 고구려가 만주를 장악하고 백제의 북쪽을 압박하던 4세기 무렵의 고구려 무덤 속은 죽은 자가 살았을 때 누리던 생활의 활기로 왁자지껄하다. 고구려 사람들은 생시의 일상을 저승에까지 가서 누리는 것을 내세의 지복至福으로 여겼다. 고구려 무덤 속에서 사내들은 말달리면서 사냥하고 여자들은 모여서 춤추고, 부엌에는 고기가 통째로 걸려있고 주차장에는 바퀴가 커다란 마차가 세워져 있다. 고구려의 옛 무덤 속에는 민속박물관이 차려져 있는 셈인데, 이 박물관은 파주 민속박물관과 이어져 있다.

고구려 무덤 속의 밤하늘에서 견우牽牛와 직녀織女는 은하수에서 헤어지고 있다(덕흥리 고분 앞방 남벽). 애인을 보내는 직녀는 은하수의 가장자리까지 따라왔는데, 이 강물을 넘어가지는 못한다. 견우는 이미 소를 끌고 강물을 건너갔다. 개가 직녀를 따라왔다.

덕흥리 고분의 앞방 남쪽 천장에 그려진 '견우직녀도'를 본뜬 모사도이다.
ⓒ 동북아역사재단

그림 속의 소는 한국 농촌에서 일하는 일상 속의 소이고, 개는 마을에서 돌아다니는 평범한 개이다. 이 개는 주인님의 사랑과 이별에 대해서 아무런 물정도 모르고 따라왔다. 애인이 시야에서 사라지면 은하수를 넘지 못하는 직녀는 마을로 돌아가야 하고, 개가 뒤를 따라갈 것이다. 소 모는 남자(견우)와 베 짜는 여자(직녀)는 농경사회의 노동자들이다.

고구려의 무덤 속에서 노동과 사랑과 이별은 생활 속으로 수렴되고 있다. 소는 견우를 따라가서 은하수 너머의 밭을 갈고, 개는 직녀를 따라서 마을로 돌아간다. 이 개는 마을에서 사는 개다. 평양성이 불타고 안시성, 국내성이 풀밭이 되고 여러 왕조들이 차례로 무너져도 생활은 영원하다. 이 한없는 생활의 증거들이 국립민속박물관 파주에 모여 있다.

생산노동(농업, 어업, 축산, 건축, 수렵, 양봉, 양잠 등)에 관련된 유물들은 파주 박물관이 아니라 서울에 있는 국립민속박물관에 대부분 보관되어 있다. 파주 박물관 자료실(아카이브)에 비치된 도록 〈생업-한민족역사문화도감〉(국립민속박물관, 2008)은 생업 관련 유품들 중에서 중요한 것들을 소개하고 있다. 이 유품들은 대부분이 연장이거나 운반도구, 보관용구, 기계적 장치들이다. 이 연장과 용구들에는 손잡이나 자루가 붙어 있다. 손잡이는 연장과 인간의 몸이 만나는 접점이고, 연장을 사용하는 모든 노동은 손잡이가 매개하고 있다. 손잡이가 없으면 연장이 아니다. 손잡이가 있어야 인간은 세상을 다룰 수가 있다.

나는 밥뿐 아니라 똥도 꼴똘히 들여다본다(〈연필로 쓰기〉 중에서, '밥과 똥' 참조). 우선 똥을 중심으로 도록 〈생업〉을 살폈다. 똥을 거름으로 해서 농사짓는 사람들은 똥을 일상적으로 다루면서도 똥을 몸에 묻히지 않는다. 똥장군은 액체 상태의 똥물을 운반하는 도구인데, 주둥이가 작아서 지게로 나를 때 쏟아지지 않는다. 새갓통은 똥물을 담아서 작물에 뿌리는 주전자인데, 한 포기마다 정확히 똥물을 줄 수 있게 되어 있다. 도록에 소개된 똥바가지의 원통에는 'FACE PIECE SIZE M'이라는 영문이 새겨져 있다. 이 영문이 무슨 뜻인지 알 수 없으나, 'SIZE M'이라는 단어로 봐서 물건을 담는 용기였던 것 같다.

아마도 이 똥바가지는 미군이 남한에 들어온 1945년 이후에 제작된 것이지 싶다. 이 똥바가지는 연륜이 오래지도 않고 아름다운 물건도 아니지만, 생활 속에서 굴러다니던 쓰레기를 이용해서 필수적 생업 연장을 만들었다는 점에서 박물관에서 높은 대접을 받고 있다. 똥을 푸는 행위는 집 안에서 똥을 제거해서 위생 문제를 해결하고, 작물에 거름을 주어 생산량을 증대시키는 이중의 의미를 갖는다. 이것은 중대한 사업이다. 나는 이 똥바가지를 귀하게 여긴다. 이 똥바가지는 유물이 아니라 생활 속에서 펄펄 살아 있던 활물活物이다.

똥바가지. 인분을 퍼내는 도구다.
ⓒ 국립민속박물관

새갓통.
밭에 거름 줄 때 분뇨를 담아 뿌리는 주전자다.
ⓒ 국립민속박물관

생산과 취사에 관련된 연장들은 그 연장을 사용하는 인간의 동작을 표현하는 동사를 거느리고 있다. 언어는 행위에 바탕하고, 연장이 언어와 동작을 연결시킨다.

이 동사들은 '빨다, 찧다, 파다, 뚫다, 훑다, 썰다, 다지다, 갈다, 짜다, 헐다, 조이다, 고르다, 까불리다, 들이다, 감다, 말다…' 들인데, 연장과 더불어 살아 있는 언어다. 민속박물관은 활물로 가득 차 있다.

구 멍

가야토기의 구멍 안쪽은 어둡고 서늘하다. 박물관에 갈 때마다 나는 그 구멍 안을 들여다보지만, 아무것도 보이지 않는다. 그 구멍 안에는 언어의 그물에 걸릴 만큼 개념화된 것이 없다.

    가야토기의 구멍들은 모두 그릇의 아래쪽, 굽다리에 뚫려 있는데, 이 빈 것이 그 위에 얹히는 실물을 받치고 있다. 가야토기의 질감은 평화롭고 곡면은 유연하다. 이 평화는 바라보아도 알 수 있고 만져 보아도 느낄 수 있다. 가야의 가마에서 불은 재료의 형태를 고정시키지만 재료를 근본적으로 바꾸지는 않는다. 가야토기는 흙의 표정으로 세상에 태어나는데, 이 표정은 흙의 원시성을 유지하면서 흙의 거칢이 정돈되어 있다. 가야의 옹기장이는 흙과 물과 불을 주물러서 세상의 물성을 변화시킨다. 흙과 불 사이에 물이 있다. 옹기장이는 서로 스미기 어려운 이 세 가지 조건을 스미게 한다. 가마는 공업화된 자궁이다.

가야의 옹기장이들은 기어코 깔끔한 예술작품을 만들어 내야 한다는 자의식에 결박되어 있지 않다. 토기의 자연스러움과 유연함이 그런 짐작을 가능하게 한다. 가야의 옹기장이들은 기하학적인 대칭이나 비례를 엄격히 적용하기보다는 살아 있는 몸의 리듬을 따라가면서 그릇을 빚어낸다. 가야토기에서는 살아 있는 인간의 근육과 호흡의 작용이 느껴진다.

굽다리에 구멍을 뚫는 칼질을 할 때도 가야의 옹기장이들은 초조하게 긴장되어 있지 않고 작업의 자연스러움을 따라간다. 가야의 구멍들은 기하학적인 삼각형이나 사각형이나 원형이 아니다. 구멍들은 저절로 뚫린 것처럼 헐거워 보인다. 구멍을 뚫을 때 가야의 옹기장이들은 설계도를 미리 그려 놓지 않고, 빠르고 가볍게, 쓱쓱 칼질을 했던 것 같다. 칼이 스치고 지나간 자취가 그릇에 남아 있어서 지금 막 만들어 낸 물건처럼 느껴진다. 이 그릇들은 엉성해 보이는 허술함 속에서 자유를 누린다.

가야토기는 권력자들의 무덤에서도 나오고 백성들이 살던 살림터에서도 나온다. 권력자들의 토기 구멍은 비대칭의 중층구조를 이루며 엄중한 위세威勢를 표현했고 백성들의 토기 구멍은 단순하고 경쾌하다. '빔空'이 표현해 내는 범위는 내세와 현세, 죽음과 삶을 두루 아우른다. 이 구멍은 수백 년의 시간과 한반도 동남쪽의 넓은 지역에서 한 시대와 문화의 양식으로 자리 잡았다.

나는 이 어두운 구멍을 들여다볼 때마다 인간의 생로병사와

마산 현동, 함안 도항리, 창원 도계동에서 출토된 가야의 굽다리 접시.
높이 약 16cm의 낮은 접시들이다.
ⓒ 국립김해박물관

밥벌이하고 싸우고 사랑하고 미워하고 지지고 볶는 일상 속에
자리 잡은 영성靈性을 느낀다. 이 영성은 신비주의나 종교적이라
기보다는 생활정서에 가깝다.

가야토기는 신분에 관계없이 두루 쓰였다. 내부가 여러 칸으
로 나뉜 접시도 있다. 여러 가지 음식을 한 접시에 차려 놓고 먹을
때 쓰는 그릇이지 싶다. (지금 일산의 먹자골목에서 파는 '짬짜'라는
음식은 짬뽕 반, 짜장면 반을 주는데, '짬짜'를 담는 그릇도 짬뽕 칸, 짜
장면 칸, 단무지 칸이 하나의 그릇에 나뉘어 있다.)

사람의 먹이는 모두 자연에서 나오기 때문에 그 기본 재료는
시간이 지나도 크게 달라질 수 없고 가야 사람들이 먹었던 나물,
물고기, 곡식, 야채를 지금 여기의 사람들도 먹고 있을 테지만,

부산 복천동에서 출토된 원통모양
그릇받침. 높이는 54cm이다.
ⓒ 국립김해박물관

토기는 닦기가 어렵고 깨지기가 쉬워서 설거지하는 가야 여성들
이 수고가 많았을 것이다. 이런 칸막이 반찬그릇의 굽다리에도
구멍이 뚫려 있다. 가야 여염집 부엌의 접시 구멍을 들여다볼 때
나는 밥벌이와 생로병사의 하중에 찌들지 않은 생활의 청량감을
느낀다.

　가야토기는 4세기 이후에 대량으로 제작되고 사용되었다. 지
금 서양의 유명 박물관에 전시되어 있는 그리스 항아리들은 가
야토기보다 800~900년 앞서서 제작되었다.

　그리스 항아리들의 자태와 거기에 그려진 그림들은 선발先發
문명의 눈부신 기술과 표현력을 보여 준다. 이 항아리들은 그 토털디자인에서부터 세부 표현에 이르기까지 엄정한 기획에 따른 장인정신의 산물이다. 그리스 항아리들은 그리스 사람들의 전쟁과 신화, 사랑과 욕망의 서사구조를 그 표면에 그려 놓았다. 그 항아리들의 표면은 그림으로 표현된 이야기로 가득 차 있다. 이 항아리들이 신화나 내세를 이야기할 때도 이야기의 얼개와 표현 방식은 세속적이다. 그리스 항아리의 이야기는 세속의 정념으로 가득 차서 빈 자리가 없다. 그리스의 옹기장이들은 여백의 허전함을 견디지 못했던 것 같다. 빈 자리는 여백으로서의 존재 이유를 인정받지 못했고, 그 위에 무언가를 그리고 새기고 세워야 하는 공백으로서만 의미를 지닐 수 있었다.

4세기부터 6세기에 이르는 동안 한반도 남쪽에서 전쟁과 살육은 일상화되어 있었다. 가야는 약소국으로서 그 세월에 순응했고 저항했고 멸망했다. 옹기를 구워 내던 가마 옆 동네에서 가야는 수준 높은 철제 무기를 만들어서 싸움터에 나섰다. 무기를 만드는 대장간과 옹기 가마들이 들어선 마을에서 가야의 악사 우륵은 가야금의 음악을 완성했다. 생활과 전쟁과 음악이 동시에 전개되면서 가야는 멸망했다. 멸망이라기보다는 옹기와 무기와 악기가 역사 속으로 통합되었다. 가야는 문자로 된 역사를 기록하지 않았다. 승자의 역사 속에서 가야의 멸망은 장식적인 파편으로 남아 있다.

대가야의 왕조는 신라 진흥왕 때 신라군의 공격을 받고 끝났다(서기 562년). 신라 장군 이사부異斯夫가 이 전쟁의 총사령관이 었고 열다섯 살의 소년 화랑 사다함斯多含이 전투현장의 선봉장 이었다. 신라 진흥왕의 치세는 날마다 피에 젖었는데, 대가야 정 벌은 그 유혈의 절정이었다. 김부식金富軾은 〈삼국사기〉에서 신 라가 가야를 부순 명분을 '가야가 반叛했기 때문'이라고 썼는데, '반'의 내용이 무엇인지는 밝히지 않았다.

김부식은 명분이 모호한 이 전쟁의 참상을 쓰지 않았고, 신라 의 소년 화랑 사다함의 빛나는 승리와 이 어린 영웅의 탈속적脫俗的 매력을 소상히 썼다. 사다함은 〈금강경〉에 나오는 '각자覺者'의 등 급인데, 욕계欲界의 유혹을 끊은 성자라는 뜻이다. 화랑 사다함은 이 거룩한 이름으로 전쟁에 앞장섰고 이겨서 큰 상을 받았다. 화 랑 사다함은 불교적 깨달음에 대한 동경이 있었던 모양인데, 그 의 이름은 성과 속 사이의 모순에 갇혀 있다. 화랑 사다함은 용모 가 수려하고 뜻이 고결해서 많은 낭도郞徒들의 추앙을 받았으며, 진흥왕이 상으로 내린 가야 포로 300명을 모두 풀어 주었고 왕이 주는 땅도 사양했다고 〈삼국사기〉에 적혀 있다. 사다함은 피에 젖 은 채 성불했던 모양이다.

사다함의 미덕을 예찬함으로써 살육의 피를 희석시키고 전쟁 을 낭만적 영웅서사시로 마감하자는 것이 김부식의 의도였다고 말한다면 너무 거친 말이 되겠지만, 나는 〈삼국사기〉의 이 대목 을 읽을 때마다 그런 의심이 든다. 철제 무기들이 부딪치는 살육의 마을에서 우륵은 가야금의 음악을 완성했고 가야의 옹기장이들은 신라군의 공세가 임박했을 때도 토기에 구멍을 뚫고 있었을 터인데, 김부식은 그 구멍을 들여다보지 않았다.

가야토기에는 그리스 항아리의 서사구조가 없고 그림이 없다. 그 자리에는 구멍이 뚫려 있다. 구멍 안쪽은 멀어 보인다. 거기는 대낮도 아니고 밤중도 아닌 어스름이다. 그 시간의 질감은 초저녁이나 새벽과 같아서 밀도가 낮고 헐겁다.

이 구멍으로 무엇을 말하려 했는지를 가야의 옹기장이들은 말하지 않고 쓰지도 않고 죽었지만, 나는 이 구멍의 안쪽에서 새로운 시간의 싹들이 발아돼 있음을 느낀다.

지금 박물관 전시실에서 가야의 철제 무기들은 녹슬어서 삭아 있다. 이 부스러진 무기들이 그 고난에 찬 역사를 말해 주고 있는데, 가야토기의 구멍과 우륵의 가야금이 무기가 지배할 수 없는 또 다른 세상을 보여 주고 있다.

가야토기의 명품들은 국립김해박물관이나 경북 고령의 대가야박물관에서 볼 수 있는데, 나는 고령의 대가야박물관에 더 자주 갔었다. 대가야박물관에는 가야토기와 우륵의 가야금이 함께 있고, 지산동 주산 기슭에 들어선 고대국가의 무덤들과 가야 멸망의 비극이 있다. 박물관 뒷산의 능선은 고대의 표정으로 현대 도시를 내려다보고 있다.

문화재 중에서 옛 토기는 흔한 물건이고 관람객들에게도 별

인기가 없다. 사람들은 늘 금관이나 이름 높은 산수화 앞에 몰려 있다.

  가야토기의 구멍을 들여다보면서 유습濺習된 악업과 이념의 짧은 목줄에 묶여서 헐떡이는 이 철벽같은 현실에 구멍을 뚫을 일을 생각하면 마음의 구멍이 막힌다.

  가야의 옹기장이처럼 무심한 듯 가벼운 손놀림으로 현실의 철벽에 구멍을 뚫을 수는 없을 터이다. 그러하되 구멍 안쪽의 어슴푸레한 것들, 손에 잡히지 않는 것들과 빈 것들이 사람의 역사 속에서 끝내 무력하지는 않다고 가야의 구멍들은 말하고 있다.

수제비와 비빔밥

먹을 것이 모자라서 어렵던 시절에 내 가난한 어머니는 가끔씩 밀가루로 수제비를 만들어서 식구들을 먹였다. 어머니는 반죽 덩이를 도마 위에 올려놓고 두 손으로 주물렀다. 반죽이 찰지게 엉겼다 싶어도 어머니는 계속해서 주물렀다. 나는 빨리 먹고 싶어서 그만 주무르고 끓이라고 졸랐다. 어머니는 "반죽을 오래 치대야 수제비가 찰지고 국물이 맑다. 기다려라"라고 말하고, 구슬땀을 흘리며 반죽을 이리저리 뒤집어 가며 주물렀다. 어머니는 왼손바닥에 반죽을 올려놓고 오른손바닥으로 밀어서 먹기 좋은 만큼씩 떼어 내 끓는 물 속에 넣었다. 수제비에는 어머니의 손바닥 굴곡이 남아 있었다.

어머니는 애호박을 가늘게 채 쳐서 수제비에 넣고 소금으로 간을 했다. 차지게 반죽된 수제비의 식감은 쫀득쫀득했고 오래 끓여도 풀어지지 않아서 국물이 걸쭉하지 않았다. 국물에는 애호박의 향기가 배어 있었다. 식구들이 둘러앉아 뜨거운 수제비를 먹을 때 내 가난한 유년은 아늑했다.

비가 오거나 춥고 바람 부는 날에 어머니는 늘 수제비를 만들었다. 음산한 날씨는 가난을 더욱 발가벗기는 것이어서, 어머니는 그 쓸쓸한 기운으로부터 식구들을 보호하려고 수제비를 만들었던 모양이다. 어머니는 밀가루 반죽으로 수제비뿐 아니라 칼국수나 빵도 만들었다. 빵에는 버터나 설탕, 달걀은 넣지 못하고 대신 밀가루 반죽에 막걸리 지게미를 넣고 하룻밤을 재운 후에 시루에 쪘다. 시루에서 빵이 익어 갈 때 집 안에 평화의 냄새가 가득했고 추위와 결핍은 견딜 만했다. 돌아가신 어머니를 생각하면 늘 밀가루 반죽을 만들던 모습이 떠오른다.

지난 2022년 11월에 국립부여박물관에서 백제의 장인들이 흙을 반죽해 여러 가지 생활용구와 조형물을 제작하던 기술을 보여 주는 전시회가 열렸다. 이 전시회의 제목은 〈백제기술, 흙에 담다〉였다. 흙으로 만든 토기, 기와, 벽돌, 항아리, 굴뚝, 벽화 조각, 인물상 등 수백 점을 볼 수 있었다. 흙을 반죽하고 구워서 만든 옛 물건들을 들여다보다가 그 질감과 표정에서 돌아가신 어머니의 밀가루 반죽이 생각났다. 어머니의 추억이 떠올라서 나는 백제의 옛 물건에 깊이 공감할 수 있었다. 그 공감은 사람의 마음과 물질 사이의 장벽이 허물어져서 서로 건너가고 건너오는 행복한 경험이었다.

　백제의 장인들이 흙으로 만든 인물상의 표정은 따뜻하고 부드럽고, 때로는 익살스러웠다. 자의식에 도취해 있거나 스스로 권력을 의식하거나, 복종을 강요하는 표정은 없었다. 흙이라는 재료는 권력적 표상을 만들어 내기에는 질감이 합당하지 않았고, 재료 자체의 표현력이 모자랐을 것이다. 백제의 장인들은 흙과 물성物性의 한계 안에 머물면서 흙의 평화와 깊이를 조형물의 질감과 표정으로 완성해 냈다. 그릇의 표면이 거칠어지면 물로 손질을 해서 매끄럽게 만들어 놓았지만 흙의 자유와 너그러움은 여전히 그릇에서 숨 쉬고 있다.

　예나 지금이나 옹기장이들은 반죽을 만드는 일을 전체 공정의 기본으로 삼는다. 흙덩이를 잘게 부수어 가루를 만들고 물을 부어서 가라앉히고, 가라앉은 흙을 체로 쳐서 불순물을 골라낸 뒤, 흙을 밟아서 이기고 손으로 주물러서 반죽을 만든다. 이때 점질粘質의 흙에 사질砂質의 흙을 섞으면 흙의 끈끈한 성질이 완화되어서 그릇은 수더분한 질감을 갖게 되고 숨을 쉴 수 있게 된다. 반죽은 이질적인 흙을 섞고 치대서 융합을 이룬다. 반죽은 무정형의 덩어리에 불과하지만 모든 형상과 용도로 빚어질 가능성을 예비하고 있다. 흙을 반죽할 때, 옹기장이들은 새롭게 태어나는 흙의 숨결을 손바닥으로 느낀다. 옹기장이의 마음은 손바닥을 통해서 물질 속으로 건너간다. 인간의 몸과 마음과 물질이 구획을 허물고 소통한다. 이 행복은 사물을 주무르는 생산자의 기쁨이다. 물질의 형질을 바꾸어서 세계를 개조할 수 있다는 옹기장이의 꿈은 신석기 이후로 지금까지 작동하고 있다. 반죽은 가마의 불 속에서 변환을 이루는데, 옹기장이는 이 요변窯變의 모든 비밀을 경험할 수 있지만 설명할 수는 없다.

옛 장인들은 대부분 그 생산품에 이름을 남기지 않았다. 옛 옹기장이, 대장장이, 석공, 공예가, 목수, 조각가, 설계자들의 이름은 전해지지 않는다. 문필가나 화가의 이름은 그들의 작품에 붙어서 수백 년을 전해 오는데, 아마도 이들이 권력의 근거리에 얼씬거렸기 때문일 것이다.

옛 장인들은 전문가 아무개라는 이름이 아니라 '쟁이'라는 집단적 익명성의 틀 안에서 일했다. 그들의 기술은 개인의 미의식을 표현하기보다는 그가 속한 공동체와 시대의 꿈을 표현했고, 인간의 개별성보다는 인간의 근원을 드러내 보였다.

백제 장인들의 흙 물건을 들여다보면서 나는 그들의 손이 수제비 반죽을 만들던 내 어머니의 손과 같다고 생각했다. 어머니의 반죽에는 어머니의 이름이 붙어 있지 않고, 어머니라는 생명이 반죽되어 있다. 토기는 무겁고 깨지기 쉽고 값이 싸서 원거리 교역품이 될 수 없다. 인간집단이 고립되어 있던 선사시대부터 서로 멀리 떨어진 지역에서 제가끔 토기를 구워 냈으므로, 반죽을 만들고 구워서 물질의 형질을 바꾸는 기술은 인류의 보편적 기본심성이다. 내 어머니의 수제비 반죽은 이 보편성을 이어받았다. 백제의 옛 토기를 볼 때 내 마음속에서 어머니의 수제비가 떠오른 것도 이 보편적 심성에 연결되어 있기 때문이다.

비빔밥을 만들 때, 어머니는 흰 쌀밥에 여러 가지 나물들과 고추장, 들기름을 넣고 비볐다. 비빌 때, 어머니는 숟가락을 쓰지 않고 젓가락을 써서 가볍게 비볐다. 제삿날이나 명절날처럼 많은 양을 비빌 때는 주걱을 썼는데, 청동주걱이 아니라 나무주걱을 썼다. 나무주걱은 청동주걱보다 재료에 가해지는 힘이 약하다. 내가 어머니를 도와서 주걱을 들고 비비면 어머니는 "살살 비벼라. 으깨지 말고 치대지 마라. 반죽을 만드는 게 아니다"라고 말했다.

부여박물관을 나올 때, 나는 돌아가신 어머니의 말을 비로소 알아들을 수 있었다. 비빔밥에는 흰 밥알의 존재가 한 개씩 살아 있어야 하고, 여러 가지 나물들의 개별성이 뒤범벅이 되면서 파괴되어서는 안 된다는 것이 어머니의 원칙이었다. 들기름은 여러 가지 재료들의 개별성을 훼손하지 않은 상태에서 조화를 이루게 한다. 비빔밥에 들어가는 나물은 계절에 따라서 바뀌는데, 모두가 자연이 인간에게 베푸는 맛의 정수이다. 이 맛은 저절로 된 것들의 맛이다. 들기름은 그 이름도 농경사회답지만 맛은 그야말로 '들'의 맛이다.

물이 반죽 속에서 수행하는 작용과 들기름이 비빔밥 속에서 수행하는 작용은 크게 다르다. 물은 재료의 입자들을 엉기게 하지만, 들기름은 재료와 재료 사이의 거리를 존중하고 그 사이를 연결함으로써 모든 살아 있는 개별성의 조화로운 종합으로서 새로운 맛의 장르를 이룬다. 이것은 한바탕의 완연한 세계를 갖는 맛이다. 그러므로 밀가루 반죽을 주무르는 손길과 비빔밥을 비비는 손길은 그 힘과 질감과 작동방식이 같을 수가 없다.

　옛 옹기장이의 손길과 돌아가신 내 어머니의 손길이 이러할진대, 이 세상의 모든 갈등과 다툼과 불화와 적대관계를 버무려서 서로 의지하는 세상을 만들어 내야 하는 사람의 손길과 마음은 어떠해야 하는가를 생각하면서 서울로 돌아왔다. 귀로에 차가 많이 막혔고, 도로는 답답했다. 차 때문에 차가 가지 못했다. 앞차 때문에 내 차가 가지 못했고 내 차 때문에 뒤차가 가지 못했다. 다들 오도 가도 못했다.

몸들의 평등

종합병원 심장내과에 갔더니 젊은 의사가 움직이는 심장의 동영상을 모니터로 들여다보고 있었다. 의사는 긴장하고 있었다. 나는 의사의 어깨너머로 누구의 것인지 모르는 그 심장을 한동안 들여다보았다.

심장의 색깔은 붉지도 푸르지도 않고 희끄무레했는데 무어라고 규정할 수 없는 색깔이었고, 스펙트럼으로 분화되기 이전의 색의 질료처럼 보였다. 심장은 몸 밖으로 나와서 세상에 모습을 드러낼 일이 없고, 광명한 세상의 햇빛을 받지 않으므로 색을 가져야 할 이유는 없을 터이다.

심장은 쉴 새 없이 벌컥거렸다. 심장은 인간의 몸에 속하지 않는 독자적인 생명체처럼 보였다. 심장은 이 펌프 작용으로 피를 몸의 먼 구석까지 내보내고 거두어들이고, 지친 피에 힘을 넣어서 다시 내보낸다고 중학교 과학시간에 다들 배웠다.

심장은 무슨 에너지로 저렇게 쉴 새 없이 벌컥거리는가를 의사에게 물었더니, 그는 심장이 그 자체에서 생산하는 전기신호를 규칙적으로 발산함으로써 장기 전체를 지속적이고 반복적으로 작동시킨다고 설명했다. 의사는 '스스로의 리듬'이라는 용어를 사용해서 설명했는데, 듣기에 놀라운 말이었다.

전기를 생산하려면 수력이건 화력이건 풍력이건 태양광이건 무슨 에너지원이 있어야 할 것인데, 심장은 무슨 에너지로 전기를 생산하고, 생산된 전기를 스스로의 리듬에 맞게 재편성하는가를 물어보려다가, 바쁜 의사를 성가시게 해서는 안 될 것 같아서 그만두었다.

집에 돌아와서 중학생들이 읽는 과학책을 보았더니, 심장은 피를 몸속의 먼 오지奧地로 보내고, 허파는 지쳐서 돌아오는 피를 싱싱한 피로 바꾸어서 심장을 회복시킨다고 쓰여 있었다. 심장은 자발적 리듬의 힘으로 피를 내보내고, 다시 돌아와 싱싱해진 피의 힘으로 그 자신이 새로워진다는 것이었다.

지나간 피와 다가오는 피가 흐름으로 이어지면서 이 모든 쇄신과 소생의 과정은 스스로의 리듬에 맞추어서 지속적으로 전개된다. 피는 단절되지 않고서 국면을 전환한다. 몸의 먼 변방 오지에까지 나가서 다른 많은 피로들을 씻어 준 피는 지친 몸을 이끌고 심장으로 돌아와서 새로워진다.

이러한 순환과 신생의 리듬이 어떻게 가능한가를 묻는 질문은 진지한 외양을 하고 있으나, 헛된 질문이다. 이런 질문은 아무것도 묻고 있지 않다. 본래 스스로 그러한 것에는 의문을 제기할 수 없고 대답할 수 없다. 의문문을 만들기는 쉽지 않다. '왜?'를 앞세운다고 해서 질문이 성립되지는 않는다.

동영상 속에서 심장은 위쪽이 수축하면 아래쪽이 팽창했고, 아래쪽이 수축하면 위쪽이 팽창했다. 심장은 수축과 팽창의 구분 없이 벌컥거렸다. 심장은 쉴 새 없이 어디론지 가고 있었지만, 어디로 가는 것인지는 알 수 없었다. 심장은 목적지가 없고, 이유가 없어 보였다. 심장은 언어나 논리가 세계를 규정하지 않는 곳을 향해서, 엔진을 벌컥거리며 가고 있었다.

모니터 속의 심장은 내 몸속에 들어 있는 심장은 아니었지만, 남의 심장이라고 할 수도 없었다. 심장은 개인의 것이면서 누구나의 것이었다. 심장은 절대적 개별성과 보편성을 동시에 작동시키고 있었다.

'인간의 몸은 평등하다'고 심장은 말하고 있었다. '인간은 평등하다'는 말은 너무 커서 멀게 느껴지지만, 인간의 '몸'은 평등하다는 말은 의심할 수 없이 자명해서 증명이 필요 없다. 벌컥대는 심장의 자생적 리듬은 몸들의 평등에 대한 증거다.

병원에 갔다가, 활동하는 심장을 보면서 유한한 생명의 소중함에 대해 생각했다. 심장을 보면서, 모든 몸들의 평등을 알게 되었다.

온 세상에서 심장들은 뛰고 있다. 각자 뛰면서 다들 뛴다.

어제(2020년 1월 20일) 서울과 평택에서 노동자 두 명이 고층건물 공사장에서 떨어져 죽고 깔려 죽었다. 오늘(2020년 1월 21일)은 인천에서 노동자 한 명이 고층 공사장에서 떨어져 죽었다. TV 화면에서 이런 뉴스는 영상으로는 안 나오고 자막으로 한 번 흘러가면 그만이다. 심장은 깨졌다. 일용직의 심장이고 하청업체 직원의 심장이다. 심장들이 날마다 떨어지고 날마다 깨진다. 죽는 사람 살리는 전문가 이국종 국군대전병원장은 '한번 간 사람은 데려올 수가 없다'고 말했다.

키스를 논함

2023년 봄에 나는 서울 시내에서 젊은이들을 상대로 강연한 적이 있었다. 질문은 강연 주제와 관련 없이 자유롭게 하기로 미리 정해져 있었다. 나의 말이 끝나고 대화의 시간에 젊은 여성이 손을 들고 질문했다.

"선생님의 첫 키스는 언제이고 마지막 키스는 언제입니까! 그 느낌은 어땠습니까!"

청중은 웃었고, 나는 당황했다. 질문한 여성도 웃고 있었다. 웃는 얼굴이 맑아서 악의는 없어 보였다.

나는 질문한 여성에게 되물었다.

"키스의 시점을 묻는 것입니까?"

"네. 시점과 느낌의 차이요."

청중이 또 웃었다.

이날 나는 거듭되는 산업재해의 비극과 그 약육강식의 구조에 대하여 강연했는데, 인간 생명의 절박한 표현인 '키스'를 이해하는 일도 그에 못지않게 엄중한 주제라고 생각했지만, 너무나 창졸(倉卒)간에 기습당한 꼴이 되어서 답변할 수가 없었다.

"너무 오래되어서 기억나지 않습니다. 그러나 키스에서 시점은 중요하지 않고, 느낌은 비교될 수가 없는 것이라고 생각합니다. 자세히 설명 드리지 못해서 죄송합니다"라고 나는 답변을 얼버무렸다. 이처럼 중요하고 본질적인 문제에 대해서 정돈된 견해를 말할 수가 없었기 때문에 나는 오래 산 사람으로서 그 질문을 제기한 젊은 여성과 젊은 청중에게 진심으로 죄송했다. 그 강연회로부터 시간이 꽤 흘렀으므로, 그동안 이 문제에 대해 내가 생각한 바를 뒤늦게라도 말해서 그날의 죄송함을 용서받으려 한다.

키스에서 과거, 현재, 미래라는 시점의 구분은 무의미하다. 키스뿐 아니라 인간의 생애와 세계의 역사 속에서도 그러하다. 키스에서는 이 같은 시점 구분의 무의미함이 더욱 선명하게 드러나는데, 그것은 키스가 강렬하게 집중된 생의 체험이고 생명의 분출이기 때문이다. 또 여러 키스의 느낌을 비교해서 설명한다는 것은 가능하지도 않고 필요하지도 않다.

현재의 시간 위에서 키스를 수행하면서, 이 키스는 지난주의 키스보다 맛이 덜하구나, 라고 생각할 수는 없을 것이다. 만일 그런 생각이 들었다면 그것은 지난번의 키스가 잘되었기 때문이 아니라 지금의 키스에 진정성이 모자라기 때문이다. 이렇게 해서는 키스가 성립되지 않는다. 이것은 키스에 미달하는 단순 접촉이며, 키스가 아니다. 이런 사람들은 키스할 자격이 없다. 마찬가지로 지금 키스를 수행하면서, 다음번에 하게 될 키스가 지금의 키스보다 느낌이 더 좋을지 어떨지를 생각하는 사람도 키스를 하지 말았으면 좋겠다. 키스를 키스답게 할 줄 아는 사람은 지나간 키스의 맛을 회상할 수 없고, 미래의 키스의 질감을 예상할 수 없고, 앞날에 또 다른 키스를 하게 될는지조차도 알 수 없다. 키스는 현재의 폭발이고, 함몰이고, 신생新生이기 때문에 과거와 미래에 속박되지 않는다. 이것이 키스의 본질이다.

키스에는 과거, 현재, 미래의 시점 구획을 적용할 수 없다. 키스는 과거와 미래를 모두 녹여서 새롭게 빚어내는 영원한 현재의 시간이다. 이 현재는 먼 과거를 이끌고 먼 미래에 뻗어 있다. 키스는 인간의 생명이 매 순간마다 새롭게 맞닥뜨리며 살아야 할 시간 속에서 이루어지고, 그 시간의 꽃으로 피어난다. 키스뿐 아니라, 생명이 시간 속으로 전개되는 모든 모습이 그러하다.

"당신의 첫 키스는 언제이고 마지막 키스는 언제입니까?"라는 질문의 답변을 궁리하다가 나는 '첫'과 '마지막'이 서로 마주보는 거울과 같다고 생각했다. 이런 허상의 시간에서 진정한 키스는 이루어지지 않는다. 키스를 접촉만으로 체험한 사람들은 이 깊이를 알지 못한다. 키스는 천지창조 하는 날 새벽의 시간처럼 언제나 새로운 출발이고, 종착이며 완성이다. 출발과 종착이 한 플랫폼에서 이루어진다.

한용운韓龍雲(1879~1944)의 시집 〈님의 침묵〉(1926)은 서시序詩에 해당하는 시 '님의 침묵'이 맨 앞에 실려 있고 결어에 해당하는 시 '사랑의 끝판'이 맨 뒤에 실려 있다. 이 두 편의 시는 시집의 앞과 뒤에서 짝을 이루며 서로 손짓해 부르고 있다.

한용운은 '님의 침묵'에서 노래했다.

날카로운 첫 키스의 추억은 나의, 운명運命의 지침指針을 돌려놓고, 뒷걸음쳐서 사라졌습니다.

이 '날카로운 첫 키스'는 사라져 버린 과거의 키스가 아니다. 이 키스는 '운명의 지침'을 돌려놓을 만한 위력을 갖는 혁명의 키스이며, 과거와 미래를 아우르는 현재의 키스이다. 그래서 시인은 이렇게 쓸 수 있게 된다.

아아 님은 갔지마는 나는 님을 보내지 아니하였습니다.

키스의 힘은 이별과 재회, 상실과 회복, 고통과 기쁨을 통합해서 새로운 시간과 삶의 국면을 연다. 첫 키스는 날카롭고 강력하다. 이 키스는 현재의 키스이며 미래의 키스이다.

이 시집 맨 뒤에 실린 '사랑의 끝판'은 이 키스의 힘이 완성되는 모습을 보여 준다. '사랑의 끝판'의 첫 줄은 "네 네 가요, 지금 곧 가요"로 시작되고, 마지막 문장은 "네 네 가요, 이제 곧 가요"로 끝난다.

나는 이 짧은 문장을 지극히 사랑한다. 이 아홉 개의 글자 안에서 한국어는 보석처럼 빛난다. 이 여인•의 어조는 간절하고 단순함으로써 힘차다. 이 여인은 '지금 곧' 오겠다는 것이다.

이 여인은 무엇을 하러 오겠다는 것인가. 맨 앞에 실린 시 '님의 침묵'과 짝을 지어 이 한 줄을 읽으면서 나는 키스를 하러 오겠다는 이 여인의 마음을 짐작했다. 운명의 지침을 바꾸는 혁명의 키스, 천지창조 같은 현재의 키스를 하러, 지금 곧 오겠다는 것이다. 키스에서나 삶에서나 '지금 곧'이 중요하다.

금년 봄부터 전국의 거리에 여러 정당들의 정치구호를 적은 현수막이 가득 내걸렸다. 법이 바뀌어서 마음대로 걸 수 있게 되었다고 한다. 현수막의 내용은 논리나 비유나 문맥이 성립되지 않는 욕지거리, 악다구니, 상소리, 저주, 증오, 과장, 거짓말, 가짜뉴스들이었다.

• 이 시의 화자가 여성이라는 근거는 없지만, 시의 어조가 여성성을 느끼게 한다.

그것은 치매의 깃발처럼 대도시의 중심부에서 봄바람에 펄럭이고 있다. 그 현수막을 들여다보고 있으면 이 나라가 돌이킬 수 없이 쓰레기통 속으로 빠져들고 있다는 느낌이 든다.

그 현수막 아래서 젊은이들이 키스를 했다. 젊은이들은 건널목에서 키스하고, 신호가 바뀌자 길을 건너갔다. 이 썩어빠진 현수막 아래서 키스하는 젊은이들을 보면서 나는 이 나라에 희망이 있다는 것을 알았다.•

젊은이들이 저렇게 살아서 서로 끌어안고 키스하고 있으니 무언가 새로운 것들이 이루어질 것이었다. 그 키스는 미세먼지 자욱한 세종로 네거리의 키스였고 치매 증세로 펄럭이는 현수막 아래서의 키스였지만, 새롭게 살아 나가야 할 날들의 키스였고 한용운의 시에 나오는 '이제'와 '지금'의 키스였다. 마주 선 두 개의 거울로는 아무것도 볼 수 없고 보이지 않는다. 삶의 쇄신은 '이제'와 '지금'의 바탕에서만 가능하다. 키스는 관능이고 혁명이다.

주말에는 키스 구경하러 현수막 나붙은 세종로에 가려 한다.

• 　정치 현수막 아래서 키스하는 젊은이들을 바라보는 기쁨에 대해서 나는 2023년 4월 19일 유튜브를 통해 공개된 '세바시(세상을 바꾸는 시간, 15분)' 강연에서 이미 말했다.

새 날개 치는 소리를 들으며

지난봄에 어치가 내 집 마당 모과나무에 둥지를 틀고 알을 낳았
다. 어치는 부화에 실패해서 둥지를 버리고 떠났다. 나는 버려진
알을 오랫동안 들여다보았다. 멀리서 다가오던 발생 단계의 생
명이 알껍데기에 비쳤다(이 이야기는 '새 1'과 '새 2'에 썼다). 하늘
을 나는 모든 새는 그 어미가 체온으로 품어서 태어나는 생명이
라는 것을 나는 그때 알았다.

10월 중순께 일산 호수공원에 겨울철새가 왔다. 새들은 지난
해보다 열흘쯤 일찍 왔다. 시베리아에서 날아오는 청둥오리의
무리다.

투명한 가을날 저녁에 새들의 비행편대는 파주 쪽 하늘에 나
타나서 일산으로 날아왔다. 새들의 가슴에 저녁노을이 비쳤다.
새들이 나타날 때, 하늘은 문득 무의미한 물리적 허공이 아니라
인간이 해독할 수 있는 친밀한 공간으로 바뀌었다.

새들의 생명은 파충류의 생명과 섞여 있다. 뱀이 진화해서 새가 되었다고 생물학 책에 나와 있다. 어떤 새의 종아리에는 지금도 비늘이 남아 있어서, 그 증거가 되고 있다. 얼마나 큰 소망과 그리움이 뱀을 날게 하는 것이며 새들을 대륙 간 비행으로 몰아내는 것인가를 나는 생물학 책을 읽으면서 생각했다. 생물학 책에는 '그리움'은 없고 '적응'만 나와 있다. 두 단어는 같은 뜻이 아닐까.

대륙을 건너다니는 새들은 모두 그 고단한 종족의 후예들이다. 난생卵生하는 것들은 인륜이 없고, 대륙 간을 날아서 다니지만 짐 보따리가 없다. 새들의 운명은 유전자에 깊이 각인되어 있다. 새들은 2억 년 전 쥐라기 시조새 화석에서 날아오른다. 새들은 진화의 수억만 년 시간과 공간을 건너와서 한강 하구에 내려앉는다. 한강 하구에서 새들은 뱀의 추억을 토해 내며 끼룩끼룩 운다.

새들은 어디서 죽는가. 나는 해마다 한강 하구 일대를 자전거로 다니면서 모래톱에 앉은 새들을 망원경으로 관찰했다. 나는 새의 주검을 찾지 못했다. 새들은 한강 하구에서 죽지 않는다. 새들은 시베리아로 돌아가서 죽는가. 한강 하구에서 죽지 않는 새들이 기어코 시베리아로 돌아가서 죽을 까닭도 없어 보였다. 죽을 자리를 애써서 고르지 않는 듯싶다. 떠나온 자리와 떠나갈 자리가 같다. 여기는 새들의 고향이 아니고 거기도 새들의 고향이 아니다.

아마도 새들은 대륙을 오고 가는 비행 중에 바람 속에서 죽고, 가루가 되어서 종족의 운명 속으로 산화하는 것이리라. 새들은 이승의 땅에 육신의 흔적을 남기지 않는가 보다. 그래서 머물지 않고 옮겨 사는 저들의 가혹한 운명은 가벼워 보인다.

나는 요즘엔 철새의 주검 찾기를 단념했다.

한강 하구 모래톱에는 철새들이 새카맣게 내려앉아서 겨울을 난다. 밀물 때 모래톱이 잠기면 새들은 강 언저리의 갈대숲으로 옮겨 앉는다. 새들은 강물을 거슬러서 장항 습지, 여의도 밤섬, 한강대교까지 날아가고, 어떤 것들은 성형외과가 모여 있는 강남까지 간다. 그중의 몇 마리는 자유로를 건너서 내가 사는 마을의 호수공원에까지 온다.

이 마을에 오는 새들이 작년이나 재작년에 왔던 새들인지는 확실치 않다. 모르겠으나 새들이 해마다 이 마을에 오는 걸로 봐서, 늙은 새들이 바람 속에서 죽더라도 새로 태어나는 새들에게 일산 호수공원에 가면 사나운 것들이 없고 먹을 것이 많다는 정보를 주입하는 것이지 싶다. 그렇다면 이 마을에 오는 새들의 집단은 정보와 혈통이 유전되면서 특수한 친연관계를 이루는 무리가 아닐까 싶다. 새들은 고향이 없겠지만 사람이 억지로 새들을 제 마을에 얽어맨다. 새들은 사람을 편애하지 않지만 나는 내 마을의 새들을 편애한다.

　새벽 6시에 호수공원 물가에 나갔더니, 갈대숲에서 잠자던 새
들이 잠에서 깨어나 날개로 물을 치며 날아올랐다. 그것들은 자
면서도 온갖 소리를 다 듣는지, 내가 조심스럽게 다가가도 놀라
서 날아오른다. 한 마리가 날면 수십 마리가 동시에 날아오른다.
그것들의 비상연락망은 정확하고 신속하게 작동되고 있었다.
　새벽의 갈대숲에서 새들이 부스럭거리고 퍼덕거린다. 새 날
개 치는 소리 나는 동네는 복 받은 동네다. 새 날개 치는 소리는
수억만 년의 시공을 건너와서 미래의 시간을 향해 퍼덕거린다.
　새 날개 치는 소리는 새로운 새벽의 시간을 손짓해서 부른다.
소리는 살아서 퍼덕거린다. 모든 시간이 새로우므로 삶의 쇄신
은 가능하다.
　새들은 내 15층 작업실 밖 하늘을 날아다니고, 여기서 사는
나는 새들과 더불어 겨울을 난다.

고속도로에 내리는 빛

- 겨울의 따스함

전주에 볼일이 있어서 새벽 6시에 일산에서 출발했다. 나는 후배가 운전하는 차를 타고 갔다. 오늘 코로나19 신규 확진자는 451명이었고, 중서부 지역은 영하 12℃였다. 20년 만의 추위가 열흘 동안 계속되어 한강이 얼어붙었다.

차는 서해안고속도로 쪽으로 길을 정했다. 양화대교 진입로에서부터 차가 밀렸다. 새벽의 어둠 속에서 새빨간 후미등을 밝힌 자동차들이 도로에 가득 차 있었다. 자동차들이 느리게 움직일 때마다 후미등의 대열은 불길이 흐르는 듯했다.

코로나 재난으로 여러 사업장들이 무너지고, 상심한 사람들이 벼랑으로 내몰리고, 북극 한파에 한강이 얼어붙어도 노동의 자리로 향하는 자동차의 대열은 일출을 앞둔 새벽 도로를 가득 메우고 있었다. 그것은 아직도 끝이 보이지 않는 고난의 대열이었고, 삶을 단념하지 않는 사람들, 기어이 살아 내야 하는 사람들의 강력한 생명력의 분출이었다. 산 사람들의 살려는 의지가 도로에 가득 차서 후미등 불빛으로 빛나고 있었다. 이 도로는 생활의 길이었고, 생명의 길이었고, 고해를 건너가는 길이었다. 고해를 통과하지 않고서는 고해를 건너갈 수가 없다. 부처님은 해탈을 말씀하시지만 중생은 멀리뛰기로 고해를 건너뛸 수가 없다.

아, 길이 막히는 풍경이 이처럼 장엄할 수가 있구나…. 뜨거운 눈물 같은 것이 내 마음속에서 끓어올랐다. 50여 분 만에 정체가 풀리자 자동차들은 각자의 분기점에서 여러 중소도시들로 흩어졌다. 거기가 그 사람들의 일터이다.

날이 흐려서, 날은 더디 밝았다. 구름이 낮아서 먼 산들은 보이지 않았다.

오산을 지나자 왼쪽에서 날이 밝기 시작했다. 해는 가려 있었고 빛이 구름 뒤에서 배어 나왔다. 구름이 터진 틈을 따라서 빛은 하늘의 이 끝에서 저 끝까지 길게 퍼졌고 빛의 중심부가 타올랐다.

이 빛은 세상에 처음 내리는 빛이었는데, 모든 빛은 처음의 빛이다. 새로운 빛 속에서 인간의 신생은 가능할 것이 틀림없었다.

탐욕을 내지 마라, 성내지 마라, 어리석은 생각을 일으키지 마라, 게으름 부리지 마라, 뽐내지 마라, 남에게 베풀어라, 혀를 너무 빨리 움직이지 마라, 새로워져라….

늘 접해서 별 느낌을 주지 않던 옛글의 구절들이 벼락 치듯 마음을 때렸다. 살려는 사람들로 가득 찬 고속도로 위에 새로운 빛이 내렸고, 자동차들이 빛 속을 달려갔다.

전주에서 일을 마치고, 오후 4시 무렵에 일산으로 출발했다. 날은 여전히 춥고 흐렸다. 오산을 지나자 다시 상행선의 정체가 시작되었다. 여러 분기점에서 퇴근하는 차들이 쏟아져 나와서 다시 고속도로를 가득 메웠다. 집으로, 가족에게로, 쉬는 곳으로, 따듯한 곳으로 돌아가는 사람들이었고, 내일 아침에 다시 고속도로로 나올 사람들이었다.

날이 어두워지자, 새빨간 후미등들의 대열이 길게 이어졌다. 자동차들은 앞차가 움직이면 뒤따라서 움직였고, 혼자서는 꼼짝도 하지 못했다. 자동차들은 남이 물러선 만큼만 나갈 수 있었고 길게 이어지는 흐름으로서만 움직일 수 있었다.

저녁의 빛은 오른쪽에서 퍼졌다. 구름 뒤에서 배어 나오는 빛이 집으로 가는 사람들의 도로 위에 퍼졌다. 아침과 똑같았다. 아침이 가고 저녁이 되었다. 자동차들이 다시 분기점에서 흩어져 집으로 돌아갔다. 밤이 가고 아침이 되면 자동차들은 다시 도로 위로 나온다.

나는 잠버릇이 나빠서 늘 아침 8시에 일어난다. 오늘은 멀리 갈 일이 있어서 새벽 5시에 일어났다. 나는 새벽의 길 막힘을 겪어 본 지 오래다.

　일산으로 돌아오는 길에서 운전하는 후배에게 길 막힘과 새
벽빛에 대해 말해 주었더니 후배는 이 구간에서는 새벽마다 저
녁마다 교통체증이 일어난다고 말했다. "늦잠 자는 사람은 모릅
니다"라고 후배는 덧붙였다.

　날마다 벌어지는 일을 나만 처음 보는 것인가.

　춥고 긴 하루였다. 밤늦게 집에 돌아와서 자리에 누우니, 오늘
의 기쁨과 슬픔을 사람들에게 말하고 싶은 생각이 들었다. 그래
서 다시 일어나 앉아서, 이 작은 글을 쓴다.

3부

푸르른 날들

청춘예찬

찰스 다윈(1809~1882)의 〈종種의 기원〉은 수많은 수집물과 관찰 기록들을 바탕으로 하고 있다. 이 정보들은 자신이 직접 채집한 것들이 대부분이지만, 그가 신뢰할 수 있는 다른 연구가들로부터 얻은 것도 있다. 수백만 년 동안의 시간과 공간 속에서 생명이 전개되어 오는 과정을 더듬어 가는 징검다리로 삼기에 이 정보들은 너무도 빈약했지만, 다윈은 미리 설정된 원리로부터 현실의 구체성을 연역演繹해 내지 않았다.

다윈은 생명의 구체성과 다양성을 들여다보고 거기에 계통을 세움으로써 수백만 년의 시공을 거슬러 올라갔다. 원리로부터 출발해서 구체성으로 내려오는 과정은 그 사유의 전개 과정에서 논리정합성에 오류가 없다 하더라도 연역의 단계가 길어질수록 현실의 구체성으로부터 멀어진다. 주어와 술어를 무리 없이 연결시켰다고 해서 그 구도 안에 진리가 들어앉지는 않는다.

다윈의 글은 '사실'을 들이대며 '원리'를 말해야 하고, 검증되지 않은 원리를 부수어야 하는 자의 고통스런 성실성과 하나의 사실에서 다른 사실로 건너뛰면서 사유를 끌고 가야 하는 자의 두려움을 보여 준다. 박물학에 소양이 없는 나는 다윈의 글을 읽을 때 그가 말하려는 진리의 내용보다도, 사실과 정보를 대하는 그의 마음과 행동의 풍경을 우선 읽게 된다. 그러므로 내가 〈종의 기원〉보다 〈비글호의 항해기〉를 더 즐겨 읽는 것은 나의 성정에 맞는다.

비글호는 1831년 12월 27일 영국의 데번주 플리머스 항을 떠났다. 비글호는 영국 해군의 범선帆船이다. 비글호는 무게 235톤, 돛대 2개, 대포 10문을 갖춘 소형군함이다. 승선원은 76명이었다. 이 배의 선장은 스물여섯 살의 영국 해군장교 로버트 피츠로이였고 이 배에는 스물두 살의 찰스 다윈이 '박물학자'의 자격으로 동승하고 있었다. 이 항해의 군사적 임무는 지구를 일주하면서 위도를 계측하고, 남아메리카의 해안선을 측량하는 작업이었다. 제국주의가 전 세계로 전개되던 시대였다. 군함을 보내서 남의 나라의 해안선을 측량하는 임무는 그 의도가 매우 수상해 보이기는 하지만 다윈과는 관련 없는 일이었다. 이 범선은 대서양을 건너 남미대륙의 남단 마젤란해협을 통과해서 태평양으로 나왔고, 갈라파고스, 뉴질랜드, 오스트레일리아, 몰디브를 거쳐서 1836년 10월 2일 귀환했다. 4년 10개월 만이었다.

다윈은 배 안에서 아무런 직급이나 항해와 관련된 임무가 없었고, 보수도 없었다. 다윈은 피츠로이 선장의 손님 자격이었고 영국 해군은 다윈의 동승을 허락했다.

비글호는 작은 배에 승무원들이 많아서 비좁았다. 장교들도 독방이 없었는데, 다윈은 배의 맨 뒤쪽 독방을 차지했다. 다윈의 방은 선장실의 바로 위층이었다.* 스물두 살의 박물학자 다윈은 배 안에서 선장에 준하는 대우를 받은 셈이다. 다윈은 배가 정박하는 모든 육지와 섬에서 동식물과 지질, 지형, 기후를 탐사했다. 그는 눈에 띄는 모든 것들을 관찰했고 채집했고 기록했다. 이 자료와 경험들은 그 후에 〈종의 기원〉으로 나아가는 바탕이 되었다.

〈종의 기원〉에 의해 인간은 수만 년의 백내장을 걷어 내고 저자신의 새로워진 눈으로 시간과 공간과 생명을 볼 수 있게 되었다. 새롭게 열린 이 시야는 매우 넓었으나, 수백만 년 동안의 지층에 생명의 증거물들이 촘촘히 박혀 있는 것이 아니므로, 이 넓은 시야의 이쪽에서 저쪽까지 증거와 사유를 이끌고 건너가기에는 물증이 허술하다는 것을 다윈은 알고 있었다. 다윈은 멸종의

---

* 비글호의 규모와 내부 묘사는 동서문화사에서 2014년 펴낸 〈종의 기원〉(송철용 옮김)에 따랐다.

희미한 흔적을 붙잡고 그 시간과 공간을 건너갔다.

이 글에서 '진화론'은 나의 관심사가 아니다. 나는 다윈과 피츠로이의 청춘을 말하려 한다.

비글호가 출항하던 새벽의 플리머스 항은 늘 나를 설레게 한다. 이날 새벽을 기점으로, 인류의 사유는 사물 쪽으로 질서 있게 전환하기 시작하는데, 나는 이 새벽이 구약성서의 〈창세기〉이후로 가장 새로운 새벽이라고 생각한다. 스물여섯 살의 청년 장교 피츠로이가 이 배를 지휘했고 스물두 살의 청년 다윈이 박물학자의 신분으로 이 배에 타고 있었다.

다윈은 아무것도 미리 주입되지 않은 새로운 시간과 공간의 바다로 나아갔다. 다윈은 인간의 관찰과 판단으로 세계의 총체적 모습을 설명할 수 있다는 것을 증명했지만, 그는 사물에 선행하는 가설을 가지고 있지 않았다.

출항할 때 다윈은 영국의 대문호 존 밀턴(1608~1674)의 〈실낙원〉과 그가 신뢰하는 지질학자 찰스 라이엘(1797~1875)의 〈지질학 원리〉를 지니고 배에 올랐다.

〈실낙원〉의 서사구조는 구약성서의 〈창세기〉에 바탕하고 있다. 이 대서사시는 하느님이 창조한 낙원에서 죄를 짓고 쫓겨난 아담과 이브가 에덴의 동쪽에서 인간세人間世의 기원을 이루는 과정을 그리고 있다.

〈지질학 원리〉는 이 지구의 현 상태는 오랜 시간에 걸친 물리적·화학적 변화의 결과물이라는 학설을 제시하고 있다.

이 책 두 권은 화해하기 어렵고, 연결시키기 어려운 대척점을 이루고 있다. 스물두 살의 다윈이 왜 이 책 두 권을 기나긴 항해의 동반자로 선택했는지를 나는 설명할 수 없다. 이쪽에서 저쪽으로 건너가려면, 또는 이쪽도 저쪽도 아닌 쪽으로 가려면 양쪽을 모두 보고 있어야 한다는 것이 다윈의 마음이었을까. 태평양의 파도에 흔들리는 배 안에서 이 책 두 권을 읽는 다윈의 마음속에서 진화와 창조는 대립하는 모순이 아니라 인간의 언어로 설명되어야 하는 엄중한 과제였을 것이다. 나는 그런 짐작을 하고 있다. 나의 짐작에 근거가 없다는 것을 나는 알고 있다. 이 두 권의 책을 들고 다윈은 망망대해로 나갔다. 비글호 안에서 다윈의 청춘은 빛났다. 나는 영국에 가 본 적이 없지만, 1831년 12월 27일의 플리머스 새벽 항구는 내 마음속에서 선명하다.

다윈은 〈종의 기원〉 서문에서 말했다.•

나는 종種이라는 것은 불변하는 존재가 아니며 … 소위 동일한 속屬, genus이라고 부르는 집단에 속해 있는 종들은 어떤 다른(대개는 멸절한) 종의 직계 자손들이라는 점을 완전히 확신하고 있다.

• 이 글에서 다윈의 글을 인용한 부분들은 사이언스북스에서 2019년 펴낸 〈종의 기원〉(장대익 옮김, 최재천 감수)을 따랐다.

이 말은 개별적으로 창조된 생명의 존재를 명백히 부정하고 있다. 다윈은 또 〈종의 기원〉의 결론 편에서 말했다.

아마도 지구에 살았던 모든 유기체는 처음으로 생명력을 가지게 된 어떤 하나의 원시형태로부터 유래된 것이 아닐까 하는 추론을 하지 않을 수 없다.

이 결론에서 다윈은 '종의 기원'을 '생명의 기원'에까지 밀어 올리려고 안간힘을 쓰고 있지만, 미수에 그치고 있다.

이런 대목들의 어조는 젊은 다윈으로부터 많이 떨어져 있는 듯하다. 다윈을 읽을 때 나는 다윈이 생명의 구체성으로부터 원리 쪽으로 이행하고 있다는 느낌을 받는다. 다윈은 종의 전개 과정을 더듬어 올라가서 생명의 기원으로 향하고 있지만, 생명력生命力의 기원을 설명하지는 않는다.

생명이 환경에 적응하면서 변하고, 변하지 못하는 것들이 멸절된다고 할 때, 그처럼 스스로 변하는 힘의 원천과 기원은 무엇인가를 나는 다윈의 글에서는 읽을 수가 없었다. 다윈은 말할 수 있는 것과 말할 수 없는 것의 한계를 잘 알아서, 그 한계를 범하지 않는다. 〈종의 기원〉의 마지막 문장은 이 경계선 위에서 경이롭다.

그토록 단순한 시작에서부터 가장 아름답고 경이로우며 한계가 없는 형태로 전개되어 왔고 지금도 전개되고 있다는, 생명에 대한 이런 시각에는 장엄함이 깃들어 있다.

이 마지막 문장을 읽을 때 내 마음속에는 창조자의 영광을 찬양하는 헨델의 '메시아'나 베토벤의 '교향곡 9번'이 떠오른다. 이 문장 한 줄을 쓰려고 다윈은 여러 바다를 건너다니며 그 고생을 했나, 싶기도 하다. 생명이 이처럼 아름답고 경이롭게 전개될 수 있는 힘과 멸종의 희미한 흔적을 잡고 새로이 거듭나게 되는 힘의 기원을 탐색하려면 새로운 비글호의 출항을 기다려야 한다. 새로운 비글호는 다윈이 이미 훑어 낸 시간과 공간 속이 아니라, 명왕성 너머의 우주 속으로, 그리고 인간의 영혼 속으로 항해해야 할 터이다. 거기서 하느님을 만나게 될지, 무無를 만나게 될지 알 수 없으나, 창조가 되었건 진화가 되었건 이 놀라운 생명들의 세계는 아름답다.

1784년에 정약용丁若鏞(1762~1836)은 스물두 살, 정약전丁若銓(1758~1816)은 스물여섯 살, 이승훈李承薰(1756~1801)은 스물여덟 살, 이벽李檗(1754~1785)은 서른 살이었다. 이 청년들은 인간세의 인륜도덕과 물리적 시공간의 운동법칙은 범주가 다른 것이라는 새로운 세계관에 눈뜨기 시작한 당대의 엘리트 지식인이었고 조선 천주교 신앙의 선구자들이었다. 정약전, 정약용 형제는 이미 생원시에 합격해 있었다. 이벽의 누님 이씨 부인은 정씨 집안의 맏아들 정약현丁若鉉과 혼인했다. 이 청년들은 사돈댁을 오가며 학문으로 교류했고 혼맥으로 인연되었다.

정약현의 아내이자, 약전·약용 형제의 큰형수인 이씨 부인은 서른 살에 죽었다. 1784년 봄에 약전, 약용과 이벽은 마재(경기도 남양주시 조안면 팔당호 물가마을)의 큰형님 댁에 모여 젊어서 죽은 이씨 부인의 4주기 제사를 지냈다.

1784년 4월 15일(음력)에 이 청년 세 명은 서울로 돌아가려고 팔당나루에서 배를 타고 한강 물길을 따라 하류로 향했다. 배는 물의 흐름에 실려서 천천히 내려갔다. 강의 양쪽에서 신록으로 빛나는 산봉우리들이 지나가고 다가왔다.

조선의 19세기는 천주교도를 박멸하는 고문과 학살로 시작되었다(1801년 신유박해). 이 참극은 성리학의 왕조 조선이 서양 문물과 사상을 퇴치하는 문명충돌이었고, 체제를 수호하는 비상조치였고, 왕조 내부의 권력투쟁이었고, 아직 도래하지 않은 새로운 세상을 미리 본 사람들의 순교 사태였다.

1784년 4월 15일에 지식인 청년 세 명을 태우고 팔당나루를 떠난 돛단배 쪽으로 이 박해와 살육의 서막이 다가오고 있었다.

배에 탄 청년 세 명은 어떠한 운명이 닥쳐오고 있는 줄 알지 못했으나 이날의 한강 뱃길은 신천지에 개안하는 푸르고 빛나는 청춘의 날이었다.

배를 타고 가던 중 이벽은 정씨 형제 두 명에게 '한 권의 책'을 보여 주면서, 천주교의 교리를 설명해 주었다. 정약용은 예순한 살이 되어 그날을 회고하면서 말했다.[•]

천지조화의 시초, 사람과 신神, 삶과 죽음의 이치를 듣고 황홀함과 놀라움과 의아심을 이기지 못했는데, 마치 〈장자〉에 나오는 하늘의 강이 멀고 멀어 끝이 없다는 것과 비슷했다.

배 안에서 스물두 살 정약용의 마음은 학문에서 신앙으로 넘어가는 문지방에 올라서 있다. 정약용은 멀어서 끝이 안 보이는 저 너머를 바라보고 있다. 정약전은 이날의 일을 기록하지는 않았지만, 정약전도 배 안에서 이벽이 보여 주는 그 '한 권의 책'에 빠져들었고, 이해 겨울에 이승훈으로부터 세례 받고 천주교에 입교했다. 이 '한 권의 책'은 젊은 그들의 운명에 깊이 닻을 내리고 있었다.

• 박석무, 〈다산 정약용 평전〉, 창작과비평사, 1992, 128쪽.

이승훈은 그의 부친 이동욱李東郁(1739~?)이 1783년에 동지사의 서장관이 되어 북경에 갈 때 아버지를 따라가서 서양인 선교사에게 세례를 받았고, 베드로라는 세례명을 얻고 천주교 교리 서적들을 가지고 돌아왔다. 이승훈의 행동은 그 자신의 신앙심에 따른 것이었지만, 사전에 이벽의 권유가 있었다. 이승훈은 1784년 3월 24일에 귀국했고, 이벽은 4월 15일에 정씨 형제에게 배 위에서 '한 권의 책'을 보여 주었다.

이 책이 이승훈으로부터 얻은 것이라면 이 젊은이들 사이에서 첨단의 서책과 정보가 매우 빠르고 긴밀하게 유통되고 있었음을 알 수 있다.

당쟁의 아수라 속에서 천주교인으로 모함을 받아 환로宦路가 험난해지자 정약용은 1797년 임금에게 자명소自明疏를 올려서 면직을 요청했다. 이 상소문에서 정약용은 그 '한 권의 책'을 읽었고, 한때는 "마음속으로 좋아해서 사모했고 내용을 거론하며 남에게 자랑했습니다"라고 자백했다.* 정약용은 이 상소문에서 천주교의 교리를 극언으로 비판하고 자신은 천주교를 이미 떠났다고 호소했다. 임금은 정약용의 진정성을 이해했으나 정약용과 젊은 그들은 죽음으로 내몰리는 참화慘禍를 피할 수 없었다.

* 박석무, 〈다산 정약용 평전〉, 민음사, 2014, 213쪽.

형틀에 묶인 정약용은 천주교인들을 적극적으로 고발했다. 정약용은 이승훈과 조카사위 황사영黃嗣永(1775~1801), 주문모周文模 신부(1752~1801)를 지목했고, 천주교인들을 효과적으로 색출해 낼 수 있는 방안을 포도청에 조언했다. 정약용은 사형을 면하고 전남 강진으로 유배되었다.

정약전은 이승훈으로부터 세례 받은 후 교회 모임에 여러 번 참가했고, 그의 동생인 순교자 정약종丁若鍾(1760~1801)에게 전도했다. 정약전은 그 후 천주교와 결별했으나 신유박해 때 다시 기소되어 심한 고문을 받고 흑산도에 유배되었다.

이벽의 집은 서울 수표교 인근이었다. 북경에서 세례 받고 돌아온 이승훈은 이벽의 집에서 신자 모임을 갖고 권일신, 정약전, 정약용 등에게 세례를 주었다. 이 세례식 모임이 한국천주교회의 '창설'로 인정되어 있다. 거대하고 무서운 박해가 바짝 다가오고 있었다. 이벽은 그다음 해에 페스트로 사망했다. 이벽은 서른한 살에 죽었다.

형틀에 묶인 이승훈은 가혹한 고문 끝에 자신이 정약용에게 세례 준 사실을 폭로하고 정약전을 혐의에 연루시켰다. 국문장에서 정약용과 이승훈은 서로를 원수라고 부르며 고발했다.* 이승훈

은 서소문 밖에서 참수되었다. 클로드 샤를 달레 신부는 그의 저
서 〈한국천주교회사〉에서 "그는 천주교인이라고 참수당했으나
배교자로 죽었다"라고 쓰고 나서, "하느님의 심판은 정의롭고 무
섭다"고 덧붙였다.•

제목을 알 수 없는 그 '한 권의 책'에 매료되었던 젊은 그들은
고문과 치욕과 배반의 대가를 치르고 그 생지옥을 건너오거나,
건너오지 못하고 죽임을 당하거나, 죽임을 당해서 건너왔다.
이승훈의 죽음의 형식에는 순교殉敎와 배교背敎가 합쳐져 있다.
그는 고문과 순교의 과정을 배교로 마감하고 참수되었지만, 그
의 최후의 내면이 배교인지 순교인지는 달레가 할 수 있는 말이
아니다. 그것은 하느님만이 아신다.

정약용의 신문 과정은 그가 천주교 지도자들과 동료 지식인을
고발한 대가로 사형을 모면했으리라는 정황political bargaining을 보
여 주지만 증거는 없다. 형틀에 묶여서 고문당하고 있는 인간의
육성 진술을 놓고 신앙의 순수성을 따지는 언설言說은 무의미해 보

•   강만길 외, 〈정다산과 그 시대〉(민음사, 1986) 중 최석우의 논문 '정다산의 서학
    사상' 참조.
•   클로드 샤를 달레 지음, 최석우·안응열 역주, 〈한국천주교회사〉, 분도출판사,
    1979, 448~449쪽 참조.

인다. 이 어리석음을 무릅쓰고 말하자면, 정약용은 이미 천주교와 결별했음을 상소문으로 공포했으므로 이 고발이 하느님과 교회와 신앙에 대한 배반인지는 논리상 모호하다. 그 '한 권의 책'으로 멀고 높은 곳을 바라보던 정약용은 형틀에 묶여서 가깝고 비루한 곳을 바라보고 있다. 그의 고발로 여러 사람들이 잡혀 와서 고문당하고 죽임을 당했다. 하느님과 인간 사이에서 벌어지는 일을 인간의 언어로 모두 설명할 수는 없다.

정약용은 강진에 18년간 유배되었고, 정약전은 유배지 흑산에서 생을 마감했다. 유배지에서 정씨 형제는 내세의 하늘이 아니라 현세의 땅과 인간을 바라보면서 수많은 저술을 남겼다.

아득한 바다를 사이에 두고 형제는 많은 편지를 주고받았다. 강진과 흑산의 어부들이 이 편지를 전해 주었다. 두 형제가 자신의 유배지가 더 아름답고 살기 좋은 고장이라고 편지로 다투는 문장들은 아름답다.

흑산의 정약전은, 흑산이 강진보다 더 살기 좋은 고장이므로 약용의 죄가 더 가볍다고 해서 강진으로 보내고, 자신의 죄가 더 무겁다고 해서 흑산으로 보낸 것은 공정한 처분이 아니라고 말했다.•

유배지의 두 형제가 젊은 날 배 위에서 건네받은 그 '한 권의

• 허경진, 〈손암 정약전 시문집〉, 민속원, 2015, 87~90쪽.

책'을 모두 읽었는지는 알 수 없지만, 두 형제는 하늘의 선한 뜻을 현실의 땅 위에서 이루기에 힘썼다.

정약전은 흑산해역의 물고기들을 관찰해서 〈자산어보〉를 썼다. 그는 고전이 아니라 물고기를 들여다보고 있다. 그는 섬의 주민들과 어울려서 술 마시며 놀았고, 섬의 여자와 혼인해서 두 아들을 낳았고, 공부방을 차려 놓고 어부의 자식들을 가르쳤다. 그는 유배지의 현실을 받아들였고, 거기에 동화했고, 그 위에서 희망을 건설해 나갔다.

유배지 강진에서 정약용은 산천의 자연을 즐겼고, 시대의 타락을 괴로워했고, 청년들을 모아서 가르쳤고, 수많은 저술을 통해서 난세를 수습하는 경륜을 전개했다.

청춘 시절의 그 '한 권의 책'은 두 형제의 마음속에서 늘 살아서 작동하고 있었다고 나는 믿고 있다. 이 '책'이 두 형제의 배교, 배신과 어떠한 관련이 있는가를 묻는다면 나는 대답하지 못한다.

정약용은 유배지 강진의 자족하고 평화로운 삶을 흑산의 형에게 편지로 적어서 보내면서 그 말미에 썼다.•

그러나 마음 한구석에서는 돌아가고 싶은 마음이 없었던 적은 없으며 이는 인성人性이 본디 열악하기 때문일 것입니다.

• 이덕일, 〈정약용과 그의 형제들 2〉, 김영사, 2004, 250쪽.

나는 이 '열악함'을 아름답게 여긴다. 그리고 수치스러운 것이 아니라고 여긴다. 두 형제는 국문장에서 있었던 치욕에 관해서는 평생 한 마디도 하지 않았다. 순교한 친형제 정약종의 죽음과 조카사위 황사영의 죽음에 관해서도 한 마디도 하지 않았다. 나는 이 침묵의 내면이 두렵다. 두 형제도 두려웠을 것이다.

황사영의 생애와 죽음은 순결하고 참혹하다. 황사영은 열다섯 살에 진사로 급제해서 임금의 총애를 받았다. 그는 왕조의 금지옥엽으로 입신立身했고 만고역적으로 죽임을 당했다.

황사영은 당대의 현실에 절망했다. 그의 절망은 완벽했으므로, 환영이 오히려 현실로 느껴졌다. 수배망이 좁혀지자 그는 충북 제천 산골에서 옹기 굽는 마을의 토굴로 숨어들어 가서 북경의 주교에게 보내는 밀서를 썼다('황사영 백서'). 그는 가로 62cm, 세로 38cm의 비단 한 폭에 가는 붓으로 13,384자를 썼다. 이 밀서에서 그는 조선 조정의 부패와 야만적 신앙 탄압을 고발하고 서양 여러 나라의 함대와 병력으로 조선을 겁박해서 신앙의 자유를 누리게 해 달라고 호소했다. 그의 백서帛書는 당대의 흉흉한 민심으로 웅성거리고 있다.

밀서가 발각되자 조선 조정은 경악했고, 박해는 더욱 잔혹하고 광범위하게 전개되었다. 황사영은 다시 끌려온 정약전, 정약용 등과 대질되면서 고문당했고, 서소문 밖에서 능지처참되었다. 황사영의 어머니 윤혜는 거제도로, 황사영의 아내 정명련丁命連(세례명 마리아)은 제주도 대정현의 관비로 끌려갔다. 정명련은 두 살 난 아들 황경한黃敬漢을 데리고 귀양길을 가다가 배가 추자도에 머물렀을 때 젖먹이를 섬의 바닷가에 남겨 놓았다. 황경한은 그 후 예초리의 섬 주민 오 씨에게 발견되어서 그 집안에서 자랐다고 한다. 정명련은 1838년에 제주도에서 죽어서 모슬봉에 묻혔고, 황경한은 추자도 예초리에 묻혔다. 천주교 제주교구는 이 두 무덤을 '순례성지'로 지정했다.•

황사영의 흔적은 적몰籍沒되었으나, 그의 청춘과 영혼이 역사 속에 살아서 후인을 긴장시키고 있다.

황사영의 육신은 여섯 갈래로 찢기었다. 친척들이 그 시신을 거두어 가마골(경기도 양주시 장흥면 부곡리)에 묻었다. 천주교 의정부교구는 이 무덤 옆에 황사영을 추모하는 영성관을 지었다.

황사영의 무덤은 돌아가신 내 아버지의 무덤에서 가깝다. 지난 한식날 나는 아버지의 무덤에 성묘하고 돌아오는 길에 황사영의 무덤에 들러서 향 피우고 절했다. 황사영은 초야의 포의布衣임에도 불구하고 당대 현실의 야만성을 속속들이 알고 있었다.

• 　 한국가톨릭대사전 편찬위원회, 〈한국가톨릭대사전〉(한국교회사연구소, 2004) 중 '황사영' 항목 참조.

그것을 알고 있기는 했지만, 그 야만성의 현실적 뿌리가 얼마나 강력한 것인지는 알지 못했다. 그는 스물여섯 살이었다. 그는 순결했으므로, 순결한 만큼 세상에 분노했고, 순결한 만큼 세상물정을 몰랐다. 그는 세상물정에 아둔한 만큼 담대했고, 담대한 만큼 무모했다. 그는 기어코 일을 저질렀다. 아마도 그때 내가 동료 신앙인으로서 황사영의 곁에 있었더라면 나는 그의 행동을 말렸을 것이다.

나는 그런 인간이지만, 그의 순결하고 또 거침없어서 무모한 청춘의 영혼이 살아남아 이 가짜뉴스로 어수선한 시대를 향해 한없는 질문을 던지고 있다.

황사영이 사형당한 후 104년 후에 안중근安重根(1879~1910)이 사형당했다. 그 100년 동안 조선은 무너져 갔다. 조선의 계년季年은 서서히 진행되는 말기 암 환자와 같았다. 시대를 전환하려는 노력들은 모두 실패했다. 안중근은 서른한 살에 죽었다. 안중근은 살인범으로 처형되었지만, 천주교 신앙인으로 죽었다. 안중근은 적의 수뇌를 쏘아 죽이고 적의 법정에서 사형선고를 받아 적의 사형대에서 교수되었다. 황사영은 그가 증오하고 저주했던 정치권력의 사형장에서 육시되었다. 장소는 달랐지만 이 두 청년은 모두 그 시대의 사형장에서 죽임을 당했다. 시대가 그들을 받아들일 수 없었고 그들도 시대를 받아들일 수 없었다.

안중근은 1897년에 니콜라 빌렘 신부에게 영세 받고 입교했다. 빌렘 신부는 사형 집행 직전에 여순旅順의 감옥으로 면회 와서 안중근에게 고백성사와 영성체를 베풀었다. 그가 하느님께 간구한 것은 동양의 평화였지 이토의 목숨을 제거하는 것은 아니었다. 안중근은 의병부대를 지휘하던 시절에도 포로로 잡은 일본군 병사를 석방해 주었다. 살인은 그의 목적이 아니었지만, 이토는 약육강식하는 야만적 세상의 지배자이며 관리자였다.

나는 하느님이 안중근의 행동을 사전에 허락했을는지는 알 수 없지만, 사후에 용납했으리라고 믿는다. 이토를 죽인 안중근의 행동은 기획과 실행과 처형에 이르기까지 모두 하느님의 틀 안에서 이루어진 것이다. 안중근의 마지막 날들이 그것을 증명하고 있다.

찰스 다윈, 정약전, 정약용, 이벽, 이승훈, 황사영, 안중근은 모두 내 마음속의 영원한 청춘이다.

안중근의 침묵

안중근은 그의 시대를 뛰어넘는 불멸의 아이콘이다. 이 세상의
악을 격파하고 현세의 땅 위에서 평화를 이루려는 소망을 향해
몸과 마음을 던지는 젊은 안중근의 넋은 한국인의 마음속에서
영생하고 있다.

안중근은 믿음 깊은 천주교 신앙인이었지만, 그의 생애는 당
시의 한국천주교회의 프랑스인 성직자들과 커다란 갈등을 겪었
다. 이 갈등의 성격은 세속의 길과 신앙의 길이 부딪히는 교리적
측면에서부터 식민지 현실의 울분과 제국주의적 세계경영이 부
딪히는 정치적 충돌에 이르기까지 복잡한 중층구조를 이루고 있
는데, 이 여러 층위들은 결국 성聖과 속俗의 갈등으로 귀결된다.

안중근은 서로 대립되는 이 두 방향의 길을 하나로 틀어쥐고
나아가려 했고, 프랑스인 성직자들은 세속의 길과 신앙의 길을
엄별해서 신자들을 속죄와 구령救靈의 길로 인도하고 있었다. 안

중근은 하느님의 뜻으로 현실의 땅 위를 걸어갔고, 프랑스인 성직자들은 하느님의 뜻으로 내세를 가리키고 있었다.

나는 이 짧은 글로 천주교 신앙인으로서의 안중근의 마음을 더듬어 보려 한다. 이미 다 이루고 가신 분의 신앙의 내밀한 부분을 말한다는 것은 될 수 있는 일이 아닐 터이다. 나는 건너뛰거나 지레짐작하지 않고, 남아 있는 몇 줄의 기록을 징검다리 삼아서 안중근의 마음속으로 건너가려 한다.

안중근의 집안은 부친 안태훈安泰勳(1862~1905)의 주도에 따라서 빌렘 신부(한국 이름 홍석구, 1860~1938)에게 세례 받고 입교했다(1897, 황해도 청계동).

황해도 지역의 한국천주교회는 안중근 가문의 세력에 힘입어 교세를 확장할 수 있었고, 안중근 가문은 지역사회에서 천주교회와 서양인 성직자들의 정치적 위상에 기대고 있었다. 안중근 가문과 천주교회는 세속적인 공생관계에 있었지만, 이 무렵 안중근의 신앙은 영적인 순수함에 가득 차 있었다. 안중근은 성직자들을 극진히 모셨고, 교리를 충실히 따르고 있었다. 안중근은 빌렘 신부를 모시고 지역을 순회하면서 설교했다. 안중근은 외래 사상을 접해 본 적이 없는 지역민들 앞에서 인간 영혼의 불멸을 강조했고, 하느님이 창조하신 인간의 존귀함을 역설했다. 안중근은 예수의 수난과 부활이 인류에게 주는 축복을 말했고, 사후의 상과 벌을 말했고, 현세에서의 권선징악을 말했다.*

이 무렵의 안중근은 교리에서는 교회와 갈등이 없었으나 세속의 길에서는 교회와 부딪혔다. 당시 한국천주교회의 수장이었던 귀스타브 샤를 마리 뮈텔 주교(한국 이름 민덕효, 1854~1933)는 한국에 대학을 만들어 달라는 안중근의 요청을 무참히 거절했고, 빌렘 신부는 블라디보스토크로 가려는 안중근의 뜻을 용납하지 않았다.

한국인들에 대한 빌렘 신부의 '강압적인' 태도도 불화의 원인이 되었다. 안중근은 빌렘의 강압적 태도가 성직자의 도리에 맞지 않는다고 교인들 앞에서 공언하고, 서울로 가서 뮈텔 주교에게 고한 뒤 로마 교황에게 품신禀申해서 이 같은 폐습을 막아야 한다고 교인들을 선동했다.

빌렘은 이 말을 전해 듣고 노해서 안중근을 '마구' 때렸다. 이 사건은 빌렘이 먼저 사과함으로써 화해되었다.**

성직자와 평신도 사이에 벌어진 이 사건은 입에 담기 민망한 일이지만, 일상의 주변에서 벌어지는 부당한 일을 참지 못하고 여기에 개입해서 바로잡으려는 안중근의 심성은 이처럼 직선적이다. 그리고 이 사건은 안중근 시대에 한국에 파견된 서양인 신

* 안중근평화연구원, 〈안중근 자료집 01. 안중근 유고〉(채륜, 2016) 중 '안응칠 역사', 10~12쪽.

** 위의 책, 28쪽.

부들의 한국인에 대한 인식과 태도를 보여 준다. 이 사건의 외형은 단순하지만, 그 갈등의 배경은 단순하지 않다.

하얼빈역의 거사 후 계속된 신문과 재판의 과정에서 일본인 검찰관과 재판관은 안중근의 '살인'을 '신앙'에 대한 배반으로 몰고 가서 안중근의 양심상의 정당성을 파괴하려고 집요하게 달려들었다.

첫 번째 공판(1910년 2월 7일)에서 재판장 마나베는 물었다.[*]

마나베   그대는 그날(1909년 10월 26일) 아침 떠날 때 신에게 기도드렸는가?

안중근   나는 매일 아침 기도를 하고 있다.

마나베   그날 아침에는 이토 공을 죽이기 위해 기도드린 것은 아닌가?

안중근   새삼스럽게 기도를 올릴 까닭은 없다.

이 신문에서 재판장 마나베의 전략은 매우 엉성해 보인다. 마나베는 안중근이 '살인'의 성공을 위해 기도했다는 진술을 유도하기 위해 이 질문을 던진 것인데, 안중근은 '나의 기도는 일상

---

* 안중근평화연구원, 〈안중근 자료집 10. 안중근 사건 공판속기록〉, 채륜, 2014, 52쪽.

적인 것'이라는 취지로 진술해서 마나베의 함정을 가볍게 피해 나간다. 마나베는 법의 이름으로 인간과 하느님 사이의 대화에 개입하려 했지만, 그것은 마나베의 직무 범위를 넘어서는 것이 었고, 애초에 될 일이 아니었다.

일본인 검찰관 미조부치는 10회 신문(1909년 12월 22일 관동 도독부 감옥)에서 추궁했다.*

미조부치   그대가 믿는 천주교에서도 사람을 죽이는 것은 죄악
일 것이다.
안중근   그렇다.
미조부치   그렇다면 그대는 사람의 도리에 반하는 행위를 한 것
이 아닌가?
안중근   성서에도 살인은 죄악이라고 했다. 그러나 남의 나라
를 탈취하고 사람의 생명을 빼앗는 자가 있는데도 수
수방관하는 것은 더 큰 죄악이므로 나는 그 죄악을 제
거한 것뿐이다.

---

* 이기웅 편, 〈안중근 전쟁, 끝나지 않았다〉, 열화당, 2019, 52쪽. 이하 대화문 모
두 동일.

안중근의 논리는 신앙의 길과 세속의 길을 이어가고 있었다. 그는 이토를 죽인 자신의 행위는 하느님의 뜻에 어긋나지 않는 다고 말했다.

미조부치는 신문의 방향을 돌려서 안중근의 가장 아픈 부분을 찔렀다.

미조부치   그대가 믿는 홍 신부(빌렘)가 이번 범행 소식을 듣고 자기가 세례 준 사람 중에서 이런 사람이 나온 것은 유 감이라면서 한탄했다고 하는데, 그래도 그대는 자신 의 행위가 사람의 도리와 종교의 취지에 반한다고 생 각하지 않는가?

미조부치는 안중근의 신앙적 정당성을 교회의 제도적 가르침 과 성직자 우월이라는 현실의 벽 앞으로 몰아붙였다. 미조부치 의 신문 기술은 마나베보다 윗길이다.

안중근은 이 신문에 답변하지 않았다. 재판을 기록하는 서기 는 "피고인은 묵묵히 답변하지 않았다"라고 조서 말미에 썼다.

안중근에 대한 모든 기록들 중에서 나는 일본인 서기 다케우 치 가츠모리가 쓴 이 짧고 메마른 문장 한 줄을 특별히 좋아한다.

안중근의 침묵은 신앙과 현실의 간극에 끼인 그의 깊은 고뇌를 느끼게 한다. 나는 이 침묵이 가장 현명하고 거룩한 선택이라고 생각한다. 안중근은 이 위태로운 신문에 침묵함으로써 현세의 교회와 화해할 수 있는 마지막 통로를 열어 놓았다. 이 통로를 따라서 빌렘은 여순 감옥의 안중근에게 왔다.

적敵의 법정에서 안중근은 이토의 죄악을 성토하고 자신의 행위의 정치적·도덕적 정당성을 웅변했다. 그의 법정 진술은 폭포처럼 쏟아지는 언어의 장관을 이루었고, 해외 언론을 통해 세계에 퍼져 나갔다.

1909년 12월 22일의 안중근의 침묵은 그의 웅변에 못지않은 무게를 지닌다. 안중근은 이 침묵의 힘으로 세속의 길을 이끌고, 신앙의 길로 넘어갈 수 있었다.

나의 졸작 〈하얼빈〉은 여순 감옥의 고해성사와 사형집행 대목에서 끝난다. 나는 이 고해성사의 내용을 상술하지 못하고, 적당히 얼버무렸다. 그것은 소설가가 개입할 수 없는 일이었다. 나는 다만 하느님이 안중근의 영혼을 안아서 거두었을 것으로 믿는다. 믿지만 '믿음' 그 자체는 소설로 쓰지는 못했다.

안중근의 '침묵'의 내용은 하느님이 아신다.

아이들아, 돋는 해와 지는 해를 보아라 1 •

승용차 유리창에 "아기가 타고 있어요"라고 써 붙여 놓았을 때, 이 아기는 누구네 집 아기인가. 이 아기는 승용차 주인의 아기이다. 다른 집 아기는 이 '아기'에 포함되지 않는다. 그러므로 이 문구의 속뜻은 '내 자식이 타고 있어요'라는 말이고, 결국 하려는 말은 '가까이 오지 말라'일 터이다.

아기가 타고 있어요, 라고 써 붙인 운전자가 음주운전에 걸려서 끌려가는 꼴도 나는 보았다. 그 차에 아기는 타고 있지 않았고 술 취한 사내 서너 명이 타고 있었다.

며칠 전에 택시를 타고 일산 롯데백화점 사거리에서 신호대기 중이었는데 앞차 뒷유리창에 "어르신이 타고 있음. 고령운전!"이라고 쓰여 있었다. 차 안을 들여다보았더니 내 또래의 허

• 최초의 어린이날(1923년 5월 1일)에 방정환이 어린이에게 당부한 말.

연 늙은이가 운전석에 앉아서 담배를 피우고 있었다. '어르신'은 운전자 자신을 가리키는 말이었다.

이러다가는 "이놈들아 붙지 마라, 꼰대가 간다", "반려견이 타고 있어요"도 나올 판이다.

내가 사는 골목 맞은편 집에는 맞벌이하는 젊은 부부가 대여섯 살 난 딸을 키우고 있다. 아침에 어린이집 노란 버스가 태우러 오면 아이는 엄마하고 떨어지기 싫어서 울고, 아이가 우니까 일하러 나가야 하는 엄마가 따라 운다. 아이 노릇 하기도 힘들고 엄마 노릇 하기도 힘든데, 어린이집 보육교사 노릇 하기는 더욱 힘들다. 보육교사도 또한 엄마일 터인데, 그 집에서도 아침마다 엄마와 아이가 떨어지기 싫어서 울겠지. 보육교사는 제 자식은 떼어서 노란 버스에 실어 보내고 남의 자식 돌보러 어린이집으로 출근한다.

아침마다 노란 버스는 동네 아이들 열댓 명을 태우고 어린이집으로 가는데, 이 버스에는 "아동보호"라는 문구가 앞뒤로 적혀 있다. 승용차 뒷유리창에 붙은 "아기가 타고 있어요"와 어린이집 노란 버스에 붙은 "아동보호"는 말의 사회적 공감의 영역이 전혀 다르다. "아기가 타고 있어요"의 '아기'는 사적인 밀실에 갇힌 '아기'이지만 "아동보호"의 '아동'은 이웃의 아이들, 내 자식과 네 자식, 우리 골목의 아이들이다. 이 아이들이 차에서 내릴 때 뒤차들은 조심해 달라고, 그 네 글자는 부탁하고 있다. 어린이

집 노란 버스의 "아동보호" 네 글자가 갖는 공적 개방성은, 어린
이집 노란 버스가 떠날 때마다 엄마와 아이가 작별해야 하는 슬
픔을 위로한다. 사회의 공공성이 개인을 보호하고 있다는 느낌
이 들 때 나의 동네는 살 만하다.

　나는 지금 승용차에 "아기가 타고 있어요"라고 써 붙이는 젊
은 부부들과 시비하려는 것이 아니다. 나는 이제 일흔 살이 넘었
는데, 돌아가신 나의 엄마는 찢어지게 가난했지만 오로지 '아이
고 내 새끼야!'의 심성으로, 맨땅에 몸을 갈면서 나를 길렀다. 내
가난한 엄마뿐 아니라 돈 많고 권세 높은 집 엄마들도 '내 새끼
지상주의'는 다들 마찬가지였다. 부잣집이 오히려 더했다. 돈 많
고 권세 높은 집 아이들은 천막교실 안에서도 늘 난롯가에 앉았
고, 방과 후에 선생들은 그 아이들만 따로 데리고 가르쳤다. '아
이고 내 새끼야'는 그 어떤 법률이나 도덕보다 우위였다. 나는
어렸을 때부터 그 썩어빠진 세상의 더러움에 치를 떨었다.

　어쨌거나 '아이고 내 새끼야'는 세상의 고난을 뚫고 나가는 인
간 생명의 강인한 힘이고 본능의 아름다움이라고 말할 수도 있
겠지만, 내가 살아온 시대의 '내 새끼 지상주의'는 유전병이나
풍토병과도 같아서 부모들은 눈 가린 경주마처럼 제 자식만을
들여다보았고, 내 자식과 남의 자식의 관계를 헤아리는 기초적
지성의 시선을 상실했고, 특히 엄마들은 '내 새끼'의 늪에 빠져
서 스스로 완매頑昧한 모성의 노예가 되었다.

승용차에 "아기가 타고 있어요"라는 문구가 붙게 되는 심리적 배경은 자동차 디자인의 역사와도 관련이 있을 것으로 나는 짐작하고 있다.

국립고궁박물관에 전시된 고종황제의 어차御車●는 영국 다임러 회사가 제작한 6기통 리무진이다. 이 자동차의 실내공간은 완전개방형이다. 안과 밖이 모두 훤히 들여다보인다. 도로는 공적으로 개방된 공간이고 자동차는 이 개방된 공간을 달린다는 생각이 초기 자동차 디자인 개념의 핵심부였던 것 같다. 고종황제의 차뿐 아니라, 순종황제와 황후의 차도 모두 개방형이다.

그 후에 자동차 디자인은 실내를 밀실로 바꾸고 외부의 시선을 차단하는 방향으로 전개되었다. 자동차의 모든 지각능력, 정보수집능력은 운전자에게 집중되고 도로에 나타나는 사물들은 모두 기호나 영상으로 바뀌었다. 자동차의 실내는 고도로 세분화되고 기능화되어서 주택의 안방처럼 사사로운 공간으로 바뀌었고, 유리창을 짙게 선팅해서 외부의 시선을 차단했다. 나는 남을 볼 수 있지만, 남은 나를 볼 수 없다. 아파트 현관 문짝에 박힌

● 국권피탈(1910년) 직후 초대 총독으로 부임한 데라우치는 영국에서 리무진 자동차 두 대를 구입해서 한 대는 자신이 타고 다녔고 한 대는 고종에게 주었다. 당시 이 리무진은 10대만 생산되었으므로 지금은 보물 대접을 받고 있다. 망국의 선물인 이 자동차는 1911년 서울에 들어와 한국 자동차 역사의 원년을 기록했다.(국립고궁박물관)

어안魚眼렌즈나 옛날 서대문형무소 감방 벽에 뚫린 감시 구멍의 기능도 모두 이와 같다. 이런 시선 속에서는 나는 모든 남들의 남이고, 다들 '나'만이 세상의 중심이다.

도로라는 공적인 공간 위에서 저마다 자신이 중심이라는 착각에 빠진 수많은 밀실들이 달리고 있다. "아기가 타고 있어요"의 아기는 아무래도 이 가족주의의 밀실에 갇힌 아기가 아닐는지, 나는 걱정하고 있다.

해마다 어린이날이 돌아오면 '내 새끼 지상주의'는 거국적으로 폭발해서, '아이고 내 새끼야'는 전국에 메아리친다.

이 글은 어린이날을 경축하려는 뜻으로 시작했는데, 아무래도 결국 심란한 쪽으로 빠지고 있다. 나는 본래 남을 힐링하는 데는 젬병이다. 지금 어린이날은 미래를 감당해야 할 후배 세대로서, 사회 전체가 함께 보호하고 올바르게 길러 내야 할 공적 존재로서 어린이를 성찰하는 바탕을 상실한 지 이미 오래되었고, 오직 내 새끼를 데리고 나가서 좋은 음식 먹이고 놀이기구 태워 주고 응석을 받아주는 날에 불과하다.

지금 내 새끼 지상주의는 이 사회의 민주적 발전을 가로막는 장애물이다. 내 새끼 지상주의는 학교와 교사를 괴롭혀서 교육의 근본을 파괴하고 사회 계층 간의 적대의식을 고조시킨다. 국회 청문회에 나온 고위직 후보자들은 하나같이 위장전입의 전과가 있다. 이 위장전입은 모두 부동산 거래의 이익을 노린 것이거나 '내 새끼'를 명문 중고등학교에 보내고 명문 대학에 보내서 기득권을 세습해 주려는 의도에서 비롯된 것이다. 그리고 이 위장전입은, 맹모삼천이나 애끓는 부정父情의 프레임 속에서 사면된다. 위장전입은 실정법(주민등록법)을 위반한 범죄인데, 위장전입만으로 공직 임명에서 탈락한 후보자는 없다. '내 새끼'의 위력은 헌법도 국회도 여론도 당해 낼 수가 없다.

'아기가 타고 있어요'는 아기를 보호하자는 취지로서 아름답지만, 이 아기가 스무 살이 넘고 서른 살이 가까워도 '아이고 내 새끼야'는 메아리친다. 나라를 지켜야 할 만큼 큰 아들이 징병 신체검사를 할 때도 부모가 따라와서 간섭하고, 대학교·대학원 입학시험 볼 때도 기어이 따라와서 학교 문짝에 엿을 붙여 놓고 하느님께 빌고 부처님께 빌고 조상님께 빈다. 대학 기숙사에 들어갈 때도 부모가 따라와서 기숙사 환경을 점검하고, 결혼하는 딸의 미용실에까지 따라와서 잔소리를 해 댄다.

대학 입시설명회, 취업설명회까지 부모가 따라와서 설치는 나라는 지구상에 한국 이외에 없을 것이다. OECD 나라 중에는 이런 나라가 없다. 서른 살이 다 되어 가는 청년들이 가랑이 사이에 기저귀를 차고 옹알이를 하며 어리광을 부리는 꼴인데, 이 모든 청년 소아마비의 풍경에는 '아이고 내 새끼야'의 후렴이 붙는다.

중진급 국회의원이 월급 많이 주는 대기업에 자기 자식을 부정취업 시키고, 끗발 좋은 부모들이 권력자들에게 자기 자식의 취업을 부탁해서 남의 자식의 취업 기회를 박탈하는, 이 오래된 갑질의 전통도 '아이고 내 새끼야'에서 비롯되었다. 한국 근현대사에서 '내 새끼'를 앞세운 이 갑질의 전통은 유구하고, 밥술이나 먹게 되자 이 갑질은 더욱 권력화되고 일상화되었다. 얼마나 많은 청년들이 '내 새끼' 갑질 앞에서 미끄러지고 넘어졌겠는가. 끗발 없는 부모 밑에서 태어나서, 그날그날 힘들게 살아가는 젊은이들은 이 더러운 세상에 만정이 떨어져서 아기를 낳지 않는다.

남의 자식을 짓밟고 '내 새끼'를 밀어붙이는 이 고위층 갑질의 역사가 계속되는 한, 저출산 정책에 수십 조를 퍼부어도 그 결과는 모두 헛것이다. 이미 헛것이 되었다. 이제 "아기가 타고 있어요"도 점차 사라지고 "힘센 꼰대가 간다"만 남을 판이다.

아이들아, 돋는 해와 지는 해를 보아라 2

동학東學의 초기 지도자들은 어린이를 자유롭고 창발적인 개아個我로서 인식했을 뿐 아니라, 어린이는 사회의 공적 구성원이며 공동체의 미래를 열어 나가는 인적 자산이라고 가르쳤다. 이러한 아동관은 어린이를 사적 혈육과 가문의 틀 안에 가두어 놓고 장유의 질서와 충효의 이념을 일방적으로 주입했던 수백 년 역사의 어둠을 걷어 내는 개벽이었다.

동학의 경인敬人 사상은 하느님은 초월자인 동시에 인간의 내면에 살아 있다고 가르쳤고, 이러한 인간관은 2세 교주 최시형에 이르러 여성과 아동을 '한울님'으로 존중하는 교리를 구축했다. 최제우崔濟愚(동학의 교조, 1824~1864)와 최시형崔時亨(동학 2세 교주, 1827~1898)의 시대에 조선은 서서히, 그러나 확실히 무너지고 있었다.

최제우가 사도난정邪道亂正의 죄인으로 처형된 후 최시형은 관의 추적을 피해 36년 동안 경상도와 강원도의 산간오지 마을로 숨어 다니면서 아동존중, 양성평등의 가르침을 백성들 사이에 씨 뿌렸다. 이 씨앗은 반상적서班常嫡庶와 가문과 당색堂色을 주축으로 하는 조선의 쇠사슬을 거부하고 있었다. 최시형은 스승 최제우가 영성체험으로 터득한 마음의 빛을 하층민들의 일상생활과 생산노동 속에서 키워 냈다. 최시형은 좌도난정左道亂正의 죄로 1898년 7월 20일(양력) 하오 5시께 경성고등법원 감옥소*에서 교수형으로 순도殉道했고, 교통教統은 3세 교주 손병희孫秉熙(천도교 3세 교주, 1861~1922)에게로 넘어갔다.

어린이날을 창시한 방정환方定煥(1899~1931)은 3세 교주 손병희의 셋째 딸 손용화孫溶嬅와 혼인해서 스승의 사위가 되었다. 방정환은 한국 최초의 직업적 사회활동가라고 불릴 만하다.

그는 동학의 교통으로부터 이어받은 아동존중 사상을 사회적으로 실현했다. 그는 '젊은이'나 '늙은이'와 대등한 '어린이'라는 말을 지어내서 통용시켰고, 어린이운동 조직을 만들었고, 어린이 잡지를 발행했고, 어린이들을 모아 놓고 동화와 동요를 구연口演했다. 그는 시대의 앞날을 열어 내는 사상적 선각자였고, 사회운동을 위해 사람을 끌어모아서 작동시킬 줄 아는 현실 속의 활동가였는데, 이 운동의 물적 토대는 천도교의 조직과 자금이었다.

* 지금의 서울 지하철 1호선 종로3가역 10번 출구 앞.

최초의 어린이날 행사는 1923년 5월 1일 천도교회당* 앞마당에서 열렸다. 스물네 살의 청년 방정환과 그의 젊은 벗들이 이 행사를 기획하고 지휘했다. 이날 행사는 놀이와 공연이 어우러진 축제로 진행되었고 안국동, 종로를 지나는 가장행렬로 마무리되었다. 이날 행사를 알리는 전단 12만 장이 배포되었다. 당시의 종이와 인쇄 사정으로 봐서 12만 장은 놀라운 물량이었는데, 물량보다 더 역사적인 것은 그 전단의 내용이었다. 그 내용을 몇 줄 소개한다.**

소년운동의 기초조건

- 어린이를 재래의 윤리적 압박으로부터 해방하여 그들에게 대한 완전한 인격적 예우를 허하게 하라.
- 어린이를 재래의 경제적 압박으로부터 해방하여 만 14세 이하의 그들에게 대한 무상 또는 유상의 노동을 폐하게 하라.

어린 동무들에게

- 돋는 해와 지는 해를 반드시 보기로 합시다.
- 어른들에게는 물론이고 당신들끼리도 서로 존대하기로 합시다.

---

* 지금의 천도교중앙대교당으로, 서울시 종로구 경운동에 있다.
** 민윤식, 〈소파 방정환 평전〉, 스타북스, 2014, 337~339쪽.

어린이날의 약속

어린이는 어른보다 더 새로운 사람입니다. 내 아들놈, 내 딸년 하
고 자기 물건처럼 여기지 말고 자기보다 한결 더 새로운 시대의
새 인물인 것을 알아야 합니다.

젊은 방정환의 이 외침을 들으면, 요즘의 어린이날*이 얼마나
퇴행적인가를 다들 알 수 있다. 지금, '돋는 해와 지는 해'를 보면
서 삶과 미래에 대한 영감을 얻는 어린이는 없다. 어린이는 어른
이 만든 목줄에 짧게 묶여 있다. 어린이는 '내 새끼'일 뿐이다. 집
집마다 '아이고 내 새끼야'를 외치는 날은 젊은 방정환이 설계한
어린이날이 아니다. 지금의 어린이날은 '내 새끼의 날'이다. 다들
제 자식만 끌어안고 있으면 이 나라의 모든 어린이들은 '남의 자
식'이 된다.

---

* 2019년은 소파 방정환 탄생 120주년이다. 한국방정환재단은 약 8년의 연구와
편집 끝에 미공개 자료가 대거 수록된 〈정본 방정환 전집〉(전5권, 창비)을 펴
냈다.

박경리, 신경림, 백낙청 그리고 강운구

– 강운구 사진전 〈사람의 그때〉를 보면서

사진가 강운구의 인물사진전 〈사람의 그때〉가 부산 고은古隱사진미술관에서 열렸다(2021년 9월 11일~12월 26일). 같은 제목의 사진집도 발간되었다. 이 전시회에는 현대 한국의 문학인과 화가 160명의 얼굴 사진이 걸려 있다. 화가 허백련(1891~1977)에서 소설가 임철우(1954~)에 이르는 60년 동안의 사람들이다. 이 사진들은 1971년 이후에 찍혔다.

찍는 사람과 찍히는 사람(또는 대상) 사이의 관계를 설정하는 일은 강운구 사진의 중요한 바탕을 이룬다. 이 관계 설정은 태도나 시각의 문제이면서도 심리적 배경의 문제이다. 관계 설정은 사진의 본질에 깊숙이 작용하고 있다. 이번 전시회의 인물 사진들 속에서 이 관계는 고요하고 평화롭다. '찍는다'라는 행위가 본래부터 갖고 있는 능동과 피동의 관계가 완전히 소멸될 수는 없지만, 이 관계의 형식은 사진 속에서 거의 드러나지 않는다.

강운구는 이 관계 설정에 대해서 스스로 말했다.

사람들을 찍으러 갈 때마다 지러 간다고 나는 나에게 말하였다.
찍히는 대상들이 이겨야 그 사람 모습이 그 사람답게 찍힐 것이
라고 나는 굳게 생각했다.
　　　　　　　－ 강운구 사진집 〈사람의 그때〉의 서문 '나의 그때' 중에서

이긴다, 진다는 승부의 표현이 돌출하기는 하지만, 그의 이
고백은 인물(또는 대상)을 대하는 사진가로서의 태도에서 핵심
적 진실을 토로하고 있다. 그는 자신의 조형의지를 앞세워서 인
물을 향해 달려들지 않는다. 그는 카메라를 숨기는 것처럼 작동
시킨다. 그는 인물로부터 멀리 물러섬으로써 인물이 스스로 드
러나게 한다.

강운구의 인물사진들 속에서 인물들은 피사체被寫體의 수동성
에 속박되어 있지 않다. 찍히는 사람은 자신의 빛과 자신의 어둠
을 거느리고 자신의 표정을 자생自生시키고 있다. 인물들은 자신
을 드러내 보이지 않고 보여지는 사람들인데, 강운구의 카메라
가 그 보여지는 것들을 본다. 그것은 봄이 아니라 보임이나 보여
짐에 가깝다. 그 보여짐을 향해 셔터를 누를 때 인물은 고정되지
않고 풀어진다. 이때 강운구는 '찍는 자'라기보다는 '보는 자'이
거나 '보이는 자'에 가깝다. 그럼에도 찍는 자는 여전히 사진 속

에 들어 있다. 그는 사진의 프레임 밖에서 프레임 안을 보고 있다. 그는 대상이 스스로 드러나게끔 해서 보이는 것을 보고 있다. 示(보일 시)는 무언가를 보여 준다는 뜻에서 무언가가 보인다는 뜻을 포함하게 되었고, 視(볼 시)는 사람이 의도적으로 대상을 바라본다는 뜻이다. 사람으로 향하는 강운구의 시선은 示에 가깝다.

강운구의 인물 사진들을 보면서 나는 3인칭 문장 쓰기의 어려움을 생각했다. '나'를 주어로 문장을 쓸 때는 정직하기가 어렵고, 또 반대로 정직을 내세워 뻔뻔스러워지지 않기가 어렵고, 수다 떨지 않기가 어려운데, '그'를 주어로 문장을 쓰자면 '나'로부터 '그'로 건너가기가 어렵다. '그는… 어쩌고저쩌고… 했다'라고 써봐야 그렇게 쓰는 자는 결국 '나'인데, '나'는 '그'에 관하여 무엇을 알고 있고 무슨 의미 있는 할 말이 있는가.

글에서나 사진에서나 1인칭만으로는 세상을 구성할 수가 없다. '나'가 물러서므로 3인칭은 겨우 드러난다.

1인칭과 3인칭 사이에 '너'가 있음으로써 인간은 복되다. 3인칭을 2인칭 '너'로 변화시켜서 끌어당기는 몸과 마음의 작용을, 쑥스럽지만 '사랑'이라고 말해도 좋다. 잘 드러난 3인칭은 대상으로서의 거리를 유지하면서도 '너'가 되어서 나에게로 다가온다.

이 전시회에서 나는 이렇게 다가오는 '너'들을 만났다.

전시회에 걸린 박경리(1926~2008)의 사진은 1976년 서울 성북구 정릉동의 자택에서 찍었다. 〈토지〉의 앞부분이 단행본으로 막 출간된 때였다.

1972년에 박정희의 유신통치가 시작되었다. 1973년에 박정희는 동경에서 김대중을 납치했다. 1974년에 육영수가 피살되었다. 1975년에 베트남에서 미군이 패전했고 박정희는 긴급조치 9호를 선포했다.

1974년 9월에 박경리의 사위 김지하는 군법회의에서 무기징역이 확정되었고, 1975년 2월 15일에 형집행정지로 석방되었다. 김지하가 석방되던 날 박경리는 두 살 난 손자 원보를 등에 업고 영등포교도소 앞 광장에서 석방되는 사위를 기다렸다. 바람 불고 추운 겨울날이었다. 석방된 지 1개월 만에 김지하는 서울 성북구의 처갓집에서 다시 체포되어 수감되었다. 이날의 처갓집이 사진에 나온 이 집인가.

1976년에 김지하의 재판은 계속되었다. 김승옥이 군사재판에 나와서 "김지하는 공산주의자가 아니다!"라고 증언했다. 재판부는 기왕의 무기징역에 7년 징역을 더 보태서 선고했다.

사진 속 쉰 살의 박경리가 이 암흑과 야만의 세월을 건너가고 있다.

사진에 찍힌 집은 당시 국민주택 규모의 작은 집이었다. 강운구의 회상에 따르면 박경리는 살던 집의 벽을 허물어서 사각형의

'박경리', 서울 정릉, 1976.
ⓒ 강운구

구멍을 냈고, 아직 창틀을 끼우지 않고 있었다. 박경리는 왜 벽을 헐어 냈을까. 부서진 벽돌들이 담 밑에 흩어져 있고 어두운 실내에서 가재도구들이 희미하게 보인다.

이 구도는 박경리에게 편안하지도, 고통스럽지도 않아 보인다. 이 구도는 박경리가 감당하는 일상이다. 박경리는 시멘트 가루 쌓인 창틀 위에 두 팔을 얹고 밖을 내다보고 있다. 그의 얼굴은 글 쓰는 실무형 노동자의 표정이다. 사진 속의 박경리는 참으로 제자리에 있다. 이 사각형의 어둠 속에서 박경리는 〈토지〉 속에 전개되는 생명의 세상을 설계하고 있었다.

1973년의 눈 내리는 겨울날, 서울 종로구 청진동 신구문화사 현관 앞에서 신경림(1936~2024), 방영웅(1942~2022), 염무웅(1941~), 백낙청(1938~), 이호철(1932~2016)이 사진을 찍었다.

유신독재와 저항세력이 가열차게 부딪치던 시절이었다. 강운구는 이날 우연히 신구문화사 앞을 지나가다가 이 다섯 사람의 모임과 마주쳤다.

신경림의 〈농무〉(1973), 방영웅의 〈분례기〉(1968)가 출간되어서 건강한 문학의 활기가 억압의 시대에 저항했고 독자들이 열광했다.

신구문화사 주간을 지낸 신동문의 덕성의 울타리 안에 젊은 문학인들이 모여들었고, 백낙청이 그 비평적 지주가 되었다. 그들은

'신경림, 방영웅, 염무웅, 백낙청, 이호철', 서울 청진동, 1973.
© 강운구

신구문화사 편집실에서 모였고 청진동에서 마셨다.

서른다섯 살 백낙청의 젊음은 그가 비평가로서 살아가야 할 한 생애를 예고하고 있다. 사진 속에서 그는 젊음의 힘으로 빛난다. 그는 키가 크고 표정이 예리하고 옷차림이 멋지다.

사진을 찍던 날 눈이 내려서 다섯 명의 머리에 눈이 내려 있다. 강운구는 다섯을 함께 찍고, 한 명씩 다시 찍었다.

〈농무〉가 보여 주는 울분과 소외의 고통에도 불구하고 신경림의 표정은 맑고 선하다. 눈을 맞고 있는 그의 얼굴은 천진성의 바탕을 보여 준다. 이 순간은 내면에서 솟아오르는 본질을 보여 준다. 무엇을 기필코 보아야 한다는 의도가 없다. 물러서 있는 카메라가 그 순간을 보았다. 그 순간이 보였다. 이날 눈송이는 굵었다. 사진 속의 신경림은 아마도 눈이 내리는 것이 좋아서 웃고 있는 것 같다.

전시장에 걸린 160명 중에서 72명이 작고했다(2021년 12월 기준).

사람은 지나가지만 사람됨은 지나가지 않는다. 짓밟히고 억눌린 시대에도 사람은 사람다운 표정과 체취와 온도를 지니고 있었고 억압에 매몰되지 않았다. 그래서 '사람의 그때'를 '사람의 지금'이라고 말해도 크게 틀리지 않는다.

'신경림', 서울 청진동, 1973.
© 강운구

지나가는 것들이 다 지나간 뒤에도 지나가지 않는 것들은 남아 있다.

많은 것들이 지나간 뒤에야 지나가지 않는 것들이 있음을 알게 된다. 그 표정들이 이 전시장에 걸려 있다.

(나의 글은 전시회에 걸린 사진 전체에 미치지 못한다. 나는 내 눈에 겨우 보이는 것들만 조금 말했다.)

주교님의 웃음소리

두봉杜峰 주교(1929~)는 6·25전쟁이 끝난 직후인 1954년 한국에 와서 살기 시작한 지 이제 70년이 되었다. 경북 안동교구에서 주교로 사목했고, 19년 전부터는 의성군 봉양면에서 살고 있다. 봉양면은 의성에서 군위로 넘어가는 접경의 외진 마을이다. 두봉 주교는 집 앞 텃밭에 작은 농사를 지어서 소출을 주민들과 나눈다.

거실 마루에는 햇볕이 잘 들어서 늘 밝다. 마루에 작은 좌식 탁자가 놓여 있다. 두봉 주교는 이 탁자에서 손님을 맞고 이 탁자를 제대祭臺로 삼아서 미사를 드린다. 미사복을 갖추어 입고 복사服事 없이 혼자서 미사 드린다. 목요일 미사에는 마을 신자 네댓 명이 참가하고, 월말 미사에는 이웃 동네 신자들까지 20명 정도가 온다.

전국 각지에서 사람들이 날마다 두봉 주교를 찾아온다. 몇 달

전에 TV 예능 프로에 출연한 뒤로는 더 많은 사람들이 찾아온
다. 사람들은 TV에 잠깐 나온 늙은 성직자의 인상에 끌려서 서
울에서, 부산에서, 마산에서 이 외진 마을까지 온다. 신자들도
오고 신자가 아닌 사람들도 온다. 불교 승려들도 오고, 개신교
목사들도 다녀간다. 어린아이를 데리고 오는 부부도 있고, 늙은
이도 있고, 젊은이도 있다. 모두 안면이 없는 사람들이고, 사전
연락 없이 불쑥 찾아오는 사람들도 있다. 두봉 주교는 시간을 쪼
개서 이 방문객들을 맞는다.

두봉 주교는 방문객들에게 신자냐 아니냐를 묻지 않고, 신앙
에 관한 이야기는 하지 않고, 성당에 나오라고 권유하지도 않는
다. 방문객들은 주로 먹고사는 일의 어려움이나 살아가는 일의
크고 작은 고민들을 말한다. 가족 간의 불화나 이혼 문제를 들이
밀면서 '어떻게 하면 좋겠는가'를 묻는 사람들도 있다.

두봉 주교는 해답을 제시하지도 않고, 충고를 하지도 않는다.
두봉 주교는 사람들의 이야기를 귀 기울여 듣고, 함께 걱정하고,
기쁜 소식을 가지고 오는 사람들과 함께 박수 치면서 웃는다. 예
고 없이 찾아오는 사람들을 두봉 주교는 날마다 맞아들인다.

"사람에게는 자기 사정을 말하고 싶은 욕구가 있다. 그걸 들
어주고, 거기에 공감하고, 함께 기뻐하고, 걱정해 주면 그것으로
위로가 되고 치유가 된다. 면담의 내용에 대해서는 비밀을 지킨
다"라고 두봉 주교는 말했다.

두봉 주교의 웃음.
ⓒ 가톨릭평화신문

두봉 주교는 자주 웃고, 크게 웃는다. 두봉 주교의 웃음소리는 깊은 산속의 시냇물 소리를 닮아 있다. 맑은 소리가 잇달아서 흘러간다. 두봉 주교의 웃음소리를 듣고 있으면, 그의 몸속에서 기쁨의 엔진이 작동하고 있으리라는 느낌이 든다. 두봉 주교는 작은 일에도 속 시원히 웃는다. 두봉 주교의 웃음소리를 듣고 있으면, 웃음과 기쁨은 그가 세상을 대하는 기본 태도이며 그의 신앙 생활의 중요한 일부라는 생각이 든다.

두봉 주교는 1953년 프랑스에서 사제품司祭品을 받고 파리외방전교회의 신부로 한국에 파송되었다. 두봉 신부는 배를 타고 왔다. 배는 이집트, 스리랑카, 홍콩, 일본을 거쳐서 두 달 반 만에 인천에 닿았다. 1954년 12월이었다. 전쟁 직후에 폐허가 된 거리에서 배고픈 사람들이 떨고 있었다. 그 시절이 힘들지 않았는가, 라고 물어보자 두봉 주교는 "가난 속에서도 따뜻한 사람들의 마음을 알 수 있었다. 한국은 사람이 따뜻한 나라라는 인상을 받았다"라고 말하면서 웃었다.

1950년대에 두봉 주교는 대전에서 사목했다. 전쟁고아들이 거리를 헤매고 있던 시절이었다. 성당은 고아원을 돌보면서 구호물자를 나누어 주고 있었다. 두봉 주교는 "그때, 아이들이 많아서 아주 재미있었다. 재미있게 지냈다"라고 말하면서 또 웃었다.

헐벗고 배고픈 아이들이 성당에 많이 와서, 주일학교는 학년별로 학급을 편성했고 청년 신도들이 아이들을 지도했다.

"그때, 교회는 청년과 아동들이 많아서 생기가 있었고, 모든 일들이 활발했다. 그때 아주 재미있게 지냈다"라고 말하면서 두봉 주교는 또 맑고 크게 웃었다. 그의 웃음은 "그때 고생스럽지 않았는가?"라고 묻는 질문을 무안하게 하지 않고, 묻는 사람을 함께 웃게 만드는 힘이 있었다.

두봉 주교는 1969년 주교품主教品을 받고, 20년 이상 안동교구 장직을 맡아 왔다. 안동교구는 안동, 영주, 예천, 문경, 봉화 등 경상북도 북부 지역을 맡고 있다. 여기는 전통 깊고, 자긍심 높고, 자랑거리 많은 한국 유림儒林의 본향이다. 이 지역에서 외래 종교의 신앙과 전례를 포교하는 일은 어려운 일이 아니었을까.

"유교적 전통 때문에 이 지역에서 어려운 일은 한 번도 없었다. 문화적 충돌도 없었고 유림 사회의 지도자들과도 조화롭게 지낼 수 있었다. 유교는 인간의 선한 바탕에 기초해 있고 양심과 정직함을 존중하는 사상이다. 유교의 바탕을 지니고 있는 사람들 중에서 좋은 가톨릭 신자들이 많이 나왔다"라고 말하면서 두봉 주교는 또 크게 웃었다. 그의 웃음소리는 마음속에서 기쁨이 터져 나오는 소리였다.

두봉 주교는 이 지역에서 학교법인 상지학원*을 설립했고, 안동문화회관**을 설립했고, 박정희 대통령의 군사정권 시절에는 대전교구와 안동교구에서 지역 청년들을 규합해서 노동운동, 농민운동***을 치열하게 전개했다. 이러한 운동들은 교회나 지역 주민들과의 신뢰관계 위에서만 가능했다. 두봉 주교의 소망대로 유림의 본고장에 천주교회는 튼실하게 자리 잡아 갔다. 두봉

---

* 학교법인 상지학원은 1969년 안동교구 설정과 함께 발족되었다. 이 학교법인은 지금의 가톨릭상지대학의 바탕이다.(한국가톨릭대사전)

** 안동문화회관(1973년 건립)은 신자들뿐 아니라 지역민 모두에게 개방된 공간으로, 문화행사와 각종 모임, 농민과 노동자를 위한 기도회 장소로 사용되었다.

*** 1978년 경북 영양군은 농민들에게 불량 감자 종자를 보급했고, 피해를 본 농민들은 사제들과 함께 항의해서 이듬해 보상을 받아냈다. 이 활동에 앞장섰던 농민회의 오원춘 분회장이 국가 정보기관에 20여 일간 납치되어서 폭행당했다. 가톨릭 성직자들은 기도회를 열어서 전국에 알렸고, 이 기도운동은 유신 철폐, 긴급조치 철폐 주장으로까지 이어졌다. '오원춘 사건'으로 알려진 이 사태로 두봉 주교는 추방당할 위기를 맞게 된다.

주교는 봉양鳳陽 두씨로 본관을 정해 시조로 호적에 등록했다.

두봉 주교가 소속된 파리외방전교회는 교회가 현지에 자리 잡게 되면 교구와 성당의 책임을 현지 출신의 사제에게 맡기는 것을 기본 정책으로 삼고 있다. 두봉 주교는 이 원칙에 따라서 지금까지 네 번 교황청에 교구장 사직서를 제출했지만 윤허되지 않았다.

1979년 '오원춘 사건'으로 두봉 주교가 한국 정부와 갈등을 빚고 있을 때, 교황청 인류복음화성은 두봉 주교에게 사퇴를 요구했다. 인류복음화성은 두봉 주교를 퇴진시킴으로써 문제를 정리하려 했다. 이때 두봉 주교는 사직을 거절했다. 외국인이라는 이유로 물러나라면 물러날 수 있지만, 이처럼 어려운 때에 한국 농민을 저버릴 수는 없다는 것이 두봉 주교의 뜻이었다. 요한 바오로 2세 교황은 두봉 주교의 뜻을 받아 주었고, 그 후 박정희 대통령이 죽음으로써 이 문제는 없었던 일이 되었다.

이런 시련의 세월을 이야기하면서도 두봉 주교는 자주 웃었다.

"고등학교 3학년 때 종교철학 시간에 최고의 사랑과 최고의 행복에 대해서 배웠다. 그때 남에게 행복을 알려 주고 사랑의 길을 보여 주는 삶을 살겠다고 결심했다. 그 마음이 지금까지 달라지지 않았다. 나는 기쁘게 살고 있다"라고 두봉 주교는 말했다. 두봉 주교의 마루에는 안동교구 사제들의 다짐인 '기쁘고 떳떳하게'를 적은 액자가 걸려 있다. 이 액자 앞에서 두봉 주교와 함께 사진을 찍었다. 사진을 찍으면서 두봉 주교는 또 웃었다.

아날로그는 영원하다

교동도喬桐島는 강화도에서 가깝다. 강화도 창후리 포구에서 뱃길로 15분 거리인데, 지금은 다리가 놓여서 자동차로 오고 간다. 교동도에서는 남쪽으로는 석모도, 북쪽으로 황해도 연백과 배천의 산야가 물 건너로 빤히 보인다. 이 언저리에서 한강은 서해에 포개져서 흐름을 다하고 산하의 구획이 허물어진다. 이 풍경 속에서 시야는 썰물 때 아득하고, 밀물 때 가득하다. 교동도 바다에서 나는 시간과 공간이 소멸하고 신생하는 환영을 느낀다.

교동도의 대룡시장은 섬 안의 상설시장이다. 좁은 네거리 골목에 백여 개의 소형점포들이 모여 있다. 나는 대룡시장의 형성 과정과, 이 시장에서 50년 가까이 시계 수리점과 도장가게를 경영하다가 돌아가신 황세환 씨(1939~2016)의 생애에 관해서 말하려 한다.

교동도는 행정구역으로는 강화군에 속하지만, 국토가 분단되기 이전에 교동도 사람들은 주로 황해도 연백지방을 드나들며 교역하고 노동했다. 그때 교동도는 논의 대부분이 천수답이어서 양식이 모자랐고, 황해도 연백은 들이 넓고 수리시설을 갖추고 있어서 쌀 생산량이 많았다. 교동도 사람들은 참외, 면화 같은 밭작물을 가지고 연백으로 가서 곡식과 바꾸었고, 농번기에는 연백으로 건너가서 품을 팔았다. 5km 정도의 물길을 쪽배를 타고 건너갔고, 힘센 사내들은 헤엄쳐서 건너갔다.

전쟁과 분단은 교동도의 현실을 크게 바꾸어 놓았다. 황해도 연백 지역에서 많은 피난민들이 교동도로 내려왔다. 피난민들은 고향에서 가져온 쌀을 교동도 원주민들에게 주고 원주민들의 방에 세 들어서 살았다. 피난민들은 갯벌을 막아서 간척 논을 만들었고, 작은 저수시설들을 만들었다. 1960년대 이후로 교동도의 넓은 들은 옥토로 변했고, 질 좋은 쌀이 나오기 시작했다.

대룡시장은 피난민과 원주민들 사이 작은 교역의 자리로 시작되었다. 처음에는 노점상뿐이었으나 그 후 거래량이 늘어나자 합판으로 판잣집을 지었고, 지금은 상설점포가 들어서 있다. 초기에 시장을 일군 1세대 상인들은 대부분 연백 사람들이었고, 지금은 그 후손들이 가게를 이어받았다.

나는 대룡시장에 올 때마다 전쟁의 폐허에서 삶의 터전을 상실한 사람들이 낯선 땅에서 새로운 고향을 건설해 내는 생명력을 느낀다. 그 힘은 자연의 복원력에 인간의 의지를 합친 것이다. 구석기 시대 사람들이 따뜻한 양지쪽이나 고기 잡히는 물가에 모여서 마을을 이루고 돌도끼, 돌칼을 만들어서 사냥하고 먹고 남은 식량을 비축해서 겨울에 대비하는 삶의 방식과 교동도 대룡시장의 형성 과정은 근본에 있어서 아무 차이가 없다. 인간은 사상이나 이념의 노예가 아니고, 노동과 교역은 인간이 지상에서 평화와 자유를 건설하는 토대이며, 생활은 영원하다는 것을 대룡시장에서는 쉽게 알 수 있다.

대룡시장 상인들은 제비를 특별히 사랑한다. 시장 입구 네거리에 제비가 새끼에게 먹이를 주는 모습을 조형물로 만들어서 세워 놓았고, 점포의 처마 밑에 널빤지를 받쳐서 제비가 집을 짓기 쉽게 해 주었다. 시장의 담벽에 제비를 벽화로 그려 놓았고, '제비카페', '제비국밥', '교동제비집'처럼 '제비'를 내세운 가게 이름도 있다. 봄에 돌아오는 제비는 사람들 복작거리는 이 시장 골목으로 진흙을 물고 날아 들어와서, 가게 처마 밑에 집을 짓고 새끼를 기른다. 대룡시장을 일구어 낸 피난민 1세대들은 멀리서 찾아오는 제비들에게 실향민의 향수를 의탁하면서, 제비를 반갑게 맞이하고 잘 대접했다고 시장의 원로 상인은 말했다.

내가 지난해 12월 중순 대룡시장에서 가래떡을 사 먹으며 골목에 앉아 있을 때, 인천 마전초등학교의 젊은 선생님이 6학년 아이들 30여 명을 데리고 이 시장에 와서 시장 가게 처마 밑의 제비집을 보여 주면서, 제비를 반가워하고 제비와 더불어 사는 사람들의 마음을 설명하고 있었다. 나는 이날 시장에서 젊은 선생님과 아이들을 만난 일을 내 생의 큰 기쁨으로 꼽는다. 아름다움을 깨닫는 것이 이처럼 쉬워서 나는 기뻤다.

대룡시장에는 이 골목에서 한평생 시계 수리점과 도장가게를 경영한 고故 황세환 씨의 '기념관'이 있다. 이 기념관은 황 씨 소유의 5평 점포 안에 황 씨가 백열등 불빛 아래서 시계 수리작업을 하는 모습을 밀랍인형으로 만들어 놓고 황 씨가 쓰던 작업도구와 시계 부속품들을 전시하고 있다. 황 씨가 별세한 후에 강화군청이 이 점포를 인수해서 '기념관'을 꾸몄고 대룡시장 상인회가 '명장名匠'의 팻말을 붙였다. 이 기념관에는 가게 처마 밑에 깃들어 살던 제비집이 남아 있다. 황 씨가 받침대를 붙여서 제비들의 집짓기를 거들어 주었다.

황 씨는 교동도의 토박이다. 황 씨의 아버지는 논 8천 평에 일소 서너 마리를 부리는 농부였다. 황 씨는 20대에 몸을 다쳐서 농사일을 이어받을 수가 없었다. 황 씨는 인천에 나가 학원에 다니면서 라디오 수리기술을 배웠다. 황 씨는 진공관 라디오를 배웠는데, 황 씨가 기술을 어느 정도 익히자 트랜지스터라디오가 나와서 진공관 기술로는 밥벌이를 할 수 없게 되었다.

황세환 씨 기념관 앞에서, 2022년 12월.
시계를 수리하는 황 씨의 모습을 밀랍인형(왼쪽)으로 만들어 두었다.
방한모를 쓴 사람(오른쪽)은 김훈이다.
ⓒ 김영훈

황 씨는 인천의 한 시계 수리점에 일꾼으로 들어가서 급료를 받지 않는 조건으로 3년 동안 시계 기술을 배웠다. 잠은 주인집에서 자고 밥은 쌀을 들고 가서 얹혀 먹었다. 기술을 배우면서 집안의 허드렛일도 했다.

황 씨는 스물아홉 살에 고향 교동도로 돌아왔다. 황 씨는 쌀열 가마를 주고 대룡시장 안에 5평 점포를 구입해서 시계 수리점을 열었다. 황 씨는 가게로 찾아오는 손님들의 손목시계를 수리했고, 작업도구를 싸 들고 출장 다니면서 벽걸이 시계를 수리했다. 황 씨의 기술은 톱니바퀴들이 물고 돌아가는 아날로그시계를 고치는 기술이었다.

황 씨의 아날로그시계 가게가 점차 자리를 잡아 가던 1980년대 초반부터 디지털 방식이 시계의 대세를 이루었다. 디지털시계는 싸고 편리하고, 고장이 나지 않았다. 좀 지나서는 핸드폰마다 시계가 붙게 되어서 아날로그식 손목시계와 벽시계는 빠르게 사라졌다. 황 씨의 가게에는 손님이 없어졌고 생계가 막막했다. 황 씨는 2남 3녀를 기르고 있었다.

1990년대 초에 황 씨는 도장 파는 기술을 배워서 도장 일을 겸했다. 황 씨는 미세한 작업에 익숙해 있어서 도장기술을 쉽게 배울 수 있었다.

황 씨가 도장을 겸업하기 시작하자 이메일을 이용한 전자결재와 육필사인이 결재 행위의 대세를 이루었고, 도장으로 문서

를 마무리하는 관행은 차츰 사라졌다. 말년에 황 씨의 가게는 손
님이 하루에 한두 명뿐이었다.

　피난민과 원주민들이 몸의 노동으로 세운 시장에서 황 씨의
아날로그적 생업은 디지털 기술에 밀려서 소멸했고, 지금은 그
자리에 기념관이 들어서 있다. 이 허름한 기념관은 문명이 교차
하는 과정의 슬픔과 고통을 기념하고 있다.

　디지털은 모든 정보와 자료를 기호로 바꿈으로써 문명의 개
벽을 이루었지만, 삶과 언어의 바탕은 기호화될 수 있는 것이 아
니다. 차례로 무너져 간 황 씨의 생업과 그가 남긴 작업도구들은
불멸의 추억으로 인류의 근육에 각인되어 있다. 교동도 대룡시
장은 아날로그의 시장이다. 시장 상인들은 새로 날아올 제비를
기다리고 있다. 기다림과 그리움은 모두 아날로그의 사업이고,
디지털의 공간 속으로 제비는 돌아오지 않는다.

・　대룡시장의 형성 과정과 황세환 씨의 생애에 관한 정보는 2012년 국립민속박물
　관에서 발행한 〈교동도의 시계수리공과 이발사〉(오창현·이성곤 글)에서 끌어서
　썼고, 황세환 씨의 아들 황준일 씨에게서 도움말을 받았다.

여덟 명의 아이들을 생각함

2023년 여름에, 경기도 수원시의 한 아파트의 냉장고 냉동 칸에서 신생아의 사체 두 구가 발견되었다. 이 집의 30대 주부 A씨는 2018년 11월, 2019년 11월에 출산한 신생아 두 명을 낳자마자 목 졸라 죽여서 그 사체를 검은 비닐봉지에 담아 냉장고 냉동 칸에 넣었다. 경찰은 출생신고되지 않은 신생아들의 사례를 추적하는 과정에서 A씨의 범행을 밝혀냈다.

체포되었을 때 젊은 어머니 A씨는 다시 임신 중이었고, 열두 살, 열 살, 여덟 살짜리 자녀 세 명을 두고 있었다.

경찰 조사에서 A씨는 '살기가 힘들어서' 두 아이를 죽였다고 진술했고 남편 B씨는 그동안 아내가 임신한 사실을 '몰랐다'고 진술했다.

첫 번째 범행 후 이미 4년 이상이 지났는데 그동안 왜 자수하지 않았는가, 라고 수사관이 추궁하자 젊은 어머니 A씨는 대답했다.

"지금 큰아이가 열두 살인데, 좀 더 자라서 빨래라도 할 수 있을 때까지 밥을 해 주고 싶었다."

나는 이 말의 진정성을 믿는다. 나의 믿음은 증거가 없으므로 과학에 미달하지만 이 젊은 어머니는 그 절망적인 패륜에도 불구하고 아직도 인간성의 영역 안에 머물러 있다.

나의 '믿음'이 그렇기를 바라는 '소망'이라 하더라도, '믿음'과 '소망'이 겹쳐지는 마음의 풍경도 인간사의 영역 안에 속한다.

이 젊은 어머니는 아이 두 명의 사체가 들어 있는 냉장고의 문을 수시로 여닫으면서, 그 안에 저장된 식재료를 조리해서 남은 자녀 세 명의 끼니를 챙겨 왔다. 그 밥상에 다섯 식구가 둘러앉아 저녁을 먹을 때 이 어머니의 심경이 어떠했을까를 상상하는 일은 괴롭다.

'밥 먹기가 어려워서' 두 아이를 죽인 어머니는 경찰에 잡혀 와서 살아 있는 자식들의 '밥'을 걱정했다. 아침신문에서 이 어머니의 진술을 읽을 때 '밥'이라는 글자 한 개가 철벽처럼 내 앞을 가로막았다.

언론은 이 엽기적 패륜 사건을 크게 보도했고, 이와 비슷한 영유아 살해사건들을 끌어모으고 비교분석해서 인명경시 풍조와 인류의 타락을 개탄했고, 이 패륜 사태의 근본 배경은 대부분의 경우가 '가난'이라고 진단하면서 고난을 돌파하는 인간의 의

지가 쇠퇴해 가고 있다고 시대 전체의 병리 현상을 지적했다. 증거가 분명하고 증거와 자백이 일치하므로 수사는 쉽게 종결되었다.

몇 달 후에 지방법원의 검사가 이 젊은 어머니에게 징역 15년을 구형했다는 기사를 읽으면서 나는 이 어머니가 '밥'을 해 먹이려 했던 열두 살, 열 살, 여덟 살짜리 세 아이를 생각했다. 뱃속의 아이가 태어나면 아이는 네 명이 된다. 아마도 열두 살 난 큰딸은 좀 더 자라면 동생들을 위해 빨래를 하고 '밥'을 해야 할 터이다.

이 네 아이는 어머니가 없는 세상에서 성장기를 보내야 한다. 이것은 인간 세상의 가장 참혹한 불우이고 박탈이다. 아이들은 일생 동안 이 고난의 족쇄에서 풀려나기 어렵다. 이 아이들은 특정한 개인이나 국가 사회에 대해서 책임져야 할 어떠한 행위도 행위하지 않았고, 실행미수하지 않았고, 예비음모하지 않았다. 이 아이들은 고의범이 아니고 과실범이 아니고 가해자가 아니고 피해자가 아니다. 이 아이들은 그 가난한 어머니의 자식일 뿐이다. 법은 법의 작용으로 이 아이들에게 가해진 비극을 설명할 수 없고 구제할 수 없다. 법은 이 사태에 대하여 할 수 있는 말이 없고, 설명할 것을 요구받지 않는다.

나는 지금 법의 허망함을 말하려는 것이 아니고, 범인을 옹호하려는 것이 아니고, 법관의 사려 깊지 못함을 탓하려는 것이 아니다. 나는 이 세계와 인간의 영원한 불완전성을 말하려고 한다.

법의 적용과 집행이 법으로서 정당한 것이라 해도, 이로써 인간 세상에 정의가 구현되는 것인지는 확실치 않다. '확실치 않다'는 나의 말은 그야말로 확실치 않아서 내가 듣기에도 비겁하다. 이 민망함을 무릅쓰고 말하자면, 확실치 않은 것을 확실하다고 믿을 때, 한쪽 둑을 막으면 다른 쪽 둑이 무너지고, 꿰맨 자리가 계속 터지고, 터진 자리에서 또 다른 문제가 쏟아져 나온다.

흉악범죄나 일터에서 일하다가 죽는 사람들의 죽음은 TV 화면 아래쪽의 자막뉴스로 흘러간다. 법이 범죄자나 사건 책임자를 적법하게 처리했다 하더라도 범인의 가족이나 범죄 피해자들의 처자식이 겪어야 하는 불행을 보상하거나 위로하거나 설명할 수는 없다.

법에 의해서 인간의 땅 위에 정의를 구현한다는 생각은 법의 테두리 안에서는 정의롭겠지만, 이 세상의 많은 부분은 법의 테두리 밖에서 전개되고 있다. 나의 말은 아무런 철학도 이론도 세계관도 아니다. 이것은 날마다 이 법치국가의 일상생활 속에서 전개되고 있는 현실이며 루틴이다. 내일도 모레도 이와 같고, 영원히 이와 같다.

이 불완전성은 세계의 본래 스스로 그러한 운명이다. 억겁의 세월이 흘러도 인간은 이 문제를 해결하지 못한다. 그러므로 정의 혹은 이념의 깃발을 들고 어깨를 거들먹거리며 땅 위를 걸어 다니는 자들은 어리석다. 이 세계의 불완전성을 이해하는 것으로 그 불완전성을 해결할 수 없지만 그 불완전성을 깊이 들여다볼 수 있는 사람은 세계와 인간을 대하는 마음에서 겸손과 수줍음과 조심스러움을 갖출 수 있다. 겸손과 조심스러움을 상실한 태도가 이 불완전한 세계 위에 지옥을 완성한다. 이 지옥의 이름은 파시즘이다.

2023년 여름에는 좋은 일도 있었다.

콜롬비아 산악지대에 추락한 경비행기에서 열세 살(여), 아홉 살(남), 네 살(남), 한 살(여)짜리 남매 네 명이 40일 만에 살아서 돌아왔다. 동승했던 어른 세 명은 현장에서 죽었다. 승객들은 모두 아마존 유역의 원주민들이었다.

열세 살 먹은 큰아이가 세 동생을 지휘해서 맹수, 독사, 독충이 우글거리는 열대밀림에서 40일을 견디어 냈다. 한 살짜리 막내도 살아서 울고 있었는데, 수색대는 이 울음소리를 추적해 들어가서 아이들을 구해 냈다.

수색대는 이 아이들의 외할머니 마리아의 육성녹음을 산악지대에 확성기로 방송했다. '우리가 너희들을 찾고 있으니, 절망하지 마라… 기다려라 우리가 간다… 우리가 가고 있다…' 이런 메시지를 전하려는 의도였다. 아마도 이 아이들은 외할머니의 손에서 자라난 모양이다.

외할머니 마리아는 녹음기에 "흩어지지 말고 한곳에 머물러 있어라"라고 녹음했다.

수색대가 막내의 울음소리를 추적해서 아이들을 찾아냈을 때, 아이들은 외할머니의 말대로 흩어지지 않고 모여서 한곳에 머물러 있었다.

신문기사를 읽으면서 나는 막내의 울음소리와 외할머니의 육성녹음을 생각하며 마음이 따뜻해졌다. 막내의 울음소리는 인간이 인간에게 보내는 신호였다. 그 신호는 절박하고도 무력한 신호였고, 오래 지속될 수가 없는 신호였다. 인간만이 인간의 신호를 해독할 수 있다. 수색대는 그 신호의 발신지를 추적해 들어갔다.

외할머니는 '한군데 모여 있으라'라고 육성으로 녹음했다. 외할머니의 목소리는 메가폰으로 밀림에 퍼졌다. 아이들이 외할머니의 육성을 들었는지는 확실치 않다. (언론은 이 대목을 보도하지 않았다.) 확실한 것은 두 가지다. 외할머니가 '한군데 모여 있으라!'라고 녹음했다는 것과 아이들은 '한군데 모여 있었다'라는 것이다. 아이들이 외할머니의 목소리를 듣고 그 가르침을 따랐다면 이 생환이 더욱 아름다웠겠지만, 두 개의 사실에 아무 관련이 없다 해도 이 생환은 충분히 아름답다. 늙은 외할머니는 아이들이 '모여 있는 것'이 살길임을 알았고, 아이들도 한군데 모여 있었다.

절망적 상황 속에서 아이들이 각자 흩어졌다면 생존 확률은 훨씬 낮아지고 수색작업은 몇 배로 어려워졌을 것이라고 재난 전문가들이 말했다.

함께 모여서, 존재와 존재를 서로 의지하면서, 나의 고난으로 너의 고난을 위로함으로써 아이들은 밀림의 40일을 견디어 냈다. 막내가 울음소리로 외부에 신호를 보냈고, 수색대가 신호를 포착했다. 외할머니는 이 상황에 대처하는 최선의 방법이 '흩어지지 않고 모여 있는 것'임을 알고 있었다.

할머니의 소망이 아이들이 '모여 있음'으로 실행되고 막내의 울음소리와 수색대의 추적이 이어지면서 아이들은 생환했다. 콜롬비아의 페트로 대통령은 "발견 당시 아이들은 모두 함께 있었다"라고 말했다.

위정자들의 말은 신뢰받기 어려운데, 이날 페트로 대통령의 한마디는 인간의 근본을 정확히 설명했고, 아름다웠다. 구출된 아이들은 병원에서 모두 회복되어서 잘 놀고 밥도 잘 먹고 있다고 했다. 나는 아마존 밀림 속 마을에 사는 이 외할머니가 보고 싶다.

2023년 연말에 나는 경기도 수원시 '냉장고 영아 유기 사건' 범죄자 A 여성의 네 아이들과 아마존 열대밀림에서 살아 돌아온

네 아이들을 생각한다. 내 마음속에서, 아이들 여덟 명이 모여서 놀고 있다.

나중에 들으니, 아마존 밀림의 네 아이들을 위해 여러 나라 사람들이 성금을 보내왔는데, 이 돈을 더 많이 차지하려고 어른들이 아귀다툼을 벌이고 있다고 한다. 이것도 이 세계의 본래 그러한 모습이지만, 이 추접스런 아귀다툼이 '한군데 모여 있으라'는 외할머니의 진정성을 훼손하지는 않는다.

불완전한 세상에는 그 불완전을 살아 내는 불완전한 방법이 있다. 이 방법은 허약하지만 소중하다.

말하기의 어려움, 듣기의 괴로움 •

인문주의를 말하는 담론이 유행처럼 되어 버린 시대에 저는 지금 한국 사회가 당면한 언어의 타락과 혼란, 언어의 사나움과 사나운 언어의 무력함을 말하려 합니다. 언어와 삶의 관계를 성찰하고, 건강한 언어의 토대 위에 삶을 세우려는 노력이 인문학의 본령이라고 저는 생각합니다. 인문주의는 '학學'에서 발아해서 '습習'에서 결실하는 것이므로, 세계 명작을 탐독하고 우아한 교양을 쌓음으로써 인문학이 완성되는 것은 아닙니다.

저는 오늘 아침 이 글을 쓰면서 문득 공자의 생애를 생각했습니다. 〈논어〉는 공자의 일상적 언행에 관련된 목격담과 청취록의 파편들로 구성되어 있습니다. 공자는 제자들과 더불어 형이상적

• 이 글은 2021년 11월 17일 〈조선일보〉 주최로 열린 '인문학 포럼'의 강연을 토대로 썼다.

진리나 초월적 이데아를 논하지 않았습니다. 그는 전공과목의 방법론을 말하지 않았고, 해탈한 자의 자유를 과시하지 않았고, 세상 너머의 것을 잡으려는 포즈를 보이지 않았습니다. 그는 늘 지지고 볶는 인간잡사에 대해서 말했고, 생애의 대부분을 득도하지 못한 세인世人들과 더불어 지냈습니다.

공자는 이 발가벗은 일상성에 바탕을 두고, 언어와 삶이 서로 배반하지 않는 세계를 향한 인간의 소망을 설득력 있게 제시했습니다. 그의 말본새는 맑고 단순했는데, 그의 메시지가 인류사에 울리는 강력하고도 생생한 호소력은 이 단순한 어조에 바탕해 있다고 저는 느꼈습니다.

무엇을 말해야 하는가, 어떤 어조로 말해야 하는가, 말본새를 어찌해야 하는가를 고민하는 일은 인문주의의 토대일 것입니다. 말 앞에서의 경건함, 말을 검소히 사용하는 망설임, 혓바닥을 너무 빠르게 놀리지 않는 진중함, 사람 사는 동네를 걸어 다닐 때 어깨를 거들먹거리지 않는 걸음걸이가 인문주의의 중요한 외양일 것입니다. 이것은 포즈가 아니라 본질에 관련된 문제입니다.

지금 한국 사회의 문명화를 가로막고 있는 가장 큰 장애물은 소통 불가능한 언어의 창궐입니다. 지금, 언어는 소통에 기여하는 것이 아니라 사람과 사람 사이의 단절을 완성해 가고 있습니다. 욕망과 당파성으로 무장한 입들이 여러 고지에서 진지陣地를 구축하고 무기화된 언어를 발포해서 공유지를 폭격하고 있습니다. 여러 이익집단, 당파집단, 욕망의 집단이 내지르는 비명, 고함, 욕지거리, 악다구니, 저주, 분노, 거짓말이 허공에서 부딪쳐서 아무도 알아들을 수 없는 백색소음白色騷音의 회오리를 일으키고 있습니다. 이 소음 속에서는 모든 소리의 주파수가 뒤엉키고 간섭해서 언어의 의미내용이 파괴되고, 개념이 지칭하는 바는 모호해지고, 모든 메시지는 수취인이 불명해져서 이 세상은 파도소리나 TV의 노이즈 현상처럼 해독 불가한 무의미로 뒤덮여버립니다. 말을 할수록 인간 사이가 단절되고 소외가 심화되는 사태이고, 정치는 공허해지고 있습니다.

저는 말을 전문적으로 다루는 사람으로서 제가 삶의 현장에서 느끼고 겪은 일들을 계통 없이 말하려 합니다. 어수선하겠지만, 저로서는 절박한 말입니다.

하느님의 낙원에서 지낼 때 아담과 이브가 '동침'을 했는지 여부는 성서에 기록되어 있지 않습니다. 아담과 이브가 에덴의 동쪽으로 추방된 직후에 '동침'했다고 성서에 기록되어 있습니다. 이 '동침'으로 큰아들 '카인'과 둘째 아들 '아벨'이 태어났습니다. 인류의 첫 자식들의 출생지는 그 부모의 유배지였습니다.

낙원 추방 이후 하느님과 인간의 첫 대화는 하느님과 카인 사이에서 이루어졌습니다. 그리고 이 짤막한 대화 한 토막은 그후 인류사에서 전개된 언어의 비극의 원형을 이루고 있습니다.

하느님이 아벨을 편애하므로 카인은 분노했습니다. 카인은 아벨을 때려 죽였습니다. 하느님은 카인의 소행을 신문했습니다.

하느님　네 아우 아벨이 어디 있느냐?
카인　　내가 알지 못하나이다. 내가 내 아우를 지키는 자이니까?
- 〈창세기〉 4장 9절

성서의 문장을 더 읽어 보면, 하느님은 카인의 범죄행위를 다 알면서도 묻고 있습니다. 유도신문으로 자백을 받아 내려는 것이겠지요. 카인은 하느님이 다 알면서도 묻고 있다는 것을 알고 있습니다. 그래서 카인은 범행을 시인도 부인도 하지 않습니다. 카인은 '나는 모른다'라고 대답했습니다. 이때 카인은 마음속으로 '모른다'는 것이 자신의 진실이기를 바라고 있었을 것입니다. '모르고 싶다'는 것이 카인의 바람이고, 카인은 그 '바람'이 사실인 것처럼 자신에게 최면을 걸고 있습니다. 그리고 카인은 또 말했습니다.

"내가 내 아우를 지키는 자이니까?"

이 말은 질문의 형식을 갖추고 있지만, 이 형식 안에 '나는 내 아우를 지키는 자가 아니다'라는 답변을 미리 내포하고 있습니다. 이런 질문은 아무것도 묻고 있지 않기 때문에 의미 있는 답변을 할 수가 없습니다. 질문하는 자가 그 질문에 대한 자기 나름의 답변을 미리 설정해 놓은 질문은 사람들 사이를 소통시킬 수가 없습니다. 카인의 이 질문은 상대의 질문에 사실로써 답변하지 않고, 질문의 구조를 이탈합니다. 카인은 느닷없이 공중으로 몸을 띄워 돌아서면서 상대의 뒤통수를 때리고 있습니다. 이 돌려차기로 카인은 형제살해 범죄에서 발생하는 도덕의 굴레를 벗어던지고 있습니다.

낙원에서 추방된 후 하느님과 인간 사이에 이루어진 첫 번째 대화는 인간의 근친살해 범죄에 관한 것이고, 그 언어의 내용은 허위와 회피, 오리발 내밀기, 돌려차기와 뒤통수 때리기, 딴소리하기와 뭉개기로 이루어졌습니다. 카인은 이 모든 묘기를 동시에 보여 주었습니다. 구약성서의 이 대목은 인간과 언어가 서로를 파괴하는 참상의 기원을 서너 줄의 문장으로 벼락 치듯이 묘사하고 있지만, 이 비극적 소통불가능은 그 후의 인류사 속에서 증폭되어 왔고, 지금 대한민국 국회와 여러 당파집단, 이익집단과 SNS의 언설에서 넘쳐 나고 있습니다.

삶의 현실을 배반한 언어들이 모호한 추상개념을 거느리고 신기루처럼 무리 지어 몰려다니면서 한 시대의 거대한 풍경을 이루고 있습니다. 이 풍경은 철벽같이 완강하고 안개처럼 뿌옇습니다. 헛것인지 실체인지 구분하기 어렵지만, 이 풍경 속에서 헛것은 실체보다 더 강력합니다.

아마도 '국민'이라는 한국어는 한국 사회의 여러 당파집단들이 이 신기루를 만들기 위해서 가장 빈번히 동원하는 단어일 것입니다. 정치 슬로건이 언어를 무기화하면 그 언어는 형해화形骸化될 수밖에 없는데, '국민'이라는 한국어의 가장 불쌍한 피해자는 국민입니다. 여러 당파집단과 이익집단의 언설들이 '이것은 국민이 판단할 문제다', '당신들은 국민적 저항에 부딪칠 것이다', '우리는 국민과 더불어 싸우겠다', '우리는 국민의 뜻에 따른다'라고 말할 때, 이 언설은 매우 민주주의적인 겉모습을 갖추고 있지만 이 '국민'이 누구인지는 알 수가 없습니다. 이 국민은 이 사람도 아니고 저 사람도 아니면서, 동시에 이 사람이기도 하고 저 사람이기도 하고, 아무도 아닌 사람인 동시에 누구나인 사람입니다.

대한민국 헌법 1조 2항이 "대한민국의 주권은 국민에게 있고, 모든 권력은 국민으로부터 나온다"라고 말할 때 이 법조문은 정치권력의 존립 배경과 작동 원리를 추상적으로 규정한 것이고, 국민을 특정 집단이나 개별적 존재로 지칭한 것은 아닙니다. 헌법의 '나온다'라는 술어는 자동사이지만 바람이 '분다'나 눈이 '내린다'처럼 정치적 정의가 저절로 나오지는 않을 것입니다. 그러므로 광화문이나 서울광장이나 서초동 법원 앞에서 시위를 벌이는 여러 당파성의 군중으로부터 권력이 '나온다'는 말은 헌법의 이념이 아닐 것입니다.

대체로 말해서, 대한민국 헌법은 인간의 개별성에 대한 인식을 선명히 드러내고 있지 않습니다. 헌법 1조 2항의 '국민'은 '전체로서의 국민the people as a whole'을 추상적으로 상정하고 있지만, 헌법 10조에서 "모든 국민은 인간으로서의 존엄과 가치를 갖는다"라고 말할 때의 '국민'은 개별적 인간 존재every private person에 가까운 것입니다. 헌법의 상징성은 이 두 개념을 준별峻別하지는 않습니다.

당파집단의 언설들은 '국민'이라는 거대한 군집명사의 모호성과 익명성을 끌어와서 정치적 욕망의 민낯을 가리는 철판으로 삼고 있습니다. 이렇게 해서 '국민'의 깃발이 무수히 나부끼는 광장에서 정치적 언어의 뻔뻔스러움은 완성되고 있습니다.

지금, 정치는 정치의 존재이유를 스스로 부정하고 있습니다. 정치적 이해관계에 따른 고소·고발 사건이 줄을 잇고 있습니다. 고소장, 고발장의 제목을 써 붙인 피켓을 들고 대열을 이루어 검찰청 민원실로 걸어가는 정치인들의 모습을 TV 화면에서 거의 매일 볼 수 있습니다. 이 수많은 고소·고발 사건들이 모두 사법의 작용에 의해서 적법한 판단을 받지는 않는다는 것을 한국인들은 오랜 경험으로 알고 있습니다. 정치의 영역에서 해결해야 할 일을 사법 영역으로 들이미는 것은 정치를 검찰권에 예속시킴으로써 정치의 영역을 스스로 폐쇄하는 결과가 될 터인데, 이러한 자폐自閉 행위도 정치의 이름으로 이루어지고 있습니다.

국회에서 여야 정치인들이 서로 상대방을 향해 '정치공세하지 마라'라고 소리칠 때, '정치'의 의미는 퇴행적인 것입니다. 정치를 한다는 사람들이 스스로 정치라는 단어와 행위를 이처럼 비열한 의미로 사용하고 있는 사태는 놀랍지만, 이 놀라운 사태가 일상화되어 있어서 아무도 놀라지 않습니다. '정치공세하지 마라'라고 외치는 쪽도 '정치수세'를 하고 있으니 공세와 수세가 부딪쳐서 정치와 언어는 '내용 없음'으로 굳어지고 '정치'라는 단어는 사람들의 시야를 환영幻影의 벽으로 차단하게 됩니다. 정치재판, 정치수사, 정치방역, 정치검사, 정치판사라는 말들과 여기에 맞서서 수세를 취하는 말들이 신기루를 이루며 사람들의 방향감각을 교란하고 있습니다. 이 신기루 속에는 공세와 수세가 뒤섞일 뿐 정치는 어디에도 없습니다.

크고 모호한 단어 뒤에 사실을 감추는 어법은 이 시대 정치적 언설의 특징입니다. '정의'는 큰 단어입니다. 큰 단어들은 그 관념적 광휘로 인간의 사유를 유혹하고 있습니다.

'정의란 무엇인가?'라는 물음은 거대한 질문입니다. 여기에 대한 답변 역시 거대한 담론일 수밖에 없습니다. '정의'에 대한 저의 소견은 매우 누추하고 세속적인 것입니다. 저는 이 세계 전체와 역사 전체에 보편적이고 원리적으로 적용되어야 하는 의미에서의 '정의'란 존재하기 어렵다고 생각합니다. 그런 정의는 추상이거나 교조일 것입니다. 그런 관념적 정의가 존재한다 하더라도 그것은 인간의 실존과 거리가 먼 것이라고 저는 생각하니다. 삶의 구체적 현실 속에서 사안별로 논의되고 구현되지 않는다면, '정의'라는 말 또한 정치 슬로건 속으로 함몰되어서 말의 신기루, 말의 쓰레기로 전락하기 십상일 것입니다.

저는 졸작 소설 〈남한산성〉을 쓰면서 절체절명의 위기 속에서 인간의 언어는 어떤 파행과 굴절을 겪는가를 묘사하느라고 고심했습니다.

병자호란(1636년, 조선 인조 14년)이 일어나기 수년 전부터 청淸은 침략 의도를 과감히 드러냈고, 조선은 전쟁의 조짐을 분명히 감지하고 있었습니다. 조선 조정의 공론은 주전主戰과 주화主和로 갈라졌는데, 명분의 숭고함과 언설의 가파름과 대중적 선동력에서 주전파는 단연코 우세했습니다. 주전파들은 어전에서 이마로 마루를 찧으며 비통한 어조로 간언했습니다. 그들의 언어는 높고 거룩했습니다. 그러나 이 숭고미崇高美에 넘치는 준론峻論은 현실의 하중을 감당할 수 없었습니다. 언어는 그것을 사용하는 사람들을 자기 최면으로 유도하는 작용을 합니다. 조정의 담론은 현실과 언어를 구분하지 못했고, 관념의 공허함으로 침략의 현실을 맞아야 하는 자의 쓰라림을 겪어야 했습니다. 사직의 정통성이 주전파에게 있고, 그 양보할 수 없는 대의에 목숨을 바친 조선의 선비들은 자손만대의 추앙을 받아야 할 만고의 충신일 테지만, 현실의 길은 또 다른 방향으로 뻗쳐 있는 것입니다.

그러므로 '정의는 무엇인가?'라는 거대질문보다도 '무엇이 정의인가?'라는 소박한 물음이 오히려 인간의 편에 가까울 것입니다.

어떤 논객과 세객說客들은 자신의 입장을 항변하는 저서가 많이 팔리고 '좋아요'가 많이 붙었다고 해서 자신이 정의롭다고 생각하는 모양인데, 물량과 숫자의 크기에서 정의가 발생하는지는 확실치 않습니다. 물론 아니라고 말할 사람도 많을 것입니다.

의견과 사실이 뒤섞여 있는 말은 알아듣기가 어렵습니다. 여기에서 듣기의 헛갈림은 시작됩니다. 아마도 사실을 의견처럼 말하고 의견을 사실처럼 말하려는 충동은 인간의 언어의식 밑에 깔린 잠재 욕망일 것입니다. 이것이 말하기의 어려움입니다.

당파성에 매몰된 사람들이 목전에서 벌어지는 현실을 이념적으로 인식함으로써 의견과 사실을 뒤섞고 모자이크해서 내놓는 말들은 이 시대에 넘쳐 나고 있습니다. 이것은 듣기의 괴로움입니다. 듣기의 괴로움과 말하기의 어려움은 순환관계입니다.

이런 말들은 사회를 추동해 나가는 힘으로서의 여론을 형성하는 것이 아니라 수군거림과 와글거림을 번져 가게 합니다. 근거 없고 쓸데없는 헛소리를 한자로는 '화譁'라고 씁니다. 온 세상에 말의 쓰레기들이 물 끓듯 들끓는 모습이 화비譁沸이고, 그런 세상의 이름은 화세譁世입니다.

이 수군거림과 와글거림을 정치적 프레임으로 묶어 내면 커다란 권력이 발생합니다. 이 프레임은 사실에 따른 이해를 무력화하고 인간의 사고와 언어를 가두어서 지배합니다. 이 프레임은 다른 진영의 프레임을 공격함으로써 자신을 강화하는데, 이때 공격받는 쪽의 프레임도 덩달아 강화됩니다. 수군거림을 키우고 관리하는 프레임은 그 위에 정치권력을 건설할 만한 토대가 될 수 있습니다. 말하기 머뭇거려지지만, 정치 지도자를 뽑는 선거 전략의 큰 부분은 여기에 맞추어져 있는 것으로 보입니다.

이제 인간은 자신의 주변 세계를 직접 체험하거나 인식하기가 불가능하게 되었습니다. 인간과 세계 사이에는 수많은 매체들이 개입하고 있습니다. 매체들은 권력화되었고, 언어의 순수성은 위협받고 있습니다.

이루기 어려운 소망이겠지만, 저는 생활을 통과해 나온 사소한 언어로 표현되는 정의가 구현되는 세상을 생각하고 있습니다. 인간과 세계 사이의 직접성의 관계를 회복하기 위해서 언어는 훨씬 더 작고 단단하게 영글어야 한다고 생각하고 있습니다.

듣기listening를 통과해 나오지 않는 말을 듣는 일은 괴롭고, 프레임이 빚어내는 말을 듣는 일은 괴롭고, 프레임을 향해서 말을 해야 하는 일은 괴롭고, 말을 해도 들리지 않으리라는 예감은 괴롭고, 전체와 부분에 대한 성찰이 없는 말을 듣는 일은 괴롭습니다.

저는 어떤 대안이나 해결책을 제시할 수 있는 사람은 못 됩니다. 다만 문제를 공유하는 일만으로도 저의 말들이 전혀 무의하지는 않으리라는 기대를 가지고 있습니다. 말을 하거나 말을 들을 때 말을 오염시키고 있는 정치사회적 조건들을 생각하는 일은 불편하지만 필요한 일입니다. 이 세상을 향해서 어떤 어조^{語調}로 말해야 하는지를 늘 생각하고 있겠습니다. 말에 대한 저의 말이 너무 많지는 않은지, 걱정됩니다.

개별적 고통을 생각하며 •

문재인 정부 4년 동안 국민의 생명과 안전을 보호하려는 정부와
시민 사회의 노력은 법과 제도를 도입하는 부분에서는 일정한
성과가 있었지만, 노동 현장과 일상생활에서는 일하다가 죽고
다치고 병들어 쓰러지는 참사가 날마다 계속되었습니다.

지난 4년 동안 산업안전보건법이 전면 개정되었고, 중대재해
처벌법이 새로 제정되었습니다. 중대재해처벌법은 사업장의 안
전을 확보해야 하는 기업의 의무와 책임을 규정함으로써 의미
있는 진전을 이루었으나, 법의 적용 범위를 제한하거나 유보함
으로써 입법의 취지는 크게 훼손되었습니다.

• 문재인 정부 4년 동안 전개된 생명안전 정책의 성과와 과제를 점검하는 토론회
  가 2021년 8월 24일 국회에서 열렸다. 이 토론회는 국회 생명안전포럼(대표 우
  원식)과 생명안전 시민넷(공동대표 송경용 신부 외 9명)이 공동 주최했다. 이
  짧은 글은 이날 토론회에서 '여는 말씀'으로 행한 연설의 원고를 보완한 것이다.

그동안의 입법 과정에서 벌어진 갈등과 대립을 돌이켜보면 정부와 국회는 기업에 책임을 부과하는 일에 매우 소극적이고 방어적이었습니다. 정부와 국회는 피해자(그리고 그 가족)들의 처절한 호소와 시민 사회의 여론에 수동적으로 떠밀려 왔으며, 기업은 거대한 연합의 힘으로 입법 과정에 영향을 미치며 자본의 입장을 관철하는 형국이었습니다. 그래서 이 법안을 둘러싼 갈등은 인간의 생명이 자본을 상대로 살 자리를 다투는 싸움으로 전개되었습니다. 이것은 다들 목격한 사태이므로 아무도 부인할 수 없는 것입니다.

사고로 인한 사망 이외에도 위험하고 불결한 일터의 환경과 강도 높은 노동으로 골병이 들어서 죽은 사람들도 많고, 다치고 병든 몸이 망가져서 생업으로 복귀할 수 없게 된 사람은 더욱 많습니다. 사망과 사고의 유형은 대부분 떨어짐, 끼임, 부딪침, 깔림, 뒤집힘, 파묻힘, 물체에 맞음, 질식, 중독…으로 원시적이고도 단순한 유형의 사고가 수십 년째 대규모적으로 반복되고 있습니다. 노동 현장의 최하층부와 최전방부에서는 늘 절망적인 통곡이 터져 나왔지만, 이 울음소리는 널리 들리지 않았습니다.

동일한 건의 사고로 10여 명 이상이 죽거나 다치는 이른바 '대형사고'가 터지면 고위관리, 정치인, 종교인과 각계 지도자들이 빈소에 몰려가서 '명복'을 빌고, 언론이 요란스럽게 보도해서 사회적 관심이 집중됩니다. 그러고 나서는 금세 없었던 일처럼 잊히는 기억상실증을 우리 사회는 수없이 겪어 왔습니다.

그리고 한두 명씩 죽고 다치는 '소형사고'는 몇 글자의 자막 뉴스로 TV 화면 아래쪽을 흘러가고 나면, 이 사소한 죽음들은 세인의 관심 속에 자리 잡지 못합니다. 그러나 날마다 발생하는 '소형사고'의 누적된 피해자들이 '대형사고'의 피해자들보다 훨씬 더 많으니까, 거듭되는 소형사고는 '초대형사고'입니다.

사망자의 많고 적음을 기준으로 사고의 중대성을 등급 매기는 사회적 관행은 생명을 물량으로 취급해서 사물과 동일시하는 몰인격적 인식일 것입니다. 날마다 죽고 다치는 참사가 일상화되면 그 사태를 바라보는 인간의 감수성이 마비되어서 문제의 본질을 들여다보고 해결을 향해 나아가는 능력을 마비시킵니다. 이 죽음과 고통은 이 세상의 본래 그러한 모습이고 이 사태는 보기에 다소 불편하기는 하지만 경제를 움직여서 다들 먹고살기 위해서는 어쩔 수 없는 것이다, 라는 현실인식과 자기기만이 사람들의 마음을 편안하게 해 줍니다.

이 세상이 날마다 조금씩 서서히 망가져서 결국은 돌이킬 수 없이 망가지고, 그 망가짐이 또 다른 질서로 자리 잡게 되면 사람들은 망가진 세상의 야만성을 의심할 수 없이 당연한 일상으로 받아들이게 되고, 그렇게 집단정서가 형성되면 문제를 개선할 길은 영영 멀어질 것입니다. 이것이 중대재해처벌법 입법 과

정의 갈등을 들여다본 저의 두려움입니다.

여러 형태의 간접고용은 이미 노동시장의 하층부에 광범위하게 자리 잡았고 이 불안정한 노동은 거듭되는 산업재해와 중간착취의 구조적 토대가 되었습니다. 이 또한 수십 년 동안 여러 산업현장에서 증명되었습니다.

간접고용된 노동의 지위는 막다른 자리로 내몰려서 기댈 곳 없는 벼랑입니다. 기업은 인간의 노동을 사용할 뿐 고용하지는 않고, 노동자는 각자 개별적 계약의 관계로 흩어져서 무력하게 되었고, 기업은 고용에 따른 의무를 벗어던졌습니다.

IMF 외환위기 이후로 강자의 책임을 축소하고 강자의 자유의 영역을 확대함으로써 난국을 돌파하는 방식은 경제정책의 주류를 이루어 왔습니다. 강자 중심의 문제해결 방식은 짧은 기간 안에 기업의 위기를 극복하는 데서 성과를 거두었으나, 거듭 확대되는 강자의 자유는 약자들의 기본적인 삶의 환경과 조건들을 심각하게 침해했습니다.

강자의 자유가 확대되어 감에 따라 노동의 현장에서는 간접고용에 따른 중간착취가 법제화되었고, 산재사건의 사망자와 부상자 발생 건수는 OECD 최악의 불명예에 도달했습니다. 기술을 첨단화하고 경쟁력을 강화해서 이윤을 극대화하고 수많은 난관을 돌파하는 도전적 기업가 정신이, 기업의 생산 활동과 관련되어 발생하는 사회적 문제를 스스로 해결하는 데는 전혀 작동되지 않는 사태는 참으로 이해하기 어렵습니다. 기업은 문제를 외면하거나 조직 밖의 하청구조로 떠넘겨 왔고, 노동이 불안정할수록 기업은 안정되어 갔습니다.

지금, 노동의 불안정한 지위는 모두 자유로운 계약에 의해 합의된 것입니다. 달리 선택할 여지가 없는 사람에게 계약의 자유, 직업 선택의 자유, 경쟁의 자유는 공허한 이념의 깃발일 뿐 아무런 의미내용을 갖지 못합니다. 근대사회가 '신분에서 계약으로' 발전하면서 인간을 결박하던 족쇄를 해체했다고 역사책에 쓰여 있지만, 한국의 노동 현실에서 계약의 공허함이 '계약에서 신분으로' 역행함으로써 새로운 쇠사슬을 형성해 가고 있는 조짐은 분명히 드러나고 있습니다.

불안정한 지위에 처한 노동자들이 완벽한 정치적 자유를 누리고 있다 하더라도 이 자유가 장애물에 맞설 만큼 충분히 힘센 것인지, 이들의 소망과 고통이 국회에서 대의^{代議}되고 있는 것인지에 대해서 저는 깊은 의구심을 가지고 있습니다.

일하는 사람들이 일터에서 일하다가 죽거나 다치는 사태를 개선해야 한다는 이 당연한 논의가 이처럼 일진일퇴를 거듭하며 파행되고 있는 배경의 가장 큰 장애물은 아마도 기업이 온 국민을 '먹여 살린다'는 인식일 것입니다. 이 같은 주장은 경제논리적으로 타당한 것이기는 하지만, 노동의 주체성을 부정하는 사고를 적나라하게 드러내 보이고 있습니다. 기업의 이윤은 기업

뿐만 아니라 사회 전체를 위한 소중한 자산이지만, 죽음과 억압의 토대 위에 기업의 상부구조와 지속적 이윤을 건설할 수는 없는 것입니다.

이것은 결코 진보와 보수의 정치적 대립의 문제가 아닙니다. 이것은 인간 대 인간의 문제이고, 인간과 물질의 문제이고, 인간이 인간들 사이의 사회적·경제적 관계를 설정하는 원리에 관한 문제입니다.

구체적이고 개별적인 인간에게 어떠한 고통이 사실적으로 닥치고 있는지에 대한 이해와 공감 없이 전체의 이익과 다수의 행복을 말하는 담론은 파시즘을 불러들이는 결과가 될 수도 있습니다.

지금까지 제가 말한 것은 누구나 아는 것이고, 아무런 중뿔난 언설이 아닙니다. 이 사태가 어째서 이처럼 비극적인 규모로 커져서 여기까지 왔는지는 누구나 다 알고 있습니다. 그 해결책이 무엇인지에 관해서도 수많은 논의가 거듭되었고, 파행은 아직도 진행 중입니다. 그러나 우리는 이 논의를 끝까지 밀고 나가야 합니다.

저의 개인적 소회가 아무리 고통스러운 것이라 할지라도 결국 이 문제는 현실 속에서 흥정과 타협의 산물로 매듭지어질 수밖에 없을 것입니다.

오늘 이 자리에서도 고통스러운 논의는 전개될 것인데, 부디 산업의 현장에서 죽고 또 다치는 사람들의 사실적 고통에 대한 인식이 이 논의에 참가하는 모든 사람의 심성의 바탕이 되기를 저는 기원합니다.

호수공원의 봄 1

금년(2023년) 봄에도 호수공원 두루미는 부화에 실패했다. 이 두루미의 부화 실패는 3년째 거듭되었다. 어미 새가 알을 품은 지 닷새 만에 알은 썩어서 내용물이 흘러나왔다. 나중에 조류학자에게 물어보니까, 이 알은 애초부터 무정란이었다고 한다.

이 두루미의 종족은 중국 흑룡강 북쪽의 숲에서 서식하고 번식하면서, 늦가을에 한반도 남쪽으로 날아와서 겨울을 지내고 초봄에 흑룡강 가로 돌아가는 철새의 무리들인데, 지금 호수공원 동물원의 두루미 한 쌍은 4대조 때 사람들에게 잡혀서 서울로 실려 왔고, 그 후로는 동물원 부화기에서 새끼를 번식시켜 왔다. 이 두루미는 4대째 철망 안에서 태어나서, 그 안에서 살고 또 죽는다. 무기수들은 감옥에서 죽으면 형기가 끝나는데 이 두루미들은 대를 이어 물려받는 세습 종신형을 복역 중이다.

호수공원 철망 안의 두루미 한 쌍은 암수 사이가 늘 데면데면하다. 철망 우리 안에서, 암놈은 이쪽 구석, 수놈은 저쪽 구석에 외발로 서서 목을 뒤로 틀어서 죽지 밑에 감추고 우리 밖을 향해 눈길 한 번 주지 않는다. 먹이로 미꾸라지를 먹을 때도 각자 따로 먹는다.

철망에서 4대째 사는 동안 야생의 생명력이 퇴화해서 금슬이 망가졌고, 무정란을 낳을 수밖에 없을 것이라고 새 전문가가 아닌 나는 그렇게 생각했다. 조류학자도 내 생각이 그럴듯하다고 말했다.

어미 새는 돌멩이와 다름없는 그 무정란이 부화하기를 기다리면서 닷새 동안 품고 있었다. 흑룡강에서 끌려온 지 4대가 지났어도, 어미 새의 몸 안에는 모성본능의 한 줄기가 작동하고 있었다. 무정란이 썩어서 문드러지면 어미 새의 모성은 어디로 가는 것인가. 알을 잃은 어미 새는 가끔씩 목을 쳐들어서 끼룩끼룩 울었다. 그 봄에 호수공원에는 미세먼지가 자욱했다. 두루미와 미어캣과 공작새와 물속의 잉어와 거북이와 놀러 나온 어린아이들이 다들 미세먼지를 마시고 있었다.

먼지 속에서 꽃이 피면, 먼지에 덮인 숲은 우중충하고 꽃향기는 먼지의 누린내와 섞인다. 희미한 냄새는 인간의 후각을 냄새 쪽으로 더욱 바짝 잡아당기는데, 이때의 냄새는 무슨 냄새인지 가늠하기 어렵고, 인간은 자신과 냄새 사이의 거리를 설정할 수 없다. 먼 것이 더욱 절박해서 감질나고, 머나 가까우나 다 헛것 같고, 헛것이 오히려 실체 같다.

먼지 냄새와 꽃 냄새가 섞이는 날, 이 난해한 냄새를 맡으면 내 생애의 밑바닥에 쌓여 있던 여러 냄새들이 마음의 지층을 뚫고 올라온다. 마음속에서, 지나간 냄새들은 멀리 물러나 있지만 사라지지는 않는다. 그것들은 작은 실마리를 만나면 안개처럼 피어나서 내 마음을 덮는다. 내 마음의 오지에서 냄새들은 서로 불화하고 부딪치고 섞인다.

꽃 냄새가 향기이고 똥 냄새가 악취인 것은 아니다. 냄새에는 미추가 없지만 거기에 길들여진 인간의 고정관념은 유전되고 있다.

꽃이 아름다운 색깔과 냄새로 곤충을 유혹한다는 생물학의 정설을 나는 의심한다. 이 학설이 진리 대접을 받으려면 곤충에게 미의식이 존재한다는 전제가 성립되어야 한다. 벌과 나비는 꽃으로 가지만 잠자리, 메뚜기, 방아깨비, 오줌싸개, 여치는 꽃으로 가지 않고, 파리는 한사코 똥으로 모인다. 벌은 똥으로 가지 않고, 파리는 꽃으로 가지 않는다. 벌은 미의식이 있고 파리는 미의식이 없는가. 꽃 냄새를 따라가는 벌의 감각은 우아하고 똥 냄새를 따라가는 파리의 감각은 추악한가. 인간은 이런 질문에 대답하지 못한다.

냄새에 대한 나의 기억은 미적 쾌감과 전혀 무관한 것은 아니지만, 더 깊게는 냄새는 나의 생애에 무늬진 나이테와 같다. 오래된 나이테는 나무의 목질부 심층으로 모여서 굳어지고 희미해지는데, 꽃 핀 나무들의 어지러움이 그 심층부의 먼 냄새들을 흔들어 깨운다.

유년 시절에 나의 시간과 공간을 지배한 냄새는 DDT 냄새였다. 구호물자로 받은 담요와 옷가지, 머리카락 속에 이가 들끓어서 아이들은 하루 종일 긁적거렸고, 전염병이 번졌다. 이는 사람의 피를 빨아먹었다. 개나 고양이의 몸에도 이가 들끓었다. 이들은 옷의 솔기를 따라서 서캐를 슬었다. 아이들은 양지쪽에 쪼그리고 앉아 입던 옷을 벗어서 이를 잡았다. 살찐 이를 잡아서 손톱으로 터뜨리면 사람의 피가 튀어나왔다. 천막교실 바닥에도 DDT를 뿌렸고, 여학생들의 머리카락과 내복 속에도 DDT를 뿌렸다. DDT를 작은 자루에 넣어서 겨드랑이에 차고 다니기도 했다.

내 유년의 부산 피난지와 서울의 천막교실, 서울 성곽 주변의 판잣집 동네에 DDT 냄새는 안개처럼 자욱했다. DDT 냄새는 매캐했고, 낯설었고, 이물감이 느껴졌다. 이 세계는 부조화하고 인간의 생명을 받아들이지 않는 곳이라는 느낌을 그 냄새는 나에게 심어 주었다. DDT 냄새 속에서 이 세상은 무섭고 낯설고 적대적이었다. 이 세계는 끝없이 부서져서 가루가 되어 흩어져 가고, 인간을 배척하는 어떤 무서운 힘이 현실을 지배하고 있다는 것이 이 세계에 대한 나의 첫인상이었다. 인간이 이 세계로부터 소외되어 있다는 정서는 DDT 냄새 속에서 형성되었다.

겨우 초등학교를 다니는 아이였음에도 불구하고 나는 이 세계의 더러움과 불의, 억압과 차별, 먹이사슬의 잔혹함, 권력을 가진 자들의 갑질을 체득하고 있었다. 세상은 부패했고, 부패는 일상의 질서로 작동되고 있었다. 나는 다만 학교를 오가고 동네를 돌아다니며 노는 일만으로도 이 모든 것을 알게 되었다. DDT 냄새가 어른들의 세상을 뒤덮고 있었다. 호수공원의 꽃 냄새 속에서 먼 DDT 냄새가 피어오를 때, 나는 그 기댈 곳 없는 가엾은 소년과 그때의 동무들이 떠오른다. 꽃 핀 나무 아래서는 먼 슬픔이 더욱 날카롭다.

거지와 전쟁고아들이 넘쳐나던 시절이었다. 끼니때마다 깡통을 찬 거지아이들이 마을을 돌면서 밥을 구걸했다. 나의 식구들이 앉은뱅이 양철 밥상에 둘러앉아 저녁밥을 먹고 있으면 거지아이가 두어 명씩 대문 앞에 와서, "밥 좀 주어, 밥 좀 주어"라고 외쳤다. 옆집 대문 앞에서 외치는 소리도 들렸다. '밥'을 길게 빼어서 외쳤다. 외치는 소리는 구슬펐고 울음에 가까웠다.

나는 식구들과 둘러앉아 거지아이가 외치는 소리를 들으면서 밥을 먹었다. 안 먹으면 다들 배가 고픈데, 나는 먹고, 거지아이는 먹지 못한다는 현실은 난해했다. 나는 그 절벽과 마주 대하고 밥을 먹었다. 밥에서는 배릿한 냄새가 났다. 그때, 밥을 먹는다는 일의 상처는 깊고 쓰라렸다. 그때, 밥은 삶을 모욕하고 있었다. 이 모욕은 먹으나 못 먹으나 마찬가지였다. 우리 집은 밥이 넉넉지 않았으므로 거지아이에게 줄 밥은 거의 없었다. 거지아이는 우리 집을 포기하고 다른 집으로 갔다. 밥을 달라고 외치는 소리는 골목에서 골목으로 이어졌다.

가끔씩 어머니는 우리 형제들이 먹다 남긴 밥찌꺼기를 한 그릇에 모았다. 어머니는 그 밥을 거지아이에게 가져다주라고 나에게 시켰다. 나는 그 심부름을 할 수 없었다. 난 밥찌꺼기를 들고 거지아이 앞으로 갈 수가 없었다. 그것은 너무나도 무서운 일이었다. 거지아이들은 끼니때마다 왔다. 형제 거지나 남매 거지, 자매 거지는 더욱 슬펐다. 그 거지아이들의 외침과 내 목구멍을 넘어가던 밥의 감촉과 밥과 똥의 관계는 슬픔의 사슬로 내 마음을 옥죄었다. 미세먼지의 누린내와 꽃 핀 숲의 향기 속에서 내 유년의 DDT 냄새와 밥 냄새, 똥 냄새가 풍겨 오고, 거지아이들의 밥 달라는 외침소리가 들려온다. 두루미 알이 썩어 버린 공원에서 나는 또 초겨울에 흑룡강에서 돌아오는 청둥오리들을 기다리고 있다.

호수공원의 봄 2

그 시절에 주한미군들을 상대로 성적 파트너 역할을 해서 먹고 사는 여자들이 기지촌 주변에 모여들었다. 동두천, 의정부, 용주골, 문산, 용산뿐 아니라 미군부대가 있는 동네 언저리는 다들 그랬다. 이 여자들은 기지촌에만 머물러 있는 것이 아니라 주말이면 외박 나온 미군을 따라 서울 시내까지 와서 미군의 팔짱을 끼고 돌아다녔다.

어른들은 이 여자들을 '양갈보'라고 불렀는데, 내 또래아이들은 '달링누나'라고 불렀다. '달링'이 무슨 뜻인지는 몰랐지만, 미군들이 이 여자를 '달링'이라고 불렀기 때문에 아이들은 따라서 '달링누나'라고 불렀다. 달링누나를 따라다니면 가끔씩 추잉껌이나 초콜릿을 얻어먹을 수도 있었다.

달링누나는 숨이 막히게 아름다워서 오히려 현실감이 없었다. 어머니와 고모, 이모, 할머니들의 꾀죄죄하고 찌든 모습만을 보던 아이들은 달링누나의 아름다움에 매혹되었다. 달링누나는 짧은 치마에 뾰족구두를 신었고 머리는 틀어 올려서 흰 목덜미에 귀밑머리가 흩어져 있었고, 입술은 새빨갰다. 아, 여자란 저렇게 아름답고 빛나는 존재로구나…. 달링누나를 보면서 나는 심 봉사가 눈을 뜨듯이, 천지가 개벽하는 전율을 느꼈다. 달링누나에게 가까이 가면 그 몸과 옷자락에서 형언할 수 없이 신기한 냄새가 났는데, 그 냄새는 이 세상의 냄새가 아니었다.

DDT 냄새와 똥 냄새 위로 달링누나의 냄새는 한 줄기 선율처럼 선명하게 솟아올랐다. 그 냄새는 강렬했고 찌르는 듯이 나의 감각 속으로 달려들었는데, 잡을 수 없는 냄새였고, 땅 위에 붙잡아 놓을 수 없는 헛것의 냄새였으며, 헛될수록 강렬했고, DDT 냄새와 똥 냄새 속에서 격렬한 부조화를 이루면서 나의 어린 영혼을 휘저었다.

나는 달링누나를 끼고 다니는 미군들의 군화에 질려 있었다. 내 어린 눈에 그 강대국 병사들의 군화는 코끼리 다리처럼 보였다. 군화는 무릎 근처까지 끈으로 단단히 조여 있었고 늘 번들거리며 광채를 발했다. 거리에서 구두 닦는 소년들이 미군의 두 다리에 한 명씩 붙어 앉아서 군화를 닦았다. 구두닦이 아이들은 고목나무에 붙은 매미처럼 보였다. 미군이 구두를 닦을 때 달링누나는 옆에서 기다렸다. 달링누나는 군화 닦는 아이에게 사탕을 주었다. 구두닦이 아이는 구두약을 바르고 솔과 헝겊으로 문질러서 광을 냈다. 시커먼 구두는 번쩍거리며 햇빛을 튕겨 냈다. 무섭고, 강력한 구두였다. 저기에 한번 차이면 바로 죽겠구나 싶었다.

나는 이 세계를 지배하는 폭력의 실체와 그 작동방식을 미군의 구두를 보면서 확연히 깨달았다. 나는 그 군화를 증오하면서도 동경했다. 달링누나들은 저런 군화를 신은 강대국 병사들에게 붙게끔 되어 있었다. 달링누나의 몸 냄새와 미군의 몸에서 나는 노린내는 서로 잘 어울리는 것 같았는데, 그 냄새는 나를 그 냄새 쪽으로 끌어당기면서도 나를 그 냄새로부터 소외시키고 있었다. 달링누나의 냄새는 내가 만질 수 없고 끼어들 수 없는 세상의 냄새였다.

훨씬 더 자란 뒤에야 나는 달링누나들의 불우와 그 여자들의 생애에 가해진 폭력과 야만성에 대해서 알게 되었다. 달링누나들 중에는 젊어서 죽은 사람이 많다. 자살했거나 약물중독, 연탄가스 중독이었다. 미군에게 맞아 죽은 여자들도 있다. 오래전에는 동두천시 외곽에 젊어서 죽은 달링누나들의 무덤이 있었다. 돌보는 사람이 없어서 봉분은 허물어져 평토가 되었는데, 나무 십자가에 '찬미예수, 이 엘레나', '주여 당신 품에, 수전 박' 같은 페인트 글씨가 바래 있었다. 그 묘역에는 많은 달링누나들의 무덤들이 들어와 있었다.

나는 1980년대 중반에 이 묘역을 두 번 다녀왔다. 술을 올리고 절했다. 동두천시 보산동의 어느 산비탈이었다. 지금 이 묘역이 그대로 남아 있는지를 나는 확인하지 못했다. 하느님께서 이 달링누나들을 모두 천당에 데려갔다고 나는 믿는다.

공항 출국장에서 면세점 앞을 지날 때나 백화점 1층에 들어설 때 나는 그 강렬하고 여백 없는 화장품 냄새 속에서 60년 전 달링누나들의 몸 냄새를 생각하고, 달링누나들의 묘지에 박힌 나무 십자가를 생각한다. 냄새가 몰고 오는 연상 작용은 괴롭고 슬프지만 나는 이 연결고리를 벗어나지 못한다. 벌은 꽃으로 가고 파리는 똥으로 가지만, 나는 이쪽저쪽에 모두 끌려 다닌다.

라일락 꽃 냄새는 휘발성이 강해서 넓은 공간을 지배한다. 나무에서 멀리 떨어져도 냄새의 강도가 줄어들지 않는다. 바람이 불면, 라일락 꽃 냄새의 뒤끝에서 매캐한 기운이 끼쳐 온다. 냄새의 주류가 지나간 다음에 딸려 오는 끄트머리이다. 이 끄트머리의 매캐한 냄새는 내 마음속에서 사격장의 화약 냄새를 불러일으킨다.

육군에서 사격을 배울 때, M1 소총을 한 방 쏘는 순간 나는 무기의 본질을 짐작할 수 있었다. 그것은 말의 길이 끊어진 언어도단의 세계였다. 실탄이 발사되고 반동이 어깨를 밀칠 때 실탄이 인간의 몸을 박차고 나가는 느낌이었다. 무기는 대상을 완강히 부정하고 있었고 거기에는 어떠한 말도 걸어 볼 수가 없었다.

나의 무기는 적의 무기의 표적일 뿐이었는데, 방아쇠를 당길 때마다 표적과 표적 사이에서 생사는 명멸했고 총의 발사음은 어떠한 다른 소리도 긍정하지 않았다. 방아쇠를 당길 때마다 탄피가 튀고 총구에서 화약 연기가 뿜어져 나왔다.

사격 훈련을 하는 날은 하루 종일 땅에서 기었고, 화약 냄새에 몸이 절었다. 사격장의 화약 냄새 속에서 유년 시절의 DDT 냄새가 살아났다. 화약 냄새와 DDT 냄새는, 이 세계의 시간과 공간을 지배하는 냄새지만, 인간에게서 비롯된 냄새가 아니었고 인간 쪽으로 편입될 수 없는 냄새였다. 육군에서 복무하던 3년 동안 꽃이 피고 신록이 돋고 낙엽이 져서 산맥은 무한강산 속으로 계절의 냄새를 뿜어냈고, 사격장에서 나의 몸은 먼지와 화약 연기에 절었다.

화약 냄새보다 더 난해한 냄새는 쇠의 냄새였다. 대검이나 소총, 경기관총, 50mm 기관포를 손질할 때는 쇳덩어리가 풍기는 냄새에 창자가 절었다. 쇳덩어리는 비린내를 풍긴다. 이 비린내는 장마 때도 건조하고 여름의 폭양 속에서도 차갑다. 쇠는 생명과는 사소한 관련도 없는 무기물인데, 거기서 어떻게 냄새가 나는 것인지 알 수 없었지만, 그 냄새는 그야말로 비인간적이고 무생물적이었다. 목포신항에 끌어다 놓은 세월호의 녹슨 철판에서도 쇠비린내가 났다. 세월호 철판의 녹슨 쇠비린내는 육군 사격장의 화약 냄새, M1 총구의 기름 냄새와 뒤섞여서 내 마음의 밑바닥에 남아 있다.

꽃 핀 나무 아래서 온갖 냄새들의 기억이 되살아나는 노년은 늙기가 힘들어서 허덕지덕하지만, 이 세상의 모든 아기들이 태어나기를 기다린다. 이 미세먼지 속에서 아기들이 태어나서 젖 토한 냄새를 풍겨 주기를 나는 기다린다.

이 마지막 한 문장을 쓰기 위하여 나는 너무 멀리 돌아왔다.

인생의 냄새

코로나를 앓고 났더니 냄새를 맡는 기능이 약해졌다. 냄새의 종류를 식별하는 능력은 겨우 남아 있는데, 냄새의 강도를 감지하는 능력이 약해져서 냄새는 가물가물하다. 냄새를 못 맡게 되니까 냄새가 귀한 줄을 새삼 알게 되어서, 가느다란 냄새도 깊이 들이마시게 되는데, 냄새가 지나가면 실체는 없고 기억만 남아서 냄새는 몽환으로 변한다. 내 생애 속에서 냄새가 차지하는 영역은 넓었으므로 후각이 약해진 병은 내 노년의 불운일 테지만, 지금도 무슨 냄새가 조금만 스쳐 가면 그 냄새가 불러일으키는 생애의 풍경이 마음속에서 전개된다.

내 소년시절에 똥 냄새는 가장 일상적이고 지배적인 후각 환경이었다. 그 냄새는 마을의 냄새였고 시대의 냄새였다. 집집마다 마당 한구석에 푸세식 변소를 설치해 놓고 있어서 똥 냄새는 늘 마을 전체에 자욱했다. 똥 냄새를 피해 가며 숨을 쉰다는 것은 불가능했다. 이것은 일상의 냄새였고 살아 있음의 증거였다. 구청 똥차가 한 달에 한 번씩 와서 마을의 똥을 걷어 갔다. 한 집에서만 변소를 치워도 똥 냄새가 온 마을에 진동했다. 마을에서는 똥통이 가득한 집들끼리 조를 짜서, 다 같은 날 같은 시간에 똥을 치웠는데, 마을 전체가 똥 누기의 보조를 맞출 수는 없어서 똥통이 넘치면 개별적으로 사설 수거업자를 불러서 똥을 치우는 집들도 있었다.

마을에서 함께 똥을 푸는 날은 마을 전체가 똥 냄새에 잠겼다. 그 냄새는 어느 한 집의 개별적인 똥 냄새가 아니라 여러 집의 똥 냄새가 다 합쳐져서 오케스트라와 같았다. 이 똥은 인체 밖으로 나온 지 오래되어서 잘 삭아 있었다. 이런 똥은 냄새가 안정되어 있어서, 날뛰면서 사람을 찌르지는 않는다. 이 종합적 똥 냄새는 대기의 아래쪽에 가라앉아서 사나흘 동안 마을에 머물렀고, 장마 때는 더 오래 머물렀다.

똥차는 새벽에 왔다. 출근길 사람들과 마주치지 않게 하려는 구청의 행정적 배려였다. 똥 푸는 사내는(우리 엄마 말로는 '똥꾼' 이다) 새벽에 "변소 치어, 변소 치어"라고 외치며 다녔다. 새벽에 잠자리에 누워서 똥 냄새를 맡을 때 나는 내가 나의 마을에서 살고 있음을 느꼈다.

대체로 똥꾼들은 아침 7시 전에 작업을 마쳤다. 똥차는 7시에 떠났다. 마을 사람들은 자욱한 똥 냄새 속에서 아침밥을 먹었다. 이 똥 냄새 속에서 나는 밥과 똥의 순환이라는 운명을 알았고, 이 순환고리가 끊어지면 죽음이라는 것을 알았다. 똥은 쌀米이 변異한 것이라고 해서 한자로는 '분糞'이라고 쓰는데, 똥차가 다녀간 아침의 똥 냄새는 밥의 냄새이기도 했다. 입과 밥과 똥 사이에 펼쳐진 고해를 너무 일찍 알게 된 것은 내 소년시절의 불행이었다.

나는 서울 도심에서 살았는데도 똥 냄새가 이러했는데, 변두리 지역으로 가면 똥을 비료로 썼기 때문에 냄새는 더욱 심했다. 그때는 김포공항을 관문으로 쓰고 있었다. 한국을 방문하는 외국 원수들은 모두 김포공항에 내려서 서울 도심까지 카퍼레이드를 벌였다. 외국 원수가 올 때가 되면 구청 직원들이 연도沿道의 농가에 나가서 '밭에 똥을 뿌리지 말라'고 주민들에게 호소했다. 그래도 똥 냄새는 연도에 퍼졌다.

지금은 모두들 깨끗한 화장실에서 수세식 양변기에 앉아서 똥을 누게 되어 있다. 고속도로 휴게소 화장실도 일류 호텔 못지않게 깨끗하다. 이렇게 된 것이 불과 30~40년 안쪽이다. 사람들은 각자 제가 눈 똥 냄새만 맡게 되어 있다. 남의 똥 냄새를 못 참는 사람도 제가 눈 똥 냄새는 참는다. 그나마도 잠깐이고, 몸에서 빠져나간 똥은 즉시 배수구로 빠져나가서 변기 안에는 늘 맑은 물이 고여 있다. 대도시의 똥들은 행정 처리된다. 똥들은 모두 배수관을 타고 종말처리장으로 모인다. 인간은 똥을 빼내되 똥을 체험하지 못하고 전체의 똥 냄새를 맡지 못하고, 인간의 배설물 속에 섞여 있는 혐오감과 생명감의 복합체를 느낄 수 없게 된다. 똥은 인간의 몸의 일부이지만, 인간은 제가 눈 똥으로부터 소외된다.

소년시절을 지배했던 똥 냄새에는 복잡한 무늬들이 겹쳐져 있다. 밥을 먹고 산다는 일에 대한 운명감, 내 몸을 빠져나가는 내 먹이의 결과물에 대한 낯섦과 친숙함, 그 양면의 모순이 합쳐지는 신기함, 온 동네 똥 냄새가 다 합쳐져서 군집mass을 이루는 세력의 거대함, 그 육중한 냄새가 마을에 깔릴 때의 안정감, 이 더러운 동네에 대한 비탄…. 이처럼 뒤엉킨 정서의 복합체를 분석적으로 설명하기는 어렵지만 후각이 무디어진 지금도 이 냄새의 무늬들은 선명하다.

햇볕 속에서 하루 종일 놀다가 저물어서 집에 돌아오면 엄마는 "네 머리통에서 햇볕 냄새가 난다"라고 말했다. 햇볕에 냄새가 있는지는 알 수 없었지만, 나는 엄마의 말을 믿었다. 엄마의 말을 듣고 보니, 내가 개천가나 무너진 옛 성터에 올라가서 놀 때 땅에서도 햇볕 냄새가 났다.

햇볕이 좋은 날에 엄마는 "햇볕이 아깝다"라면서 옷가지를 말렸다. 엄마는 마당에 멍석을 깔아 놓고 무말랭이나 감말랭이, 호박오가리, 시래기, 멸치 같은 밑반찬거리들도 내다 말렸다. 지붕 위에도 이부자리나 고추를 널어서 말렸다. 나는 밖에서 놀다가도 먹구름이 몰려와서 소나기가 올 듯하면 집으로 달려가서 이부자리나 밑반찬거리들을 거두어들였다. 나뿐 아니라 같이 놀던 아이들도 모두 제집으로 달려갔다.

나는 마당에서 무말랭이와 감말랭이를 집어 먹었는데, 거기서는 햇볕의 냄새가 났고, 햇볕의 맛이 났다. 그 맛은 매운맛이나 쓴맛처럼 뚜렷하지는 않았지만, 고소하고 감미로웠고, 그 냄새는 희미하면서도 끝 간 데 없이 넓었다. 볕의 냄새가 빛을 따라서 전개되었다. 여름에 놀다 지치면 친구들끼리 펌프에 가서 등물을 했는데, 웃통 벗고 엎드린 친구의 등에 찬물을 끼얹으면 친구는 진저리를 치며 푸푸거렸다. 그때 친구의 몸에서 햇볕 냄새가 났다. 이 냄새는 햇볕의 냄새라기보다는 햇볕이 대상에 닿아서 그 대상 속에 잠재해 있던 냄새를 발현시키는 것이라고 말해야 옳지만, 문장을 이렇게까지 과학적으로 쓸 필요는 없다.

내 소년시절에 햇볕 냄새는 똥 냄새와 맞먹을 만큼 지배적이고 보편적인 냄새였다. 똥 냄새는 밥과의 순환고리에 묶여서 생로병사의 무게로 장엄했고, 햇볕 냄새는 먹을 것이 모자라는 헛헛함이나 어른들의 부부싸움, 숙제조사와 시험, 매 맞기와 벌서기의 고통이 없는 자유의 냄새였다.

똥 냄새는 무거워서 마을에 낮게 깔려 있었고 골목마다 절여져 있었지만, 햇볕 냄새는 가벼워서 눌어붙지 않았고 천지간이 가득 차면서도 질량감이 없어서 걸리적거리지 않았다. 나는 이처럼 좋은 것이 세상에 가득 차서 모두 공짜라는 현실이 놀라웠다. 나는 자고 깨면 날마다 놀랐다. 아이들은 늘 허기져 있었는데, 나는 햇볕이 먹는 것이라면 더 좋았을 것이라고 아쉬워하면서 해를 향해 입을 벌렸다.

소년시절의 똥 냄새와 햇볕 냄새는 내 마음의 기층구조를 이룬다. 지금도 공원에 나가서 햇볕을 쪼이면 이 두 가지 냄새가 마음의 저변에서 피어오르고 그 냄새는 또 다른 많은 냄새를 살려 낸다. 냄새가 사라져도 냄새의 자취는 사라지지 않는다.

고등어는 기름기가 많아서 연탄불에 구울 때 연기가 많이 난다. 고등어 굽는 냄새는 기름이 탄 냄새가 섞여 있어서 입자가 굵은 느낌이고, 오징어나 굴비를 굽는 냄새보다 무겁다. 고등어는 싸고 흔한 생선이다. 학교가 끝나고 배고픈 시간에 집으로 돌아올 때 골목길로 접어들면, 동네에 고등어 굽는 냄새가 자욱했다. 그 냄새는 멀리서부터 허기를 증폭시켜서 나를 집 쪽으로 끌어당겼다. 여름에 자반고등어를 바싹 구워서 물에 만 밥 위에 얹어 먹으면 고등어의 짠맛에서 단맛이 우러나왔다. 고등어 굽는 냄새는 허기와 결핍의 냄새였다.

메주를 띄우는 냄새는 탁하고 묵직했다. 엄마는 절구로 찧은 메주를 벽돌처럼 뭉쳐서 겨우내 천장에 매달아 놓았다. 메주 냄새는 이부자리와 옷가지에 배었고, 학교에 가면 반 아이들 옷에서도 메주 냄새가 났다. 메주 뜨는 냄새는 유쾌하지는 않았지만 그 쾨쾨한 냄새에서 생활의 안정감을 느낄 수 있었다.

식은 아궁이의 재 냄새는 매캐하고 차분했다. 아궁이는 고래와 굴뚝으로 이어져서 하늘과 통하고 있었다. 아궁이는 땅속으로부터 하늘로 올라가는 입구인데, 거기서 불이 타고 있었다. 아궁이의 재 냄새는 늘 태고의 신비를 간직하면서 차분하게 가라앉아 있었다. 다시는 사물로 돌아갈 수 없이 분해되어 버린 재 속에 여전히 불 냄새가 희미하게 남아 있었다. 불은 끼니때마다 밥을 익히고 방을 덥혀 주지만, 그 타고 남은 재의 냄새를 다시 생활 속으로 끌어들이기가 어려웠다. 그것은 난해한 냄새였다.

아버지는 줄담배를 피웠는데, 늘 지포라이터를 지니고 있었다. 휘발유를 연료로 쓰는 라이터였다. 뚜껑을 열고 라이터돌을 긁으면 불똥이 튀어서 심지에 불이 붙는 방식으로, 옛날 부싯돌의 작동 원리와 같았다. 뚜껑을 열고 닫을 때 철거덕 소리가 났는데, 아버지는 내가 속 썩여서 화가 나면 일부러 뚜껑을 세게 닫아서 이 소리를 크게 냈다. 나는 아버지 몰래 라이터 뚜껑을 열고 휘발유 냄새를 맡았다. 그 냄새는 사내의 냄새였고, 아버지가 갖는 권위의 냄새였다. 지금도 돌아가신 아버지의 기억은 늘

이 라이터 휘발유 냄새와 함께 떠오른다.

꽃들의 냄새는 늘 나를 어지럽게 했다. 아카시아, 밤나무, 벚나무의 꽃 냄새는 군집을 이루어서 밀려왔고, 라일락이나 매화꽃 냄새는 개별적으로 달려들었다. 모든 한해살이풀들의 꽃이 다들 제가끔의 고유한 냄새를 갖고 있는 사태는 놀라웠다. 나는 이 꽃들의 냄새들 앞에서, 이 세상은 대체 얼마나 넓은지를 알 수가 없었다. 그때 나는 소년기를 지나고 있었다.

이 많은 냄새들은 어수선한 구도를 이루며 나의 생애에 무늬져 있는데, 여기에 굳이 계통을 세워서 말하자면 이 냄새들이 대부분 빈곤과 결핍에서 비롯된 것이라 하더라도 그것은 모두 나의 생명이 빨아들인 생활과 평화의 냄새였다. 그리고 그 맞은편에는 또 다른 계통의 냄새들이 있다.

똥 냄새와 햇볕 냄새가 내 소년기의 냄새의 기층을 이루었듯이, 최루탄 냄새는 내 청년기의 지배적인 냄새였다.

군사정권은 민주주의를 요구하는 시민과 학생들의 시위를 최루탄으로 해산시켰다. 최루탄 몇 방이 터지면 시위대는 골목으로 흩어졌지만, 최루탄 냄새를 피할 수는 없었다. 그 냄새는 칼로 찌르듯이 달려들어서 콧구멍, 눈구멍, 목구멍을 쑤셨다. 그 냄새는 고춧가루처럼 매웠고, 전파력이 강해서 삽시간에 거리 전체에 퍼졌다. 한국산 최루탄이 값이 싸고 성능이 좋아서 동남아 여러 나라에 수출되었고 최루탄 제조업체는 떼돈을 벌었다. 최루탄이 한번 터지면 대학교 앞 상가는 며칠씩 장사를 못 했고 학교 앞 하숙촌에서는 파리, 모기가 박멸되었다.

이 냄새는 똥 냄새의 대척점에 있었다. 똥 냄새는 사람의 몸이 빚어낸 소화의 결과물이 갖는 평화로움이 있지만, 최루탄 냄새는 화학적으로 생산된 독극물의 공격성으로 사나웠다.

이 냄새는 말을 하려는 사람들의 입을 틀어막고 모이려는 사람들을 헤쳐 버릴 수 있었지만, 이 냄새에 대한 사람들의 적개심을 더욱 크게 불러일으켰다. 이 냄새는 그 시대의 앞을 철벽으로 가로막고 있었다. 사람들은 이 냄새 속에서 외치고 또 외쳤고, 그 사람들 위에서 최루탄은 거듭 터졌다. 이 냄새는 정치의 냄새였고, 정치를 거부하는 냄새였다.

수학은 물적 세계의 구조와 전개를 해명하려는 순수이론이지만, 인간 정신의 합리성에 바탕하고 있다. 시간과 공간의 속내가 정신에 의해 밝혀지게 되는 비밀을 나는 말할 수 없다. 음의 물질성 안에 희로애락의 정서가 들어 있을 리가 없지만, 그 추상적 파동들을 모아서 편성한 음악이 인간의 사상과 정서를 감당하게 되는 비밀 또한 쉽게 말할 수 있는 것이 아니다.

냄새도 음과 같아서 그 자체 안에 희로애락이 들어 있지 않지만, 냄새는 인간의 생애와 정서에 깊이 간여한다. 후각은 인간의 오감 중에서 가장 동물적이고 원시적이다. 냄새는 기호화할 수 없고 개념화할 수 없고, 구조나 조직으로 계통화할 수 없다. 그래서 냄새는 사상이나 예술이 되지 않는다. 기억 속에 남아 있는 냄새는 내 생애의 냄새이고, 내가 살아온 시간의 냄새다.

후각이 시들어 갈수록 냄새의 기억들이 선명하게 살아나서, 이제는 주저앉으려 하는 나를 다시 온갖 냄새가 뒤섞인 삶 속으로 밀어낸다.

육조 혜능慧能(638~713)은 인간의 내면에서 풍겨 나는 향기로운 냄새를 말했다(오분법신향五分法身香).

마음속에 그릇됨이 없고 질투와 성냄이 없고… 악을 짓지 않고… 외롭고 가난한 사람을 불쌍히 여기고… 참성품에 변함이 없는 것… 이러한 향기는 각자의 안에서 풍기는 것이니, 결코 밖을 향해 구하지 마라.

성품의 향기는 내 마음 안에 있고 모든 사람들의 마음 안에 있다고 혜능은 말했다. 이러한 냄새는 스스로 풍겨 나는 냄새이고, 남에게 맛보라고 내미는 냄새가 아닐 터이므로 육신의 콧구멍을 벌름거린다고 해서 맡을 수 있는 냄새가 아니다. 이러니, 나는 냄새 공부를 처음부터 다시 시작해야 할 판이다. 후각은 시들어 가는데 못한 일이 너무 많다.

뒤에
새와 철모

나는 이 세상 너머를 알지 못하므로 시간을 받아들이는 내 생명의 순수감각에 의지해서 자연수명을 감당해 왔다.

그럼에도 불구하고 나는 깜냥을 넘는 책을 읽고 글을 쓰고 말을 지껄였다. 깨달은 자들과 신념에 찬 자들의 고함을 나는 알아들을 수 없었고, 중생의 말은 난세의 악다구니 속에 헝클어져서 중생들끼리 말하기가 더욱 어려웠다.

필경筆耕으로 생계를 이어 오는 동안 한 줌의 어수선한 말이 나의 이름으로 세상에 퍼져 있는 사태는 민망하다. 말하기의 어려움을 말해도 듣는 자가 없고, 이미 풀려나간 말에 대한 회한을 돌이킬 수 없으니 내 남은 날들은 언어에 대한 애증 병발의 착란 속으로 저물어 간다.

솔거率居가 황룡사 법당 벽에 소나무를 그리자 새들이 날아와 앉으려다가 벽에 부딪혀서 떨어졌다(〈삼국사기〉 권48). 김부식은 솔거의 그림 솜씨를 말했고 새들의 운명을 말하지 않았다. 황룡사는 불타서 재가 되었고 새들은 종족을 후세에 전했다.

한강 변 고층빌딩의 반사유리창에는 구름이 떠가고 강물이 흐른다. 노을 속으로 가려는 새들이 노을 진 유리창에 부딪혀서 떨어진다. 저물어서 숲으로 돌아가는 새들이 경부고속도로 투명 방음벽에 부딪혀서 떨어진다. 머리가 깨진 새들은 수직으로 떨어지고 죽지가 부러진 새들은 퍼덕거리면서 떨어진다. 새들은 왜 죽는지를 모르고, 자신이 죽었는지를 모른다.

하는 일 없이 저무는 저녁에 그림에 부딪혀 죽고 투명 벽에 부딪혀 죽고 반사유리에 부딪혀 죽는 새들의 환영이 내 마음속을 날아간다.

나는 말에서 태어난 말을 버리고 사람과 사물에게서 얻은 말을 따라가기에 힘썼다. 나는 나의 언어가 개념에서 인공 부화된 또 다른 개념들의 이어달리기에서 벗어나서 통속通俗을 수행하기를 바랐다. 이 세상에 성과 속의 경계가 어디인지 나는 알지 못하지만, 여기를 건너뛰어서 저쪽으로 가는 길이 없다는 것을 나는 알고, 그 길이 있다 하더라도 내가 알 바 아니다.

나는 그림과 투명 벽을 들이받고 죽는 새들의 운명에서 벗어나려고 애썼다. 나는 본 것에 의지해서 보지 않고, 말하여진 것에 의지해서 말하지 않으려고 애썼다. 나는 끌고 다니던 말을 버리고 다가오는 말을 맞으려고 애썼다. 나는 이루지 못했고 버리지 못했다. 투명 벽은 자꾸만 내 앞을 가로막았다.

나는 공적 개방성을 갖춘 글 안에 많은 독자들을 맞아들이려는 소망을 갖지 못한다. 나는 나의 사적 내밀성의 순정으로 개별적 독자와 사귀고, 그 사귐으로 세상의 목줄들이 헐거워지기를 소망한다. 글을 써서 세상에 말을 걸 때 나의 독자는 당신 한 사람뿐이다. 나의 독자는 나의 2인칭(너)이다.

어느 날 민속박물관에 놀러갔다가 전쟁 때 쓰던 군용 철모에 긴 손잡이를 연결한 똥바가지를 보았다. 휴전 직후였던 내 어린 시절에 동네에서 흔히 보던 물건이, 박물관 진열장 속에서 조명을 받고 있었다.

군용 철모에는 턱 끈을 매다는 철제 고리가 양쪽에 붙어 있는데, 똥바가지는 이 고리에 손잡이를 고정시켜서 재래식 똥뒷간의 똥을 퍼내는 생활용구였다. 턱 끈 고리는 철모 전체 둘레의 가운데에 양쪽으로 붙어 있어서, 이 고리에 손잡이를 연결하면 철모 안의 공간 활용도가 높아져 액상으로 풀어진 똥을 푸기도 편하고 붓기도 편하다. 똥바가지는 전쟁의 야만성을 생활 속으로 용해시키면서 웃음 띤 표정을 하고 있었다. 어느 산악고지

철모 똥바가지. ⓒ국립민속박물관

참호 속에서 전사한 병사의 넋이 생활용구로 변해서 돌아온 것
이라고 나는 생각했다. 그날 집에 돌아와서 나는, 생활은 크구
나, 라고 글자 여섯 개를 썼다.

이 책을 바쳐서 벽에 부딪혀 죽은 새들과 철모를 남기고 간 병
사의 넋을 위로한다.

2024년 초여름에

미세먼지를 마시며

김훈은 쓰다

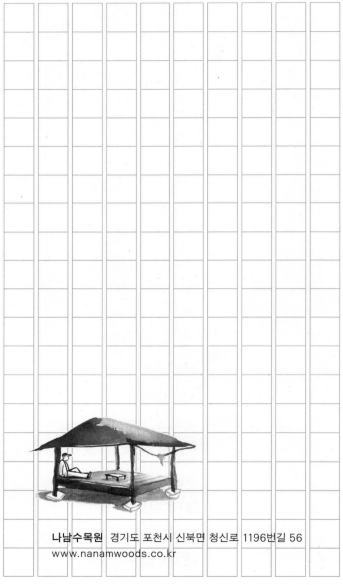

나남수목원 경기도 포천시 신북면 청신로 1196번길 56
www.nanamwoods.co.kr